KB252197

인격이 운명이다

인격으로 운명을 바꾼 사람들의 이야기

인격이 운명이다

지은이_ 존 맥케인 · 마크 솔터
옮긴이_ 윤미나

21세기북스

나는 인격을 믿는다!

나는 운명을 믿지 않는다. 태어날 때부터 무엇이 되기로 정해진 사람은 없다. 인생은 보이지 않는 손이 예비해 둔 길을 무기력하게 따라가는 것이 아니다. 신비로운 별자리 따위가 인간을 이리저리로 끌고 다니면서, 자기 맘대로 이 사람에게 행복을 주고 저 사람에게 불행을 줄 수는 없다. 결코 피할 수 없는 운명이 있다면 죽음뿐이다. 젊을 때는 믿기 어렵겠지만, 아무리 오래 산다고 해도 찰나일 뿐이다. 신은 인간에게 그런 삶을 주었다. 생존하는 방법은 가르쳐주었지만, 삶을 경영하는 권한은 우리 손에 맡겼다. 선택이 잘 되고 못 되고는 각자의 인격에 달려 있다.

이 책의 이야기들은 많이 알려진 것도 있고 그렇지 않은 것도 있지만 분명한 사실은 모두가 특별한 사람들의 이야기라는 점이다. 그리고 그들은 훌륭한 인격을 가진 사람들이다. 그들은 공통적으로 좋은 인격 형성에 필요한 요소를 가지고 있는데, 그건 다름 아닌 정직이다.

그들과는 감히 비교조차 할 수 없는 내가 내놓을 만한 것이 있다면, 적잚은 나이지만 계속 발전하고 있다는 점이다. 나는 부모님과 선생님, 나의 신념, 운 좋게 만난 좋은 사람들, 이 책에 실린 이야기의 주인공들로부터 매우 중요한 것을 배웠다. 나는 그들의 결백함을 흠모했고, 이기적인 이유로 위험을 무릅쓰고 선택했던 길에 대해서 양심의 가책을 느꼈다. 이미 예순여덟이나 먹은 늙은이지만 다행히 아직도 인격을 가다듬고 있다. 따라서 이 책에 실린 존경스러운 인격의 예는 독자와 더불어 나 자신에게도 큰 도움이 될 것이다. 모든 독자들이 이 책을 통해 많은 것을 얻기 바란다. 우리가 아무리 많은 성과를 올리고 경험을 쌓는다 해도 그저 조금 더 앞으로 나아가는 것뿐이다. 아무리 만족스러운 인생이라도 불완전한 구석은 있다. 인격은 평생을 두고 완성해야 할 프로젝트다. 나이가 들어갈수록 우리의 결점은 점점 더 굳어질 것이다. 그러한 결점의 제약에서 탈출하기 위해서는 격려가 필요하다.

나는 이 책을 쓰기 위해 특별한 자질을 지닌 사람들을 골랐다. 그들의 인격은 자기 인생은 물론, 이 세상을 발전시킬 만큼 고결했다. 그들은 원칙이 가장 중요한 자산이라 믿었고, 그렇게 인생을 살기로 선택했다. 그래서 우리는 그들을 존경한다. 외모나 능력, 안락하고 즐거웠던 삶, 직업, 집, 차, 수많은 친구와 엄청난 돈 때문이 아니다. 그들은 자신에게 진실했고 다른 사람에게 거짓되지 않았다.

당신이 인생에서 중요한 선택을 할 때, 이 이야기가 조금이나마 도움이 되기를 바란다. 이 책의 주인공들 역시 우리와 마찬가지로 인생의 좌절을 맛보았다. 그들도 배고픔을 느꼈고 다른 사람을 의지하기도 했다. 우리보다 장점이 많은 사람도 있지만 매우 평범했던 사람도 있다. 우리는 천성을 가지고 태어나지만, 나이가 들어가면서 제2의 성품을 발전시

켜나간다. 그것이 이 책에서 말하려는 주제다. 내가 그랬던 것처럼 독자들도 여기 나오는 영웅들의 인격과 그들이 보여준 희생, 그리고 그 결과들에 감동을 받는다면 그들의 인생이 얼마나 값진 가르침인지 새삼 깨닫게 될 것이다.

기본적으로 가장 훌륭한 가르침은 부모님이 주신다. 우리는 부모님의 말씀보다도 그분들이 보여주시는 행동의 모범을 통해 처음으로 사랑하는 법을 배운다. 부모의 책임은 자식을 먹이고 입히고 재우는 것에 그치지 않는다. 하지만 부모가 전지전능한 것은 아니다. 당신이 생각하는 것처럼 이상적인 사람들이 아닐 수도 있다. 부모 역시 잘못된 선택을 한 적이 있을 것이고 앞으로도 그럴 것이다. 그러나 실수했던 부모라고 해서 자식 사랑이 부족하다고 말할 수는 없다. 부모의 사랑을 재는 척도는 바로 당신이다. 부모는 자식을 자기보다 더 나은 선택을 할 수 있는 사람으로 키웠는지 아닌지에 따라 평가된다.

내 어머니 로버타 맥케인 여사는 지금도 내 인생에서 중요한 영향을 미치는 분이다. 어머니는 강하고 단호한 여성으로 성장하셨고 인생을 완벽하게 즐길 줄 아셨다. 그리고 항상 기회를 최대한 활용하려고 노력하셨다. 어머니는 자신의 선택에 따른 책임과 희생을 우아하고 재치 있게 받아들이는 법을 배우셨다. 나는 어머니처럼 완전하고 자연스럽게 굳센 성격을 타고나지는 못했으나 어머니를 보며 강인함이 무엇인지 배웠다. 어머니가 보여주신 모범에 깊이 감사드린다.

어머니는 특히 예의범절을 매우 중시하셨다. 어머니는 나쁜 사람들이 나를 육체적으로 학대했던 일에 대한 기사를 읽으신 적이 있다. 나는 한

동안 감옥에 갇혀 있었는데, 기사에는 내가 나를 가둔 사람들에게 퍼부은 욕이 인용되어 있었다. 당연한 건 아니지만, 그런 끔찍한 상황에서는 내 행동이 그럴 만하다고 생각했다. 그러나 어머니는 너그럽지 않으셨다. 어머니는 내가 겪은 학대를 생생하게 묘사한 기사를 읽으시고는 즉시 나를 부르셨다. 어머니는 내가 분노에 가득차서 내뱉은 말 때문에 몹시 화가 나 있었다. 나는 "하지만 어머니, 그들은 아주 나쁜 사람들이었다구요"라고 변명했다. 그러자 어머니께서 말씀하셨다.

"그건 중요하지 않아. 내가 너한테 그런 말을 쓰라고 가르쳤니? 나는 네 입을 비누로 박박 씻고 싶은 심정이었어!"

나는 환갑이 지나서야 어머니의 꾸짖음을 이해하게 되었다. 몹시 부끄러웠다. 예의를 잊은 것에 대해 질책을 받은 그날 이후로도 여러 번 그런 일이 있었던 걸 생각하면 더욱 부끄러워진다. 게다가 어머니는 훌륭한 인격에는 겸손이 중요하다고 강조하셨다.

나는 그렇게 평생 동안 어머니로부터 배우고 또 배웠다.

아버지는 해군 제독이셨다. 아버지는 거의 바다에 계셨고 집을 자주 비우셨다. 그러나 우리는 아버지가 항상 집에 계신 것처럼 당신의 존재감을 강하게 느꼈다. 아버지는 정직하고 성실하며 충직한 분이셨다. 물론 아버지에게도 결점이 있지만 나는 당신께서 거짓말을 하거나 의무를 저버리거나 불명예스러운 일을 한 적은 없을 거라고 생각한다.

아버지는 거짓이 인간의 수치라고 생각하셨다. 아무리 작고 하찮은 문제라도 속이는 것 자체를 용납하지 않으셨다. 아버지는 사람을 속이는 것은 물론, 그런 의심을 받는다는 사실 자체를 참지 못하셨다.

이러한 아버지의 미덕은 아마 드높은 자부심의 바탕이 되었을 것이다.

훌륭한 사람들 중에 명성과 인격을 혼동하는 경우가 많이 있다. 나도 그런 실수를 수없이 했다. 물론 명성은 인격을 비추는 거울이어야 한다. 그러나 본의 아니게 그렇지 않은 경우도 많다. 우리는 우리의 가치를 사람들이 몰라줄 때 상처받기도 하지만, 자신의 결백함이나 자긍심이나 행복은 궁극적으로 다른 사람의 의견과 상관이 없다. 그것은 자기 양심에 달려 있다. 우리는 자기 자신에게 진실해야 한다. 그리고 남이 믿어주건 말건 다른 사람에게도 진실해야 한다.

아버지는 자신에게 진실하셨다. 당신의 결점과 자존심이 낳은 실수들에도 불구하고, 아버지는 평생 결백함을 유지하면서 양심의 명령을 성실하게 따르려고 노력하셨다. 아버지는 인생에서 여러 가지 어려운 선택을 하셔야 했다. 아버지의 선택은 우리 대부분이 겪는 것과는 비교도 할 수 없는 훨씬 어려운 문제들이었다. 그러나 아버지에게는 시련을 감당할 수 있는 인격이 있었다.

아버지는 평생 세 번 참전하셨는데, 그 중 마지막은 베트남 전쟁이었다. 아버지는 베트남 전선의 군인은 물론, 태평양의 미국 해군 전체를 지휘하셨다. 나는 하노이에서 오랫동안 전쟁 포로로 갇혀 있었다. 미국 정부가 하노이에 폭탄을 투하해 전쟁을 일찍 끝내기로 결정했을 때, 그 명령을 이행할 사람은 바로 아버지였다.

아버지의 명령으로 하노이에 도착한 비행기들은 B-52였다. 그 비행기는 큰 폭탄을 여러 개 싣고 높은 고도로 비행할 수 있었다. 그러나 오늘날 공군에서 사용하는 항공기와 달리 조준 능력은 그다지 정확하지 못했다. 조종사들은 폭격 목표점 근처에 포로들이 붙잡혀 있는 걸 알고 있었다. 그들의 사령관인 아버지도 물론 알고 계셨다. 아버지는 내가 거기 있는 줄 아셨고, 나를 많이 사랑하셨다. 아버지는 내가 무사히 돌아오게 해 달라고 매일 무릎 꿇고 기도하셨다. 아버지는 베트남 기지를 방문하실 때마다, 하루 일과가 끝날 무렵이면 북쪽 끝으로 걸어가서 혼자 조용히 아들이 갇혀 있는 쪽을 바라보곤 하셨다. 그러나 양심의 소리는 책임을 다하라고 명령했다. 책임을 다하자면 아들의 생명이 위태로울지도 몰랐지만 아버지는 책임감을 택했다.

그것은 세상 어느 아버지에게나 매우 어려운 결정이었을 것이다. 우리 중에 그런 어려운 선택을 하게 될 사람은 별로 없다. 그리고 옳은 결정을 내릴 수 있는 인격을 가진 사람도 드물 것이다. 아버지에 대한 추억과 당신께서 보여주신 모범은 내 양심의 기틀을 잡는 데 큰 영향을 미쳤다.

이 책의 이야기들은 당신에게 많은 가르침을 마음속 깊이 심어줄 것이다. 그 중에는 부모님이 처음으로 가르쳐주신 것들도 있고, 학교에서 배웠거나 우연히 알게 된 이야기도 있을 것이다. 나는 이 책이 신나는 영웅담이기를 바라며 모든 이야기가 재미있었으면 한다. 당신이 즐겁게 깨달음을 얻길 바란다.

결백을 지키려고 큰 희생을 치른 사람들의 이야기를 읽다보면 어느새 슬퍼질지도 모른다. 그들은 당신이 슬퍼하길 원치 않겠지만 저절로 눈물이 흐를 것이다. 많은 훌륭한 사람들이 원칙 때문에 고통을 받았다. 원칙 때문에 목숨을 바친 사람도 있었다. 그러나 생의 말로가 아무리 잔인해도, 그들은 옳은 선택을 내렸다는 사실에서 큰 위안을 받았다. 그들에게는 훌륭한 인생을 살 수 있는 인격이 있었다. 그들은 누군가가 자신의 용기를 알아주기를 바라지 않았다. 단지 바른 선택을 할 수 있고 정의로운 신념에 따라 지킬 만한 가치가 있는 인격을 지녔을 뿐이다. 그들은 피할 수 없는 운명에 굴복하지 않았으며 좋은 인격이 인생을 이끄는 힘이자 세상을 비추는 촛불이라고 믿었다. 우리는 그 작은 촛불에 불을 붙이고 임무를 완수한다. 그리고 남은 재를 거둔다.

나는 운명을 믿지 않는다. 단지, 인격을 믿을 뿐이다. 그래서 당신에게 22가지 인격에 대한 이야기를 들려주려고 한다. 내가 그랬던 것처럼 당신 역시 여기서 즐거움과 깨달음을 발견하기 바란다.

—존 맥케인(*John McCain*)

• 차례 •

어니스트 섀클턴
Ernest H. Shackleton

빅터 프랭클
Viktor Frank

찰스 다윈
Charles Darwin

윌마 루돌프
Wilma Rudolph

어니스트 새클턴 Ernest H. Shackleton, 1874~1922
아일랜드 태생의 영국 탐험가.
1901~1914년 사이 3회에 걸쳐 남극을 탐험하며 자남극을 발견했다.

신 뢰

—

신뢰는 불가능한 도전을 가능하게 만든다

위험천만한 눈밭에서 목숨을 걸고 전진하는 사람들이 있었다. 한 치 앞을 가리는 눈보라, 깎아지른 듯 서 있는 빙산, 눈 속에 파묻혀 보이지 않는 치명적인 열극(烈極). 한번 빠지면 그대로 죽을 수밖에 없는 위기도 여러 차례 겪었다. 로스 장벽을 건넜고 악명 높은 비어드모어 빙하도 건넜다. 1909년 1월 9일, 그들은 목표 지점으로부터 약 160킬로미터 떨어진 곳에 도착했다. 그들은 남극에 도달한 최초의 인간이 될 뻔했다. 그러나 눈보라, 질병, 굶주림 때문에 다시 돌아갈 수밖에 없었다. 그들은 탐험 역사상 길이 기억될 혹독한 여정을 견뎌내고, 인간이 갈 수 있는 한 가장 먼 남쪽 끝까지 내려갔다.

원정대의 리더인 어니스트 새클턴은 냉철하고 단호한 사람이었다. 그는 탈진하고 굶주린 세 사람의 목숨을 구하기 위해 영광을 포기했다. 그들은 지구 최악의 조건을 영웅적으로 견뎌냈다. 그들은 맥머도 해협까지 필사적으로 돌아가 그곳에서 2700킬로미터 여정을 시작했다. 운이 따라준다면 뉴질랜드로 가는 배를 탈 수 있을 것이다. 그러면 영국의 집으로 돌아갈 수 있지만 너무 늦게 도착해 이미 배가 떠난 후라면, 꼼짝없이 죽는 도리밖에 없었다.

원정대의 일원인 존 로버트 프랜시스 와일드, 일명 '프랭크'는 영국 출신으로 키가 작고 조용하며 다부진 선원이었다. 그는 새클턴과 같이 1902년 로버트 팔콘 스콧 원정대에 참가했으나 남극에 가지 못했다. 그는 새클턴을 별로 좋아하지 않았는데, 이번 원정에서도 그랬다. 그러나 점점 대장인 새클턴에 대한 생각이 바뀌기 시작했고 마침내 충성심을 느꼈다. 그는 5년 후 다시 새클턴을 따라 지구 끝까지 가볼 마음을 먹게 된다.

와일드는 저녁 식사 시간에 맥머도 해협으로 돌아가는 힘든 여정을 일기에 기록했다. 아직도 족히 한 달은 더 가야 출발 지점으로 돌아갈 수 있었다. 식량은 거의 남아 있지 않았다. 하루에 말고기 약간과 마른 비스킷 네 쪽으로 연명하고 있었다. 그들은 서서히 굶어 죽을 터였고 모두들 그렇게 생각했다. 다만 그렇잖아도 분위기가 처지는 판에 서로 인정하지 않고 있을 뿐이었다. 그날 저녁 새클턴은 와일드에게 자기 몫의 비스킷 하나를 주었으나 와일드는 거절했다. 그러나 새클턴은 점점 안색이 나빠지고 있는 이 작은 남자에게 비스킷을 받으라고 고집했다. 결국 와일드는 마지못해 고맙게 받았고 자신의 일기에 이렇게 기록했다.

"세상 누구도 비스킷 하나가 얼마나 큰 호의를 의미하는지 진실로 이해하지 못할 것이다. 나는 맹세코 그 의미를 이해한다. 그리고 절대 잊지 않을 것이다.”

어니스트 새클턴은 절망적인 상황에서 유능한 리더에게 꼭 필요한 자질을 갖추고 있었다. 낙천적이고 결단력과 판단력이 뛰어나며 믿을 수 있는 침착한 성격은 대원들에게 신뢰감을 주었다. 그러나 사람들이 리더로서 새클턴을 가장 신뢰했던 이유는 아랫사람에 대한 충성이었다. 그들에게는 새클턴이 항상 자기 야심보다 그들의 안위를 먼저 챙겨주리라는 믿음이 있었다. 그들은 어린아이들이 아버지를 믿는 심정으로 충실하게 새클턴을 따랐다. 새클턴과 대원들이 서로에게 가졌던 신뢰와 충성심은 다음 원정에서 그들의 목숨을 구했다. 실로 유례를 찾아보기 어려운 영웅들의 생존을 그린 대서사시였다.

어니스트 새클턴은 1874년 2월 15일 아일랜드 카운티 킬다레에서 태어났다. 영국인 의사 아버지와 아일랜드계 어머니가 낳은 자녀 8명 중에서 둘째였다. 새클턴이 아홉 살 적 가족은 잉글랜드로 이사했다. 누가 봐도 어니스트는 자신감 넘치고 매력적인 소년이었다. 일찍부터 그에게는 탐험에 어울리는 자질이 엿보였으며, 부유한 후원자들의 환심을 사고 부하들의 신뢰를 얻기에 유리한 성격이었다. 어니스트는 성격은 좋았지만 학교에 정을 못 붙였다. 그는 참을 수 없는 지루함 때문에 학업에 무관심했다고 고백했다. 그는 바다에 나가는 꿈을 꾸었고 16살이 되었을 때, 아버지의 허락을 받았다. 1890년 그는 상인의 도제 겸 선원으로 ‘호튼 타워’ 호에 올랐다. 이 배는 케이프 곶 근처에 있는 칠레 발파라이소를 향해 떠났다. 세계에서 가장 악명 높은 케이프 곶의 해류는 많은 배와 선원들을 괴롭혔다.

호튼 타워 호가 케이프 곶 근처에 가기까지 두 달이 걸렸다. 가는 도중 끝없이 겨울 폭풍이 몰아닥쳤고, 나무배를 무자비하게 들었다 놓았다 하는 흉포한 검은 바다와 싸워야 했다. 그리 유쾌한 시작은 아니었지만 위험한 모험을 꿈꾸는 소년에게 좋은 가르침이 되었던 것은 확실하다. 새클턴은 이 여행 후에 좌절하지도 않았고, 덜 위험한 직업을 찾아야겠다는 생각도 하지 않았기 때문이다. 목숨을 거는 모험에서 강한 만족감을 느끼는 심리가 무엇인지는 몰라도 어쨌든 그는 험난했던 첫 여행에서 벅찬 기쁨을 맛보았다. 실제로 새클턴은 얼어붙은 땅 미지의 남극을 탐험하고 싶다는 마음이 이 첫 여행에서 생겼다고 말했다.

"나는 한겨울에 케이프 곶을 항해하면서 이상하게도 신비한 남쪽 대륙에 마음이 끌렸어요. 거기는 쉬지 않고 불어 닥치는 눈보라뿐이었죠. 그런데 그렇게 편치 못한 상황에서 자꾸만 남쪽으로 생각이 미치더군요."

아마도 불편함은 그에게 매력이었던 것 같다. 적어도 그는 스스로 선택한 위험하고 힘든 삶에서 도망치려 하지 않았다.

케이프 곶의 거친 경험에도 굴하지 않고, 새클턴은 직업 선원이 되어 상선에서 항해를 계속했다. 그리고 몇 년 동안 주로 영국과 아시아를 항해했다. 학교에서는 열등생이었지만 이 직업에서는 두각을 나타냈다. 그는 항해 경험을 통해, 좋은 선원에게 필요한 자질 이상으로 많은 것을 배웠다. 무엇보다 그는 우정의 본질을 배웠다. 까다롭고 위험한 직업을 가진 남자들 사이에는 신뢰와 애정으로 묶인 독특한 유대 관계가 형성되었다.

영국 해군에는 지위와 계급에 대한 우월감이 만연해 있었지만, 상선에서는 고급 선원이든 하급 선원이든 쉽게 어울릴 수 있는 분위기였다. 새클턴은 힘든 직업에서 성공하려면 스트레스를 극복하게 해주는 남자들의 동지애가 반드시 필요하다고 생각했다. 아무리 심각하고 긴박한 상황에서도 천성적으로 태평하고 낙천적인 그의 성격이 많은 도움이 되었다. 그는 상선 선원 시절의 교훈을 익혔고 절대 잊지 않았다.

"세상에서 동지애만큼 멋진 것이 또 있을까요."

새클턴은 충성이 다시 충성을 낳는 원리를 기억했다. 선원들의 신뢰를 얻기 위해 노력하고 규율에 엄격했다. 그것은 리더로서 필수적인 자질이었다. 덕분에 새클턴은 상선에서 눈에 띄는 속도로 진급할 수 있었는데, 22살 어린 나이로는 최초로 항해사가 되었고 2년 후에는 선장이 되었다.

그러나 1900년 무렵, 새클턴은 케이프 곶 폭풍에 시달리던 첫 여행에서 예감한 운명에 도전하고 싶어서 견딜 수가 없었다. 그는 영국 해군 대령인 로버트 팔콘 스콧이 남극 원정을 준비하고 있다는 소식을 들었다. 그는 스콧 대령이 반드시 자신을 데려가도록 만들기 위해 영향력 있는 후원자들을 포섭하기 시작했다. 결국 새클턴은 1901년 여름 스콧 대령과 한배를 타고 뉴질랜드로 떠났다. 거기서 맥머도 해협으로 이동한 후 남극 원정을 시작했다.

원정길은 지옥을 방불케 했다. 스콧 대령은 물론 대원들 누구도 스키나 개 썰매를 타고 2700킬로미터를 탐험해 본 적이 없었다. 이 얼음 대륙에서 가장 효과적으로 빨리 이동할 수 있는 수단을 제대로 다루지 못했던 것이다. 결국 스콧 대령과 대원 두 사람, 즉 새클턴과 의사 에드워드 윌슨은 스키 장비를 싣고 썰매를 직접 끌었다. 비협조적인 개들은 곁에서 타박타박 따라오기만 했다.

준비한 식량은 적절하지 않았고 원정 내내 양이 부족했다. 먹는 게 부실하다 보니 괴혈병에 걸렸다. 이 병은 비타민C가 풍부한 과일이나 야채를 먹지 못하면 걸린다. 새클턴의 상태가 가장 심각해서 오랫동안 썰매에 실려 다녀야 했다. 지형은 예상했던 것보다 훨씬 위험했다. 가장 끔찍한 것은 언제나 도사리고 있는 발을 헛디딜 가능성이었다. 애초부터 불가능한 원정이었다. 새클턴은 기대했던 스릴을 맛보지 못했지만 실망하지는 않았다. 언제나 그렇듯이 배우고 또 배웠다.

새클턴과 스콧은 사이가 좋지 않았다. 처음부터 불편한 감정이 있었던 것인지, 남극 원정이 실패하는 과정에서 그렇게 된 것인지는 알 수 없다. 그러나 어느 시점부터 새클턴은 스콧의 시건방진 해군 장교 특유의 오만방자함을 참을 수 없었고, 스콧은 윗사람을 대하는 새클턴의 친근하고 격이 없는 태도를 괘씸하게 여겼다. 두 사람은 자주 다투었는데, 그 때문에 혹독한 원정길이 훨씬 괴로웠을 것임은 안 봐도 뻔한 일이다.

식량은 거의 동이 났고 체력도 바닥에 떨어졌다. 개들은 죽거나 죽어가는 중이었으며 사악한 날씨 때문에 전진하기가 점점 어려워졌다. 남극까지 1100여 킬로미터를 남겨두고 스콧은 돌아가야겠다고 결정했다. 결국 그들은 출발한 지 석 달 만에 탈진 상태로 맥머도 해협에 도착했다. 스콧은 여전히 괴혈병을 앓고 있는 새클턴을 먼저 영국으로 돌려보냈다. 그런 조치는 리더와 실망한 부하의 관계를 더욱 악화시켰다. 그런데 새클턴은 원정대가 국민의 영웅이 된 것을 보고 깜짝 놀랐다. 사람들은 불가능한 확률에 맞서 그들이 보여준 용기에 환호하고 있었다. 그래서 언제나 얌전히 있으면 몸이 아팠던 새클턴은 다시 남극에 도전하기로 결심했다. 단, 이번에는 더 나은 리더를 선택해야 했다. 바로 새클턴 자신이었다.

새클턴은 새로 얻은 유명세를 이용하여, 몇 년 동안 원정을 도와줄 후원자를 찾아다녔다. 그에게는 설득의 주제를 다른 사람에게 쉽게 전염시키는 자신감과 열정이 있었다. 그는 원정을 계획하고 대원을 모집하고 배를 구하는 데 온 힘을 다했다. 처음으로 뽑힌 대원은 스콧 원정대에서 만난 프랭크 와일드였다. 새클턴은 모험에 적합한 사람을 찾는 데 특히 주의를 기울였다. 그런 사람은 유능하고 독립적인 개인주의자가 적당했다. 다소 모순적으로 보일 수 있지만 '오랜 시간 동안 외부와 소통하지 않으면서도, 다른 사람과 어울려 살아갈 수 있는 사람'이 필요했다. 새클턴은 돛대가 3개 달린 배 '니므롯(Nimrod, 수렵꽝)' 호를 구하고 항해사 6명을 뽑았다. 대륙 탐험을 위해서는 10명을 골랐다. 남극까지 같이 갈 사람은 세 사람이었다. 나머지는 자남극(磁南極)까지만 여행하기로 되어 있었다. 새클턴은 스콧보다 개를 적게 데려가기로 한 대신 겨울 날씨를 잘 견디는 종인 만주산 조랑말에게 썰매를 끌게 할 작정이었다.

　새클턴의 원정대는 1907년 7월 출발하여 넉 달 후 뉴질랜드에 도착했다. 거대한 빙산 등을 만나 혼쭐이 난 후, 맥머도 해협에 도착했을 때는 남반구의 여름이었다. 다시 얼음 덩어리들을 헤치고 며칠 동안 고생을 한 후 해안가에 다다랐다. 이제 육지에 상륙하면 오두막을 짓고 거기서 여름과 겨울 내내 훈련을 하고 계획을 세울 참이었다. 그리고 남반구의 봄을 기다렸다가 봄이 오면 비로소 극점으로 출발한다는 계획을 세웠다.

　1908년 10월 29일 새클턴 대장과 와일드를 포함한 대원 3명은 말 4마리를 이끌고 길을 떠났다. 새클턴의 두번째 남극 탐험이었다. 네 사람은 넉 달 후 목표점을 얼마 남겨두지 않고 안타깝게도 다시 본부로 돌아왔다. 이 장의 첫 부분에서 묘사했듯이, 살아남은 것이 기적인 죽음의 여정이었다. 새클턴은 두번째 실패에 대해 유명한 말을 남겼다.

　"죽은 사자보다는 산 당나귀가 낫다."

　하지만 그는 여전히 낙천적인 태도를 잃지 않았다. 굴하지 않는 자신감

속에 뿌리박힌 낙천성 덕분에 그에게는 항상 기회가 찾아왔다. 새클턴과 대원들은 물론, 그들을 보낸 영국도 두번째 모험을 실패라고 생각하지 않았다. 세상에서 가장 먼 남쪽까지 갔다 온 그들은 영웅이 되었으며 새클턴은 작위를 받았다. 더 중요한 사실은 그가 소중한 교훈을 배웠다는 점이다. 조랑말은 효과가 없었다. 그들은 혈극에 빠져 데려오지 못한 말을 제외하고는, 대부분 죽이거나 먹어버렸다. 결국 당시 남극에 갈 수 있는 유일한 수단은 개 썰매와 스키뿐이었다. 또한 새클턴은 프랭크 와일드가 생명을 걸어도 될 만한 든든한 사람이라는 점을 발견했다. 그는 어렵게 얻은 소중한 교훈을 또 다른 남극 원정을 계획하는 데 알차게 활용했다.

스콧 대령은 새클턴보다 먼저 남극에 갔다. 노르웨이 탐험가 로알드 아문센은 잘 훈련된 개들과 스키를 이용해 스콧을 며칠 더 앞질렀다. 스콧 대장과 대원 5명은 살아서 돌아오지 못했다. 보급 창고를 몇 킬로미터 앞에 두고 얼음 위에서 굶어 죽은 것이다. 비록 새클턴과 사사건건 의견 충돌을 보였던 스콧이지만, 그와 상관없이 운명에 맞선 탐험 영웅의 용기는 세계를 감동시켰다. 물론 새클턴도 감동했다. 스콧은 불운한 모험 중 가장 잔인했던 마지막 며칠을 일지에 꼼꼼히 기록했다. 그리고 사체가 발견될 경우를 대비해 상세한 편지를 써두었다.

"우리가 살아 돌아갈 수 있었다면 나는 동료들의 고난, 인내, 용기에 대해 이야기했을 것이다. 그것은 진실로 모든 영국인의 심금을 울렸을 것이다. 그러나 이 서툰 메모와 우리의 시체는 처량함을 불러일으킬 뿐이다."

용맹스러운 스콧의 죽음이 영국에 알려진 지 얼마 되지 않아, 새클턴은 다음 모험을 추진하기 시작했다. 아문센과 스콧이 이미 남극점에 도달했기 때문에 새클턴은 그 이상의 계획을 세웠다. 북동부 웨델 해에서 서부 로스 해까지 2900킬로미터를 횡단하기로 한 것이다. 늘 그렇듯이 새클턴은 신중하게 계획을 세웠으며 노르웨이 조선소에서 배를 구입했다. 이 배는 유빙(流氷)의 습격을 견딜 수 있도록 튼튼하게 특수 제작되었다. 유빙은 예기치 못한 조류나 지구상에서 가장 불친절한 날씨로 인해 갑자기 떠내려올 수 있는 복병이었다. 나무배는 유빙과 부딪히면 가루가 되어버린다. 그는 "인내로써 승리한다"는 집안의 가훈을 따서 배 이름을 '인듀어런스(endurance, 인내)'라고 지었다.

위업 달성에 참여할 사람들을 고르는 데 신중을 기하는 것은 기본이었다. 새클턴은 자신을 따르는 사람들에게 진정한 충성을 바칠 사람이었다. 그는 많은 신청자들 중에서 동료가 될 사람을 선발하기 위해 런던 신문에 광고를 냈는데 5000명이 신청서를 냈다.

위험한 여행에 함께할 사람을 찾습니다. 급료는 적고 뼈가 으스러지도록 추울 것이며 오랫동안 칠흑 같은 어둠 속에 있어야 합니다. 항상 위험이 도사리고 있으며 무사히 돌아오리란 보장도 없습니다. 성공할 경우 대가는 명예와 인정뿐입니다.

—어니스트 새클턴

이것이 초대장이었다. 오늘날 뜨거운 찬사를 받는 모험심과 용맹심을 이끌어내기 위해 이런 불길한 광고를 냈다는 것이 믿기지 않지만, 이것이 새클턴의 최선이었다. 그는 자원한 5000명 중에서 고난에 단련된 27명을 추려냈다. 그 중 몇 사람은 이미 남극에 대한 경험이 있었다. 친구

프랭크 와일드는 원정대의 부대장으로 충성을 다했다. 호주 출신 사진작가인 프랭크 헐리도 있었다. 그는 베테랑 남극 탐험가로서 놀라운 용기와 강인함을 발휘하여 생생하고 감동적인 사진을 찍었다.

원정은 제1차 세계대전이 시작된 무렵인 1914년 8월 1일 시작되었다. 하지만 인듀어런스 호에 탄 사람들 중 그 누구도 남극 대륙에 발을 들여놓지 못했다. 비록 원정은 실패했지만 새클턴과 대원들은 그 무엇에도 견줄 수 없는 인내, 용기, 충성, 리더십을 역사에 남겼다.

10월에 부에노스아이레스에서 마지막 대원들이 합류했다. 그리고 마침내 황량하고 사람이 거의 살지 않는 머나먼 사우스조지아 섬의 포경 기지를 향해 떠났다. 12월 5일 그들이 사우스조지아 섬에서 남극으로 출발할 당시만 해도 16개월 동안 땅을 밟지 못하고 22개월 동안 문명사회로 돌아가지 못할 줄은 아무도 예상하지 못했다.

워낙에 악명 높은 지역이었지만 인듀어런스 호가 사우스조지아를 떠나 웨델 만으로 가는 동안의 날씨와 빙하는 특히 끔찍했다. 사우스조지아 포경 기지를 떠난 후 꼬박 6주 동안 고된 항해를 했다. 이제 하루만 더 가면 남극 대륙에 닿을 참이었는데, 인듀어런스 호는 광풍에 휩쓸려 유빙 안에 갇혀버렸다. 아무리 수를 써도 유빙에서 빠져나올 수 없었다. 열 달 동안 원정대는 빙하에서 빠져나오려고 몸부림쳤다. 그들은 유빙을 타고 개빙 구역(유빙이 수면의 10분의 1 이하인 구역)까지 떠밀려갈 수 있길 바랐다. 개빙 구역에서는 배가 다시 물에 뜰 수 있었다. 1915년 11월 21일, 대장은 결국 배를 포기하기로 결정했고 며칠 후 인듀어런스 호는 거대한 빙하의 압력을 받고 부서져 가라앉았다. 이후 다섯 달 동안 원정대는 형편없는 식량으로 버티며 유빙 위에 작은 텐트 5개를 치고 살았다. 그들은 침몰한 배에서 건진 구명보트 3대에 나눠 타고 며칠 동안 개빙 구역을 찾아 다녔다. 한 달 동안 위험한 얼음을 타고 서쪽으로 떠다녔다. 유빙 위에는 금이 가 있어서 항상 두려움에 떨어야 했다. 마침내 새클턴은 더 이상 개빙 구역을 찾아다니는 노력을 하지 않기로 결정했는데, 기운만 빠지고 식량이 더 빨리 줄어들기 때문이었다. 유빙 위에 천막을 치고 떠밀려다니면서 개빙 구역이 나타나길 기다리는 게 더 나을 것 같았다. 그들이 타고 있는 유빙은 여러 번 금이 가서 쪼개졌다. 그럴 때마다 보트를 타고 서둘러 다른 유빙으로 옮겼다. 그러다가 원정대는 작은 곳을 발견했고 며칠 후 그들은 드디어 구명보트를 타고 바다로 나갈 수 있었다. 1916년 4월 16일, 처음 빙하에 갇힌 지 열다섯 달 만이었다.

그 후 일주일 동안 보트를 타고 광풍 속을 항해한 끝에, 바위가 많고 황량한 작은 엘리펀트 섬에 도착했다. 대원들은 '지옥 섬'이라는 새 이름을 붙여주었고 이곳에서 물고기와 펭귄을 잡아먹으며 다섯 달가량을 버텼다.

인듀어런스 호가 침몰한 후 새클턴은 갈 데까지 간 원정대를 인간적으로 통솔하기 시작했다. 더 이상 중간 대원을 통해 명령을 전달하지 않았다. 그는 엄청난 고난 속에서도 지칠 줄 모르고 대원들을 격려했으며 그들이 원하는 것을 귀 기울여 들어주었고 같이 희생하고 의논하고 농담하고 노래를 불렀다. 그는 각 사람에게 가장 적합한 임무를 주려고 노력했다. 그리고 불평을 그치지 않는 '비관적인 투덜이'에게도 인내심을 잃지 않았다. 그의 사전에 '비관적인 사람'이란 가장 심한 말이었다. 그는 누구든지 공개적으로 비판해서 창피를 주는 일이 없도록 신경을 썼다. 새클턴은 생존하기 어려운 상황 아래에서도 끊임없이 대원들을 격려했다.

그들이 낯설고 무자비한 얼음 나라에서 최후를 맞이할 것은 거의 확실했지만 새클턴은 그렇게 생각하지 않았다. 적어도 그는 단념하거나 대원들이 운명에 굴복하도록 내버려두지 않았다. 무슨 일이 있어도 헤쳐나가려 했다. 새클턴은 상황이 얼마나 처참한지 알고 있었지만 절망하지 않았다. 오히려 그의 영웅적인 힘에 무섭게 불이 붙은 듯했다. 그들이 지옥섬에 도착한 지 일주일이 지났을 무렵, 새클턴 대장은 '제임스 케어드' 호를 타고 구조 요청을 하러 가기로 결정했다. 인듀어런스 호의 선장이었던 프랭크 워슬리를 포함하여 대원 5명이 동행자로 정해졌다. 7미터가 채 못 되는 작은 구명보트를 타고 세계 최악의 코스 1200킬로미터를 항해하여 사우스조지아 섬으로 가야 했는데, 지금까지 생존한 것보다 훨씬 어려운 일이었다. 아니, 아예 불가능한 여정이었다. 새클턴은 프랭크 와일드에게 지휘권을 넘겨주고 섬에 남아 있는 22명을 보살피도록 했다. 그 동안 지혜로운 결정을 수없이 내린 새클턴답게, 이 역시 최선의 선택이었다.

새클턴은 그는 대원 5명과 손바닥만한 제임스 케어드 호를 타고 허리케인과 사나운 풍랑 속에서 17일 동안 항해했다. 그리고 마침내 사우스조지아 섬에 그들이 도착했을 때는 뼛속까지 젖고 죽을 만큼 힘이 빠진 상태였다. 그 와중에도 새클턴은 규칙적인 식사와 규율을 강조했다. 그는 안락하지 못한 상황에서 규칙과 규율이 인간의 희망과 결단력을 유지해 주는 이치를 알고 있었다.

그들은 사우스조지아 섬에 도착했을 때 몹시 기뻤지만, 희망은 곧 절망으로 바뀌었다. 해안을 잘못 찾았기 때문인데 포경 기지가 있는 해안은 섬 반대편이었다. 그들과 구호 식량 사이에는 빙하로 뒤덮인 수천 킬로미터 높이의 산이 버티고 서 있었다. 새클턴은 일주일 동안 휴식을 취한 후 대원 2명과 함께 산을 오르기 시작했다. 포경 기지로 가기 위한 험난한 등산이었다. 나머지 3명은 너무 지쳐서 산을 오를 수 없었기 때문에 그들이 돌아올 때까지 기다리기로 했다. 이루 말할 수 없이 위험한 산을 넘고 또 넘은 지 36시간 만에 드디어 포경 기지가 눈앞에 보였다. 1916년 5월 20일 오후, 너덜너덜해진 옷은 홀딱 젖었고 수염과 머리는 길어서 헝클어졌으며 몸은 더러운 데다 얼어붙어 있었다. 지쳤다는 말조차 할 수 없을 정도로 지친 상태였다. 그러나 용맹한 전사들은 안도의 한숨을 내쉬며 스톰니스(Stormness, 폭풍) 포경 기지로 걸어갔다. 그들은 어깨를 펴고 고개를 들려고 애쓰면서 도움을 요청했다.

　모두 깨끗이 씻고 식사를 했다. 그 다음 프랭크 워슬리가 포경선을 타고 섬 반대편에 남겨 둔 세 사람을 데리러 갔다. 이튿날 새클턴, 워슬리, 탐 그린이 포경선을 타고 엘리펀트 섬으로 떠났다. 탐 그린은 원정대의 이등 항해사로서 몸집이 크고 터프한 아일랜드 사람이었다. 그들이 100킬로미터 정도 항해했을 때, 지겨운 유빙을 만나 포클랜드 제도로 떠밀려갔다. 여기서 새클턴은 우루과이 정부를 설득하여 어선을 빌렸다. 그리고 6월 10일 항해를 재개했지만 또다시 얼음 때문에 돌아가야 했다. 새클턴은 돈을 빌려 스쿠너 범선을 대여하여 7월 12일 항해를 재개했다. 그러나 160킬로미터를 앞두고 엔진이 멈춰버려서 다시 돌아갔다. 8월 30일 네번째 도전을 시작했다. 이번에는 칠레 정부에서 빌린 증기선 ‘엘코’를 탔는데, 마침내 엘리펀트 섬에 도착할 수 있었다. 프랭크 와일드는 구명보트에 탄 대장의 모습을 발견하던 순간을, “물에 거품이 이는 걸 보고 기뻐서 기절하는 줄 알았죠. 몇 분 동안 말을 할 수 없었어요”라고 회상했다.

“모두 무사합니까?” 새클턴은 멀리서 소리쳤다.

“네, 무사해요.” 다들 큰 소리로 대답했다. 그러자 누군가가 “하나님, 감사합니다.”라고 외쳤다. 한 사람도 잃지 않았다. 어니스트 새클턴 경은 목표에 충실했고 대원들도 그 점을 잊지 않았다. 워슬리는 새클턴에 대해 다음과 같이 말했다.

“그의 계산된 말과 행동 뒤에는 언제나 단 한 가지 결심밖에 없었습니다. 그건 바로 대원들을 최우선으로 생각하는 마음이었지요.”

새클턴은 이 특별한 탐험에 대한 책 『어니스트 새클턴 자서전(*South*)』을 ‘동지들’에게 바쳤다. 이 책에는 몹시 감동적인 구절이 나온다.

“기억 속의 우리는 풍족했다. 그러나 우리는 외적인 것들의 허식을 사무치게 깨달았다. 우리는 고통스러웠고 굶주렸으나 승리했다. 바닥을 기어다녔지만 결국 싸움에서 이겼다. 우리는 큰 전체 속에서 더욱 성장했다. 신의 광채를 보았고 자연의 메시지를 들었다. 우리는 인간의 벌거벗은 영혼을 접했다.”

구조 후 60년이 지난 어느 날, 원정대의 일등 항해사였던 라이오넬 그린스트릿은 어떻게 그런 일이 가능했는지, 어떻게 그런 극한 상황에서 생존할 수 있었는지 질문을 받았다. 그는 짤막하게 대답했다.

“새클턴이었으니까요.”

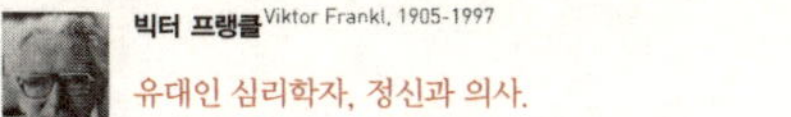

빅터 프랭클 Viktor Frankl, 1905-1997
유대인 심리학자, 정신과 의사.
아우슈비츠에서 3년간 수용소 생활을 하며 인간의 존엄과 가치의 훼손을 직접 체험했다.

존 엄

—

인간의 가치는 존엄성에 깃들어 있다

그들은 그에게서 자유, 직업, 가족을 빼앗았으며 견딜 수 없을 때까지 굶기고 때리고 저주하고 혹사시켰다. 그들은 그의 인생을 낭떠러지 끝까지 몰고 갔다. 거기서 언제라도 그를 밀어버릴 수 있었다. 이미 수천 명을 그런 식으로 처리했다. 몹시 추운 어느 겨울날 아침 등짝에 내려찍히는 권총 모서리의 감촉을 느끼며 짐승처럼 들판으로 끌려갔을 때, 빅터 프랭클은 그 순간의 고통과 그 고통을 주는 사람을 생각하지 않았다. 그는 아내의 모습을 떠올리느라 잠시 동안 그들의 잔인함을 잊었다. 그는 아내가 살아 있는지 죽었는지도 몰랐다. 그러나 그의 마음속에 아가서 8장 6절이 맴돌았다.

"너는 나를 도장처럼 마음에 새기고 도장처럼 팔에 새기라. 사랑은 죽음처럼 강하고….”

빅터 프랭클은 『삶의 의미를 찾아서(*Man's Search for Meaning*)』를 통해 그때 일을 이렇게 적고 있다.

“내 마음은 아내의 이미지에 고정되었다. 나는 소름이 끼칠 정도로 생생하게 그 이미지를 상상했다…. 현실인지 아닌지는 몰라도, 그녀는 막 떠오르는 태양보다도 더 빛나 보였다…. 그때 나는 세상의 시와 사상과 신념이 전달해야 하는 가장 위대한 비밀을 깨달았다. 그것은 바로 인간은 사랑을 통해 구원받고 사랑 속에 구원이 있다는 진리였다.”

극도로 비인간적인 수용소 생활이 마음속에 인간의 잔인함에 대한 검은 그림자를 드리울 법도 하건만, 프랭클은 아내에 대한 사랑을 놓지 않았다. 적들은 그의 마음에서 사랑을 파괴했다고 생각했지만, 사랑은 어느 누구도 다른 사람에게서 빼앗을 수 없는 것이다. 오직 사랑은 포기할 수 있을 뿐이다. 그는 자신의 존엄을 지켰다.

빅터 프랭클은 대단한 신동이었다. 그는 엄격하고 원칙적인 자수성가 타입 아버지와 다정하고 자애로운 어머니 사이에 태어난 둘째 아들이었다. 비엔나에서 자란 그는 네 살 때 의사가 되기로 결심했다. 비엔나는 현대 정신의학의 본고장이자 저명한 학자인 지그문트 프로이트의 고향이다. 이 어린아이는 인간의 정신을 치료하는 의학 분야에 헌신하기로 결심하게 된다. 그는 16살 때 프로이트 이론에 대한 소론을 써서 프로이트에게 보냈다. 프로이트는 매우 인상적인 글이었다고 답장을 썼고 빅터의 글을 출판하기 위해 학회지에 추천했다. 프로이트는 빅터가 소론을 출판하는 데 반대하지 않았으면 좋겠다고 예의바르게 양해를 구하기까지 했다.

빅터 프랭클은 1930년 비엔나 대학교를 의학박사로 졸업한 후 정신과 실무를 시작했다. 그는 프로이트를 존경했지만, 정신병의 본질은 이 위대한 학자의 이론과 많이 다르다는 결론을 내렸다. 프로이트는 정신병이 사람의 무의식적 충동과 본능, 사회의 관습과 가치가 충돌하여 발생한다고 생각했다. 그러나 프랭클은 인간의 정서적인 건강은 본능의 만족보다는 삶의 의미를 찾을 수 있는 능력에 달려 있다고 생각했다. 그리고 인생에서 의미를 찾으려는 행동은 이기적인 욕망을 초월하며, 다른 사람이 우리에게 가하는 잔인함이나 불행도 초월한다고 보았다. 프랭클은 임상분석은 물론 철학 연구를 통해 이러한 관점을 확립했다. 그리고 운명의 장난인지, 곧 그는 세상에서 가장 잔인한 경험을 몸소 겪음으로써 자신의 이론을 검증하게 된다.

프랭클 가족은 유대인이었다. 독일 돌격대원들이 1938년 오스트리아로 들어왔을 때, 다른 유대계 오스트리아인과 마찬가지로 프랭클 가족도 잔학한 나치의 탄압을 받았다. 처음에 프랭클은 나치가 유대인을 치료해도 좋다고 허락한 비엔나의 병원에서 일했다. 그는 정신병을 이유로 집단수용소에 보내거나 처형하는 나치의 정책을 피해, 환자들을 구하는 데 최선을 다했다. 그리고 『의사와 영혼(*The Doctor and the Soul*)』이란 제목으로 자신의 이론을 설명하는 원고를 쓰기 시작했다.

비엔나에서는 인종차별 때문에 자유롭게 활동할 수 없었기 때문에, 프랭클은 마음 놓고 연구하기 위하여 미국 이민을 신청했다. 오랜 기다림 끝에 비자가 나왔지만 프랭클 혼자만 쓸 수 있는 비자였다. 그가 없으면 남겨진 가족들이 나치에게 어떤 고초를 당할지 상상할 수 없었기에 그는 미국 영사관에서 돌아오는 길에, 결정을 내릴 수 있도록 도와달라고 기도했다. 집에 도착한 프랭클은 문 앞에 놓인 대리석 조각을 보았다. 아버지가 나치의 횡포로 파괴된 회당의 잔해에서 주워오신 그 조각에는 십계명의 다섯번째 계명이 새겨져 있었다. "네 부모를 공경하라." 프랭클은 비자가 만료되도록 내버려두었다. 그리고 부모님, 형과 고국에 남아 다가오는 대학살을 함께 겪기로 결심했다.

프랭클은 아름다운 간호사 마틸드 틸리 그로서를 깊이 사랑했고 두 사람은 1941년 12월 결혼했다. 비엔나에서 결혼이 허락된 마지막 유대인 부부였다. 9개월 후 프랭클 부부를 비롯한 가족 모두가 체포되었고 프라하 근처에 있는 집단수용소로 이송되었다. 대부분의 다른 수용소에 비하면 테레시엔슈타트의 상황은 그다지 비참하지 않았다. 여기에는 가스실이나 시체 소각장이 없었다. 이곳보다 훨씬 더 열악한 수용소도 있었다. 그러나 프랭클의 아버지는 이곳에서 프랭클의 품에 안겨 세상을 떠났다. 나머지 가족들도 수용소에 오래 남아 있지 않았다. 그들은 모두 가장 악명 높은 수용소, 아우슈비츠로 옮겨졌다. 제일 먼저 빅터가 수용소를 떠나야 했다. 틸리는 근처 무기 공장에서 일하고 있었기 때문에, 2년 동안 이송 대상자에서 면제되었다. 그러나 빅터 모르게 틸리는 남편을 따라 아우슈비츠로 이송되기를 자원했다. 빅터의 어머니와 형도 곧 그 뒤를 따랐다. 어머니는 아우슈비츠에 도착한 후 얼마 안 있어 처형당했다. 형은 아우슈비츠에 있는 다른 작은 수용소로 옮겨졌는데, 그곳의 석탄 광산에서 죽었다.

빅터와 틸리는 아우슈비츠에 도착하자마자 곧 격리 수용되었다. 그는 아내를 다시 보지 못했다. 전쟁이 끝난 후에야 아내가 다른 수용소, 베르겐 벨젠에서 죽었다는 소식을 들었다. 영국군이 나치로부터 이 수용소를 해방시킨 직후였다.

그는 테레시엔슈타트에 있는 내내 『의사와 영혼』 집필에 매달렸다. 이 책은 빅터 프랭클의 가장 중요한 연구 저작이다. 아우슈비츠로 이송되기 직전에 틸리가 빅터의 코트 안감에 원고를 꿰매주었는데, 호송병이 수감자들을 각 대열에 집합시킬 때, 빅터는 원고를 지켜야 한다는 생각밖에 없었다. 그는 당시 자신에게 지정된 열이 가스실로 직행할 차례라는 것을 몰랐다. 수감자들이 '죽음의 천사'라고 불렀던 악명 높은 멩겔 박사는 빅터에게 처형 열로 가라고 지시했다. 그러나 빅터는 그 열에 아는 사람이 없는 것을 보고 멩겔 모르게 슬쩍 다른 열에 끼어들었다.

아우슈비츠에서는 이처럼 간발의 차이로 생과 사가 갈렸다. 이렇게 희박한 가능성에 힘입어 생존한 사람들에게는 다른 것이 필요했다. 이런 곳에서는 좀처럼 갖기 힘든 것, 즉 희망이 필요했다. 그들은 희망을 품고 고통 속의 의미를 찾아야 했다. 빅터는 얼떨결에 목숨을 부지하긴 했지만 곧바로 원고를 뺏겼다. 호송병이 소지품을 모두 내놓으라고 명령했기 때문이다. 빅터는 이 원고가 자신에게 얼마나 중요한지 설명하려고 애썼다. 그러나 설명을 들은 호송병은 경멸스럽게 비웃을 뿐이었다. 빅터는 이 새로운 삶에서는 다른 사람에게 정의나 아주 작은 연민도 기대할 수 없음을 깨달았다. 살아남은 것만으로도 운이 좋았다는 사실을 받아들인 그는 순순히 포기했다. 그리고 새 것을 만들기 시작했다.

빅터 프랭클은 밤마다 작은 종이 조각에 원고를 복기하는 데 매달렸다. 그리고 아내를 생각하며 그들이 언젠가 다시 만날 날을 상상하며 "살 이유가 있는 사람은 수단 방법을 가리지 않고 참아낼 수 있다"는 철학자 니체의 지혜를 잊지 않았다.

　프랭클은 3년 동안 상상조차 할 수 없는 온갖 잔인함과 모욕, 비인간적인 대우를 겪었지만 희망을 버리지 않았다. 육체적으로 힘들 때도 마찬가지였다. 그는 발진티푸스에 걸렸지만 살아남았다. 매를 맞고 위협당하기는 다반사이고, 가까스로 죽음을 모면한 적도 여러 번이었다. 빵껍질과 멀건 죽 한 사발로 연명하면서 고된 노동을 해야 했지만 희망을 가지고 삶의 의지를 결코 놓지 않았다. 희망을 버린 사람은 몸 상태가 좀 더 양호하더라도 끝내 살지 못했다. 프랭클은 삶에 뭔가 기대했던 것이 그들의 실수라고 생각했다. 삶이 잔인함 말고는 아무 것도 주지 않자 그들은 삶을 포기하고 말았다. 그러나 생존하는 사람의 태도는 달랐다. 그들은 삶이 자기에게 강요하는 바를 이해하고 받아들였다. 그들은 최악의 인간 조건 속에서 삶의 의미를 찾고, 몇 안 되는 사소한 기쁨을 위안으로 삼았다. 다른 사람의 뜻하지 않은 친절, 해돋이의 아름다움, 봄이면 만발하는 나무의 화려함 등이 아직까지 그들에게 허락된 기쁨이었다.

　비록 그의 목숨이 압제자의 변덕에 달려 있었지만, 그럼에도 그의 운명을 결정하는 사람은 프랭클 자신이었다. 삶과 죽음은 그가 통제할 수 없었지만 존엄한 사람이 되느냐, 아니면 다른 사람들처럼 잔인무도하게 행동하느냐는 통제할 수 있는 문제였다.

　프랭클은 이러한 존엄의 본질을 누구보다도 잘 이해하고 있었다. 존엄은 오만이나 완력으로 지켜지지 않는다. 모든 것이 우리 곁을 떠날 수 있지만 존엄은 그렇지 않다. 존엄은 누구의 방해도 받을 수 없는 도덕적인 결정이다. 우리 인생이 송두리째 다른 사람의 손아귀에 들어갈 수 있다. 극도로 무기력하고 비참하며 더럽고 가련한 상태에 처할 수도 있다. 하지만 그래도 우리는 한 가지 선택을 할 수 있다. 선한 쪽 또는 악한 쪽을 결정할 수 있다. 우리는 식욕과 욕망만으로 이루어진 동물 이상의 존재다. 원수는 우리를 짐승으로 전락시킬 수 있는 힘을 가졌다고 생각할지 모르지만 그들은 그렇게 할 수 없다. 그건 우리 자신만이 할 수 있는 일이다. 우리에게는 양심이 있다. 어떤 경우에도 그것 하나는 남는다. 최악의 조건에서 얼마나 기꺼이 양심에 순종하느냐에 따라 존엄한 삶과 죽음이 결정된다.

빅터 프랭클은 『삶의 의미를 찾아서』에서 이렇게 말했다.

"집단수용소에서 살았던 우리는 다른 사람을 위로하거나 마지막 빵 한 조각을 남에게 주었던 사람을 기억한다. … 사람에게서 모든 것을 빼앗아가더라도 한 가지는 빼앗을 수 없다. 주어진 상황에 관계없이 자신의 태도를 선택할 수 있는, 인간으로서의 마지막 자유가 그것이다."

빅터 프랭클은 삶의 의미를 세 가지 방법으로 찾을 수 있다고 가르쳐 주었다. "첫째, 뭔가를 창조하거나 구체적인 행위를 한다. 둘째, 인간을 체험한다. 셋째, 피할 수 없는 시련에 대해 태도를 정한다." 프랭클은 수용소에서 원고를 작성하는 데 매달렸고 다른 사람을 상담해 주었다. 틈만 나면 아내를 생각하고 다시 만날 날을 상상하면서 아내의 사랑을 체험했다. 그리고 존엄하고 정의로운 태도로 고통을 견뎠다. 그는 훗날 수용소 생활의 마지막 해에 있었던 감동적인 일화를 이야기했다. 그는 좁은 방에서 같이 지냈던 다른 수감자들과 함께 그날 할당된 음식을 받지 못했다. 그들이 감자를 훔친 사람의 이름을 말하지 않았기 때문이다. 사람들은 모두 우울했다. 고통의 끝이 멀지 않았는데도, 많은 사람들이 희망을 내던지려 하고 있었다. 그날 저녁 나이 든 수감자 한 사람이 빅터에게 와서 다른 사람들이 포기하지 않도록 격려해 달라고 부탁했다.

나는 어떠한 상황에서도 인간의 삶은 의미가 있다고 동료들에게 말했다. 그리고 그 무한한 의미에는 고통과 죽음과 궁핍도 포함된다고 말했다.

(중략)

나는 수용소에 오자마자 하나님과 거래를 한 사람의 이야기를 들려주었다. 그는 자기가 고통 받고 죽음을 당하는 대신 사랑하는 사람을 시련 속에서 건져 달라고 기도했다. 이 사람에게는 고통과 죽음이 의미가 있었다. 그것은 매우 뜻 깊은 희생이었다. 그는 거저 죽고 싶지 않았다. 우리도 그러기는 싫었다.

—『삶의 의미를 찾아서』 중에서

결국 시련이 끝났다. 미국 군인들이 수용소를 해방시켰다. 살아남은 사람들은 자유를 얻었지만 많은 사람들이 여전히 고통에서 벗어나지 못했다. 사랑하는 이가 다른 수용소에서 죽었다는 소식을 들은 사람들은 고난 속에서 버팀목이 되어주던 희망이 부서지는 걸 느꼈다. 빅터도 틸리를 만날 수 없다는 사실을 곧 알게 될 터였다.

수용소가 해방된 지 며칠이 지나서 프랭클은 시골길을 걷고 있었는데, 펜던트 하나를 가지고 있는 사람과 마주쳤다. 그 펜던트는 결혼 후 아내의 첫 생일에 선물했던 것과 같았다. 바다가 파랗게 칠해진 금색 지구 모양 펜던트였다. 거기에는 글자가 새겨져 있었다. "온 세상이 사랑을 일깨우리라."

그 사람은 근처 창고에서 펜던트를 주웠다고 했다. 나치가 수용소 사람들에게서 빼앗은 물건을 보관해 둔 창고였다. 프랭클은 그것이 틸리의 펜던트가 확실하다고 생각했다.

"나는 그 남자에게서 펜던트를 샀다. 약간 흠집이 생겼지만, 여전히 온 세상이 사랑을 일깨우고 있었다."

프랭클은 비엔나의 집으로 돌아와서야 틸리와 나머지 가족 모두가 죽은 사실을 알았다. 이미 너무 많은 시련을 겪은 사람에게는 잔인할 정도로 큰 충격이었다. 그러나 프랭클은 그 고통을 받아들였으며, 희망과 목적이 있는 존엄한 삶을 살아냈다.

그리고 프랭클은 병원에서 다시 정신과 의사로 일하기 시작했다. 그는 끔찍한 지옥을 경험하기 전보다 훨씬 강한 확신을 가지고 환자들을 돌보았다. 희망과 의미 없이는 존엄하게 살기 어려웠던 동료 수감자들을 상담했듯이 환자들을 정성껏 치료했다. 그는 행복은 추구할 수 없다고 말했다. 행복은 의미 있는 삶, 도덕적으로 옳은 결정, 사람에 대한 사랑에서 자연스럽게 따라나온다.

그렇게 살아가던 그에게 엘리라는 또 다른 사랑이 찾아왔다. 프랭클과 엘리는 딸 하나를 낳고 50년 동안 헌신적인 결혼 생활을 유지했다. 그는 수용소에서 쓰던 원고를 마무리하여 출판했을 뿐 아니라 22권을 더 저술했다. 그 중 하나인 『삶의 의미를 찾아서』는 자신과 다른 사람들의 수용소 경험을 철학 원리와 치료 이론 측면에서 분석한 책이다. 그는 이 책을 9일 만에 썼다고 한다. 이 책은 천만 부가 팔렸으며 많은 사람들이 우리 시대의 매우 중요한 책으로 평가하고 있다. 프랭클은 등산을 즐겼고 67세에 나는 법을 배웠으며 90세가 넘도록 건강하게 살았다. 무엇보다 그는 한 번도 삶에서 뒷걸음치지 않았다.

호기심

—

호기심은 학문의 아버지다

로버트 다윈은 언제나 그랬듯이 다섯째 아들에게 실망했다. 스포츠라든가 다른 게으른 취미 생활에 정신이 팔린 데다 이상한 호기심을 가진 이 나태한 영혼은 이렇다 할 성과를 거둔 적이 없어서 항상 아버지의 근심거리였다. 아들이 의학 공부에 실패하는 모습을 보며 좌절한 로버트 다윈은 마지막으로 길을 바로잡아 주려고 케임브리지 대학교에 보냈다. 그러나 역시 소년은 수업에 재미를 못 느꼈고 야외에서 보내는 시간을 더 좋아했다. 그는 산책, 승마, 사격, 개와 놀기, 잡다한 것들 수집하기를 즐겼다. 그러다 늘 그렇듯이 사소한 것에 새로 집착하게 되었는데, 바로 곤충의 세계였다. 1820년대 영국 상류사회에서는 딱정벌레 모으기가 유행이었다. 소년도 사촌의 열정에 영향을 받아 또다시 학업을 등한시하고

즐거운 벌레 수집과 연구에 빠져들었다. 소년의 아버지는 이렇게 생각했을 것이다. '그래, 이젠 또 뭐냐?'

구르는 재주도 없는 아들에게서 미래를 보지 못한 아버지를 탓하기는 어려울 것이다. 소년은 얼마 후 자신의 탐구정신에 불을 지른 여행을 떠나게 된다. 그는 이 여행을 통해 생물학에서 가장 중요한 기본 전제를 발견하기 위한 단초를 얻었다. 이 너무나 특별한 업적 덕분에 찰스 로버트 다윈은 당대 가장 활발한 논쟁의 중심이 되는 저명한 과학자이자 현대 생물학의 아버지, 즉 '신비 중에 신비'를 푼 사람이 되었다.

비록 아버지는 다윈을 게으르다 생각하고 걱정했지만, 사실은 그렇지 않았다. 그는 단지 약간 산만하고 몽상적인 소년이었을 뿐이다. 그는 호기심 많은 지성을 매혹시키는 주제라든가 순박한 마음을 동하게 하는 활동에 빠져들었고, 그렇지 않은 주제나 활동에는 시큰둥했을 뿐이다. 사후 출판된 자서전을 보면, 다윈은 "흥미를 느낄 때면 언제나 열정을 주체할 수 없었다"고 기록했다. 그는 가정교사에게 배운 기하학을 좋아했고, 형 에라스무스가 정원 공구실에 임시로 만든 화학 실험실에서 열심히 실험했다. 다윈이 9살에서 16살 때까지 다녔던 슈르즈베리 기숙학교 교장인 새뮤얼 버틀러 목사는 화학에 대한 그의 관심을 나무랐고, 그런 떳떳치 못한 취미 생활에 시간을 낭비하는 어린 다윈을 급우들 앞에서 비난했다.

다윈도 자신을 형편없는 학생이라고 인정했다. 그는 그리스어나 라틴어, 기타 전통적인 교육에 관심이 없었지만 셰익스피어의 역사적인 희곡, 바이런 경의 시, 호라티우스의 송시 등 일부 문학 작품은 좋아했다. 특히 『세계의 불가사의(*Wonders of the World*)』란 책에 매료되었는데, 훗날 다원은 이 책 때문에 젊은 시절 세계의 오지를 탐험하고픈 흥미가 생겼다고 회상했다.

그는 실외 활동을 좋아했고 북 웨일스 지방에서 가족과 여름휴가를 보내는 동안 등산에 흠뻑 빠졌다. 좀 모자란 듯한 아이긴 했지만 신체는 튼튼했다. 수영과 달리기를 아주 잘했고 스포츠에 능했으며 사냥을 좋아했고 솜씨가 훌륭했다. 게다가 고기잡이도 자주 했다. 다윈은 평생 개를 애지중지했고 개도 그에게 충성을 다했다. 그러나 무엇보다 그가 가장 열심을 냈던 분야는 수집이다. 광물, 돌, 조개껍질, 새의 알, 곤충, 우표, 동전, 식물, 기타 잡동사니를 수집했다.

그는 1809년 2월 12일 영국 중부 슈롭셔의 슈르즈베리에서 태어났는데, 로버트 다윈과 수잔나 다윈이 낳은 6명의 아이들 중 둘째 아들이었다. 유명한 도기 제조업자 조지프 웨지우드의 딸이었던 수잔나는 다윈이 8살쯤 되었을 때 죽었고 아버지 로버트는 의사였다. 로버트는 때때로 엄격하고 불만이 많아 보였지만 그의 아들은 "아버지가 세상에서 가장 친절한 분이셨고 아버지와 함께 한 추억을 진심으로 사랑한다"고 회상했다. 로버트 다윈은 유능한 의사였고 현실적인 사고에 능한 사람이었다. 다윈은 자신의 아버지가 "발생하는 거의 모든 것에 대해 나름의 이론을 정립했다"고 말했다. 다윈이 당대 통념과는 다른 다양한 과학적인 의문에 접근할 때, 알게 모르게 아버지의 영향을 받았던 것이 분명하다. 다윈은 모든 의문을 가설에서 시작한 후, 그것을 확증하거나 반증하기 위해 발견한 사실을 파헤쳤다. 할아버지 에라스무스 다윈 역시 국제적인 명성을 떨친 의학자일 뿐 아니라 시인, 발명가, 생물학자였고, 생물 종이 창조된 후 변하지 않은 것이 아니라 새로운 특징이 생기면서 진화했을지도 모른다는 가능성을 처음으로 생각한 이론가였다. 그의 손자는 훗날 진화 이론의 증거를 더 찾아냈고 천재성과 호기심을 발휘하여 거기에 이론적 색채를 덧입힐 수 있었다. 1825년 다윈은 이렇게 회상했다.

"내 성적이 좋지 못했기 때문에 현명한 아버지는 일찌감치 나를 학교에서 꺼내 형과 함께 에든버러 대학교로 보냈고, 나는 거기서 2년을 지냈다."

로버트 다윈은 16살밖에 안 된 아들의 짐을 꾸려 에든버러 의대로 보냈다. 가업을 잇게 하기 위해서였다. 다윈의 귀에는 오래도록 아버지의 꾸짖음이 메아리치는 듯했다.

"너는 사냥, 개, 쥐잡기 말고는 아무 것에도 관심이 없지! 너는 네 자신과 우리 가족의 수치가 될 거다."

찰스 다윈은 에든버러의 교수들과 수업이 참을 수 없이 지루하다고 생각했다. 게다가 지질학은 너무나 심해서 하마터면 다윈은 거의 평생토록 과학이란 학문을 싫어할 뻔했다. 그가 지질학을 더 이상 공부하지 않겠다는 맹세를 지키거나 지루함 때문에 다른 유사한 과학 분야를 싫어하게 되었더라면 자연의 역사에 대한 인류의 이해는 훨씬 지연되었을 것이다.

무엇보다 다윈의 세 친구가 비범한 과학자를 잃을 뻔한 위기를 모면하게 해주었다. 유럽의 식민지인 기아나에서 해방된 노예 존 에드먼스턴은 에든버러 의대생들에게 박제술을 가르쳤다. 그는 다윈의 친구가 되었을 뿐 아니라 그의 박제 공부를 도와주고 남미의 신비한 자연에 대한 상상력을 발전시키도록 격려했다. 에든버러 자연사 박물관장 윌리엄 맥길리브레이도 천성적으로 호기심이 왕성하고 싹싹한 젊은 다윈에게 흥미를 느꼈다. 맥길리브레이는 다윈의 지루한 에든버러 교수들보다 훨씬 실용

적이고 매력적인 자연사 연구 방법을 가르쳐주었으며, 관찰 결과를 자세하게 기록하는 습관을 들이라고 충고해 주기도 했다. 동물학 교수인 로버트 그랜트도 다른 교수들이 다윈의 흥미를 끄는 데 실패한 학문 분야로 다윈을 끌어들이는 데 성공했다. 그는 오랫동안 다윈과 등산을 다니면서 흥미로운 해양 표본을 찾아서 해부하는 방법을 가르쳤다.

또한 다윈은 '플리니안'이라는 과학 동호회에 들어가 많은 도움을 얻기도 했다. 회원들은 자연사를 연구하면서 논쟁을 벌이곤 했다. 다윈은 여기서 처음으로 진화 이론을 진지하게 토론할 기회를 얻었는데, 이는 당시 영국 사회에서 이단으로 여겨지던 주제였다.

수업의 지루함은 물론이고 정서적으로도 다윈은 의사가 되기에 적합하지 않았다. 다윈은 수술을 하는 동안 피와 내장 따위를 보고 있을 수가 없었기 때문이다. 그는 아버지와 할아버지의 직업을 뒤따르지 않았다. 그의 아버지도 다윈이 에든버러를 2년 다니다가 마는 것을 보고 희망이 없음을 뼈저리게 깨달았다. 성난 로버트 다윈은 아들에게 집으로 돌아오라고 명령했다. 그리고 제멋대로 날뛰는 호기심을 가진 망나니 아들에게는 성직이 가장 적합한 직업이라고 결론을 내렸다. 그해 가을 아버지는 영국국교회 신학을 공부시키기 위해 다윈을 케임브리지 대학교에 보냈다. 당시 다윈은 그 생각을 환영했다. 시골 목사로 여유롭게 살면 자연에 대한 관심을 추구할 기회나 시간이 많아질 거라고 생각했기 때문이다.

그러나 다윈은 이번에도 학교 교육에 정을 붙일 수 없었다. 성적은 괜찮은 편이었지만 다윈의 주요 관심사는 강의실 밖에 있었다. 이러한 외부 세계에 대한 관심 덕분에 다시 한번 역사에 묻힐 뻔한 위기에서 벗어날 수 있었다. 그가 새로 열을 올리고 있는 딱정벌레 수집은 과학적인 의문을 처리하는 데 필요한 소중한 방법을 가르쳐주었고, 평생 가장 많은 영향을 미친 친구를 만나는 계기를 만들었다. 그의 사촌이자 같이 딱정벌레 수집에 열심이었던 윌리엄 다윈 폭스는 다윈에게 케임브리지의 식물학 교수 존 스티븐스 헨슬로우 목사를 소개해 주었다. 그는 딱정벌레의 매혹적인 세계에 대해 무궁무진한 조언을 해줄 수 있는 사람이었다. 다윈은 얼마 안 있어 헨슬로우가 뛰어난 박물학자로서 지닌 재능을 깊이 존경하게 되었다. 헨슬로우는 다윈이 자연계에 갖고 있는 열정과 진실한 성격, 다정한 친구로서의 특징에 끌렸다. 다윈은 헨슬로우의 지도 아래 박물학자로서 역량을 펼치기 시작했는데, 헨슬로우의 식물학 강좌에 등록했고 종종 헨슬로우와 같이 시골로 과학 소풍을 떠나 진지한 대화를 나눴다. 그리고 얼마 후 다윈은 '헨슬로우와 같이 다니는 사람'이란 별명을 얻게 되었다.

헨슬로우는 다윈이 자연과학에 흥미를 가지도록 이끌었을 뿐 아니라 그의 호기심을 끌지 못했던 과목들에서 좋은 성적을 거둘 수 있도록 도와주었다. 과거에 다윈은 성적과 인연이 별로 없었다. 헨슬로우는 식물학은 물론이고 학위를 얻는 데 필요한 수학과 신학을 가르쳐주었으며, 지질학 교수 아담 세지윅에게 다윈을 소개해 주었다. 그는 에든버러가 다윈의 지질학 공부에 미친 악영향을 보상해 주었다. 그리고 다윈이 좋아하는 북 웨일스로 지질학 투어를 같이 떠났는데, 다윈은 지질학 분야에서 연구할 주제가 무궁무진하다는 것을 깨닫고 깊은 인상을 받았다.

다윈과 헨슬로우의 토론 주제는 자연과학의 모든 분야를 아울렀다. 지질학, 생물학, 동물학, 곤충학, 광물학, 화학 등이 포함되었다. 특히 다윈이 가장 흥미를 느낀 주제들에 대한 지식은 상상을 초월할 정도로 풍부해졌다. 다윈이 케임브리지를 우등으로 졸업하고 학위를 받았을 때 진심으로 좋아했던 한 스승은 그가 장차 탁월한 과학자가 될 거라 믿었다.

다윈은 1831년 케임브리지를 졸업한 후, 성직자가 되기 위해 급히 서두르지 않았다. 그는 딱정벌레에 대한 사랑과 약혼녀 패니 오웬에 대한 애정을 양립시키기 어려웠다. 여동생의 친구인 패니는 다윈이 그녀 대신 딱정벌레에게 바치는 시간이 터무니없이 많은 것에 화를 냈고 급기야 약혼 파기를 선언했다. 이에 다윈은 마음의 평화를 잃었다. 그러나 패니에 대한 열정을 식힐 정도로 그를 사로잡았던 조용한 취미에서 다시금 위로를 얻었다.

그는 슈르즈베리의 집에서 헨슬로우의 편지를 받았다. 헨슬로우는 다윈을 해군 대위 로버트 피츠로이의 길동무로 추천했다고 알렸다. 피츠로이는 2년 동안 남미 해안선을 지도에 표시하기 위해 12월 플리머스를 떠날 예정인 비글 호의 선장이었다. 다윈은 케임브리지 시절, 알렉산더 폰 훔볼트의 7권짜리 전집 『미국 적도 지방 여행기(*Personal Narrative of Travels to the Equinoctial Regions of America*)』의 마력에 사로잡혔던 적이 있다. 그는 이 책을 읽고 열대우림과 남미의 여러 가지 신비로움을 열렬히 동경하게 되었다. 피츠로이 대위는 과학 지식이 있는 점잖은 사람이 탐험대에 동행하여 자연에 대한 공통 관심사도 함께 나누고 저녁 식탁의 말동무도 해주길 바랐다. 다윈은 그 역할을 기꺼이 떠맡기로 했다.

그의 아버지는 의심을 품고 처음에는 허락하지 않았지만 헨슬로우와 자신의 처남인 조사이어 웨지우드의 설득에 못이겨 결국 동의했고, 아들의 여비를 대주기로 했다. 다윈은 피츠로이를 도와주고 탐험에 대한 세부사항도 의논할 겸 런던으로 갔다. 그들은 떠나기 전에 당초 2년으로 계획했던 여행을 거의 세계 일주로 늘렸고, 남미의 대서양과 태평양 연안에 있는 여러 섬들과 호주를 탐험 일정에 추가했다. 헨슬로우는 다윈에게 쓴 편지에서 탐험을 추천한 이유를 다음과 같이 설명했다.

"나는 자네가 최고의 자질을 갖춘 사람이라고 생각하네. 물론 자네가 완성된 박물학자라는 뜻으로 하는 말은 아니야. 자네는 수집하고 관찰하며 자연의 역사에 기록될 가치가 있는 것들을 발견할 수 있는 가능성이 풍부하네. 이 여행은 2년간 지속될 걸세. 자네가 책을 넉넉하게 가져간다면 자네가 좋아하는 일을 할 수 있을 거라 믿네."

헨슬로우가 옳았다. 다윈은 완성된 자연과학자는 아니었다. 그는 스승의 조언에 따라, 의문점을 해결하는 데 도움이 될 만한 과학 서적을 충분히 가져갔다. 그 중에는 당시 최근에 출판되었던 찰스 리엘의 『지질학의 원리(*Principles of Geology*)』 1권도 있었다. 이것은 헨슬로우가 추천한 책이다. 그러나 헨슬로우는 리엘의 일반 원칙인 균일설은 받아들이지 말라고 다윈에게 충고했다. 균일설은 지구가 매우 천천히 그러나 끊임없이 변화하고 있으며, 이러한 변화를 일으키는 자연의 사건은 지금도 마찬가지 속도로 진행되고 있다고 주장하는 이론이었다. 리엘을 비판하는 사람은 너무나 많았는데, 리엘의 이론이 자연을 신의 섭리로 받아들이는 기독교 신학에 대한 도전이라고 비난했다.

다윈은 이번 탐험이 지질학, 식물학, 생물학적으로 흥미로운 표본을 수집하여 영국의 저명한 과학자들에게 검증받을 수 있는 좋은 기회라고 생각했다. 이 젊은이가 세계를 놀라게 할 가설의 증거를 발견하는 위대한 업적을 이루고, 자연 역사 분야의 거장이 될 줄 헨슬로우는 물론 다윈 자신도 알지 못했다.

　1831년 12월 27일 아침 11시, 박물학자 찰스 다윈은 비글 호를 타고 브라질로 건너가 그곳에서 위대한 탐구 여행을 시작했다. 그리고 5년이 지나서야 돌아오게 된다. 다윈이 비글 호에서 처음 발견한 사실은 자신이 배멀미를 심하게 한다는 것이었다. 여행 초반부에 많은 시간을 항해사와 같이 쓰는 작은 선실의 해먹에 누워 보냈지만, 시간이 지나자 점점 적응을 하기 시작했다. 그래서 배의 첫 기항지인 아프리카 해안 근처의 카보베르데 군도 세인트 자고 항에 상륙했을 무렵에는 몸이 한결 좋아졌다. 그는 섬을 탐험하는 동안 해수면 위로 14미터가량 솟아 있는 절벽에 조개껍질이 일렬로 박혀 있는 것을 발견했다. 한때 절벽이 수면 아래 있었다는 증거였다. 그는 이러한 관찰 결과에서 화산섬이 갑자기 융기한 것이 아니라 물이 빠져나가서 현재 높이로 솟아 있는 것이라고 추론했다. 이는 오랜 시간 동안 지질학적 변화가 계속 일어나는 중이라는 리엘의 관점을 뒷받침하는 생각이었다. 다윈은 이 시점부터 '리엘의 눈으로' 자연을 관찰하게 되었다고 인정했다.

　세인트 자고 항을 떠난 지 6주일 후 비글 호는 브라질의 '모든 성인의 해협'으로 항해했다. 다윈은 피츠로이 선장의 관대한 지원에 힘입어 남미의 자연사를 철저하게 연구하기 시작했다. 피츠로이 선장이 해안선을 조사하고 지도에 기입하는 임무를 수행하는 동안, 다윈은 몇 주일씩 해안가에 혼자 남아 말을 타고 수백 킬로미터를 돌아다니거나 먼 지역까지 도보로 탐험하면서 식물, 광물, 화석, 곤충, 야생생물의 표본을 수천 점 수집했다. 그런 다음 지정된 시간에 약속한 장소에서 피츠로이 선장의 배와 다시 만났다. 다윈은 브라질에서 처음으로 열대우림을 탐험했는데, 당시의 경험을 '기쁨의 혼돈'이라고 표현했다. 그는 말을 타고 파타고니아 팜파스 초원을 둘러보았고 아르헨티나와 우루과이에서 멸종한 대형 포유류의 화석을 발견했다. 두 나라에는 이러한 멸종을 설명할 만한 기후 변화나 갑작스런 재해의 증거가 없었다. 또한 다윈은 포클랜드 제도에서 야생 소 떼의 색깔을 보고 혼란에 휩싸였다. 티에라 델 푸에고에서는 원시적인 토착 부족도 만났다. 비글 해협에서 빙하의 낙하로 인해 발생한 파도 때문에 작은 탐험선이 바위에 부딪히지 않도록 하려고 애를 쓰기도 했다. 다윈의 25번째 생일에 피츠로이 선장은 영광스럽게도 티에라 델 푸에고의 가장 높은 봉우리에 다윈의 이름을 붙여주었다. 다윈은 1834년 4월 마젤란 해협을 항해했고 안데스 산맥을 등반했다. 그는 여기서 조개껍질을 발견했고 곤충 떼에게 쏘이는 공격을 당했다. 이 공격이 평생 그를 괴롭혔던 장애의 원인이 되었던 것 같다. 그는 대규모 지진을 목격했고 그로 인해 발생한 쓰나미가 칠레의 콩셉시옹 시를 파괴하는 광경과 땅이 융기하는 현상을 관찰했다.

그는 자신의 작은 선실은 물론이고 비글 호에 공간이 남는 곳이라면 어디든지 표본을 보관하는 데 사용했고 공책에는 관찰한 결과를 빽빽하게 기록했다. 그리고 기회가 생길 때마다 수집품을 모아 본국으로 돌아가는 배편으로 헨슬로우에게 보냈다.

1835년 9월 15일 다윈은 갈라파고스 군도의 차텀 섬을 제일 먼저 발견했다. 에콰도르 해안에서 수백 킬로미터 떨어진 곳이었다. 이 섬에는 위대한 발견이 그를 기다리고 있었다. 화산섬 19개로 이루어진 작은 군도에서 다윈은 거북, 바다 이구아나, 작은 핀치 새 등 매우 중요한 표본을 채집했다. 이 새는 훗날 '다윈의 핀치 새'라 불리게 되며 결국 신비 중에 신비를 푸는 열쇠가 된다. 모든 표본은 그들이 사는 섬에 특징적인 다양한 물리적 속성을 가지고 있었다.

비글 호는 갈라파고스에서 호주, 뉴질랜드, 남태평양의 다른 섬과 산호섬들로 항해했다. 여기서도 다윈은 많은 표본을 채집했고 특히 삿갓조개에 관심을 가졌다. 그는 따뜻한 물에 널리 퍼져 있는 산호초를 조사했고, 이것이 가라앉는 해저에서 위쪽으로 자랐다고 생각했다. 이는 당대의 통설과 정반대되는 이론이었다.

다윈은 1836년 10월 영국으로 돌아왔는데, 도착했을 때는 이미 유명 인사가 되어 있었다. 그의 옛 친구이자 스승인 헨슬로우는 다윈이 보낸 표본과 지질학 연구 결과를 영국의 유명 박물학자들에게 보여주었다. 그들은 다윈의 탐험이 과학의 승리라며 감탄했다. 다윈은 저명한 과학계 인사들 앞에서 자신의 발견에 대한 강의를 했다. 그리고 채집품 목록을 정리하고 『비글 호 여행 중 동물학 연구(*The Zoology of the Voyage of the H. M. S. Beagle*)』란 책으로 연구 결과를 발표하기 위해 과학계의 여러 단체들과 함께 일했다. 런던 동물원의 유명한 조류학자 한 사람은, 다윈이 갈라파고스에서 가져온 작은 새들은 새의 다른 계통이 아니며 별개의 핀치 새 종이라고 관찰 결과를 밝혔다. 마침내 다윈은 왕립 지질학회의 회원 자격을 얻었고 1837년 1월 학회에서 처음으로 강연을 했다. 그리고 남미의 땅 덩어리가 오랜 시간에 걸쳐 융기했으며 해저는 가라앉았다는 이론을 발표했다. 아직 정확한 이유는 알 수 없지만 거기에 살던 동물들은 변화에 따라 적응했다고 말했다. 다윈의 강연은 대단한 논쟁을 불러일으켰고 시간이 지날수록 점점 더 많은 찬사를 받았다.

그러나 다윈의 가장 큰 관심사는 종이 어떻게 변화에 적응했는지를 설명하는 것이었다. 그의 경험상 종은 불변의 존재가 아니었지만 그러한 특징 변화, 즉 돌연변이가 어떻게 일어났는지 아직 확신하지 못했다. 그것은 신비 중에 신비였다. 다윈이 '변형된 혈통'이라 부른 진화 이론은 그가 독창적으로 주장한 것이 아닌 한동안 과학계에서 논의되고 논쟁이 벌어지던 문제였다. 다윈의 할아버지 에라스무스도 이 개념을 주장한 적이 있었다. 그러나 돌연변이가 발생하는 과정을 제대로 설명한 사람은 아직 없었다. 다윈의 핀치 새는 신비를 푸는 데 결정적인 열쇠인 것으로 드러났지만 그 이론을 발표할 용기를 내기까지는 좀더 시간이 흘러야 했다. 그 이론이 엄청난 논쟁을 불러올 것임을 잘 알았기 때문이다.

1838년 내장 장애와 심장 질환 증상이 다윈을 괴롭혔다. 이는 안데스 산맥에서 겪은 사고로 인한 것으로 보이는데, 평생 다윈은 몸을 제대로 가누지 못하고 살았다. 그러던 중 다윈은 사촌 엠마 웨지우드에게 특별한 감정을 느끼게 된다. 그녀는 그를 위해 편안하고 조용한 가정 분위기를 만들어주었고, 다윈은 지병의 괴로움도 잊고 평화롭고 조용하게 자신을 위험에 빠뜨릴지도 모를 혁명적인 사상을 기록하는 데 몰두할 수 있었다. 다윈은 아버지의 충고를 따르지 않고 엠마에게 진화에 대한 생각을 말했다. 그 생각은 당시 기독교 신학의 관점에서 볼 때 파문을 당할 만한 것이었다. 신이 우주의 창조에 어떤 역할을 했든지 간에, 지구의 변화는 섭리가 아니라 자연 법칙에 따라 이루어졌다는 주장이기 때문이었다. 엠마는 다윈의 설명을 듣고 경악했다. 그러나 그녀는 다윈이 다운하우스 켄트의 행복한 보금자리에서 연구를 계속할 수 있도록 정서적인 지원을 아끼지 않았다. 같은 해 『비글 호 여행 중 동물학 연구』가 출판되면서 다윈은 유명한 저자로 명성을 쌓게 되었고, 아버지가 주는 후한 수입과 더불어 물질적 어려움 없이 지낼 수 있었다. 그는 가족을 부양하기 위해 과학 연구에서 주의를 돌릴 필요가 없었으므로, 자신의 에너지와 지성을 위대한 목적에 자유롭게 쏟아 부었다.

탐구정신과 집중력을 타고난 다윈은 탁월한 경제학자 토머스 맬서스 목사가 쓴 『인구론(*Essay on the Principle of Population*)』을 우연히 읽게 되었다. 맬서스는 훗날 인류의 경제적 능력을 초과할 정도로 인구가 급증하므로 인류는 극심한 생존 경쟁에 시달릴 것이라고 주장했다. 결함이 있긴 하지만, 맬서스가 통찰한 경제학 법칙은 다윈이 자연에서 관찰한 것과 일맥상통했다. 그는 종 구성원의 물리적 특성이 변화하는 환경에 따라 향상되는지 여부에 따라 생존이 결정되며, 오랜 시간이 지나면 가장 적응력이 강한 특성을 지닌 구성원만 살아남는다고 가설을 세웠기 때문이다.

다윈은 다운하우스의 안락한 연구 환경에서 동물 사육자들과 서신을 주고받거나 갈라파고스에서 가져온 표본을 검사했고, 새로 관찰한 내용을 방대한 공책에 추가하여 이론을 보충하는 일 등을 했다. 다른 사람들은 훗날 약간 오해하여 다윈의 이론을 '적자생존'이라고 표현했지만 그가 사용한 용어는 '자연선택'이었다.

자연선택 이론에 따르면, 느리지만 불가피하게 변화하는 환경에서 번성할 수 있도록 종의 돌연변이가 일어나는 이유는 가장 적응력이 강한 특성을 지닌 구성원을 번식시키기 위해서라고 주장한다. 즉 갈라파고스 군도의 생태계는 거북이나 핀치 새, 혹은 가장 유리한 물리적 특성을 지닌 다른 생물체의 생존을 뒷받침해 주고 있었다. 그들은 특성을 물려줄 자손을 생산함으로써, 결국 시간이 지나면 그것이 종의 지배적인 특성이 되도록 한다.

자연선택 개념은 여전히 논쟁거리긴 해도 더 이상 충격적이지는 않다. 그러나 빅토리아 시대 영국에서는 정말 충격적인 개념이었다. 다윈은 오랫동안 혼자서만 이러한 생각을 간직했다. 그리고 부지런히 자연선택을 연구하고 끈기 있게 증거를 수집했다. 그는 1844년 이 혁명적인 이론을 설명하는 미발표 논문의 초안을 작성했지만 친한 지인 몇 명과 의논했을 뿐이다. 그는 침묵할 수밖에 없는 이유를 열거했다. 동료 박물학자들이 이 개념을 받아들일지 확신하지 못했고, 무신론자로 낙인찍힐까봐 걱정스러웠으며, 이론 때문에 생긴 스캔들로 가족과 친구들이 상처받을까 두려웠다. 그는 여행 중에 채집한 여러 종의 삿갓조개에 대한 4권 분량의 연구발표를 준비하면서 오랜 세월을 보냈다.

1858년 그가 영국에 돌아온 후 22년이 지나고 진화 원리를 이론으로 정립한 지 십수 년이 지났을 때, 다윈은 뜻하지 않게 인도네시아에서 활동하는 젊은 자연과학자로부터 한 통의 편지를 받았다. 앨프레드 러셀 월러스란 사람은 자신도 다윈이 진화에 대해 내린 결론과 같은 생각을 갖고 있다고 편지에 썼다. 이 사건을 계기로 다윈은 행동을 개시하기로 마음먹는다.

그는 월러스가 1858년 7월 1일 런던 과학학회에 제출한 논문과 함께 발표할 자연선택에 대한 논문을 작성했다. 1년 후 다윈은 이 논문을 확대하여 『자연선택에 의한 종의 기원에 대하여(*On the Origin of the Species by Means of Natural Selection*)』를 집필했다. 초판은 출판 첫 날 매진되었고 교회와 과학계는 오랜 세월 광풍에 시달렸다. 1869년 6월 30일 옥스퍼드 대학교에서 다윈의 이론을 논의하기 위한 회의가 열렸는데, 다윈의 친구 헨슬로우가 회의를 진행했다. 다윈과 친한 다른 두 친구, 즉 해양

생물학자 토머스 헉슬리와 식물학자 조지프 후커도 참석했다. 친구의 이론을 열렬히 지지한 헉슬리는 '다윈의 불독'이라는 유명한 별명을 얻었고 후커 또한 다윈을 비판하는 사람들로부터 그를 열심히 변호했다. 이 논쟁의 반대편에는 옥스퍼드 대주교 새뮤얼 윌버포스, 해부학자이자 영국 박물관 자연사 분과장인 리처드 오웬, 비글 호 선장 로버트 피츠로이 등이 있었다. 당시 전하는 바에 따르면 다윈의 친구들이 승리했다고 하며, 이날 논쟁에서 가장 기억할 만한 부분은 헉슬리가 윌버포스 대주교의 비판을 통렬하게 조롱했던 장면이라고 한다.

다윈은 수줍음이 많고 겸손하며 친절한 사람이었다. 그리고 늘 온화했으며 대립을 싫어하는 성품이었다. 그는 자신의 이론이 불러일으키는 논쟁이나 비판을 좋아하지 않았지만 그것을 큰 고통으로 여기지도 않았기 때문에 이론을 포기하거나 연구를 중단하지 않았다. 이후 다윈은 자연선택에 대한 책을 3권 더 썼고 이 역시 모두 논쟁을 불러일으켰다. 다윈을 비난하는 사람들조차도 그가 당대 최고의 자연과학자라는 점은 인정할 수밖에 없었다.

다윈은 인생 말년에 자연사를 총체적으로 다룬 책을 썼다. 여기에는 지렁이의 분비물이 토양에 미치는 영향 같은 내용도 포함되어 있다. 그는 지원이 풍족한 상황에서 연구를 했고, 주로 정원에서 편안하게 관심사를 탐구했다. 다윈은 몸이 불편했고 세 아이를 잃은 슬픔을 겪었지만 대체로 행복한 사람이었다. 그의 행복은 엠마의 헌신 덕분이었다. 그리고 할 수 있을 때마다 그를 능숙하게 방어해 준 친구들과 동료 과학자들도 큰 몫을 했다. 하지만 다윈 스스로 옳다고 생각하면서 자신의 이론을 신뢰했던 태도 또한 그의 행복에 큰 기여를 했다. 호기심이 강하고 용감했던 그는 진실을 발표했고 거기서 큰 만족감을 맛보았다. 안타깝게도 그는 신의 존재를 부인한 적이 없지만 그 주제에 대해 불가지론자의 입장을 취하게 되었다고 인정했다. 자연의 불가피한 진행 과정과 뚜렷한 무작위성에 영향을 받았기 때문이다. 인간을 포함하여 지구상 모든 생물의 진화는 과거에도 그렇고 지금도 신에 대한 도전으로 간주된다. 시간에 따른 인간의 진화는 신의 손길이 자연에 미쳐 있다는 확실한 증거인 믿음을 모욕하는 것으로 여겨진다. 그러나 시공간을 초월하여 존재하고 은총을 선택할 수 있는 자유의지를 우리에게 허락하신 신께서, 자연이 우리에게 물리적인 변화의 영향을 미치도록 성스러운 지혜를 발휘했을지도 모른다는 가정은 신앙과 양립할 수 없는 것인가? 지구는 자전축을 중심으로 회전하고 은하수는 팽창하며 자연은 법칙에 따라 변화한다고 받아들일 수 없는 것인가?

여행을 시작할 때 다윈은 경험이 풍부한 과학자가 아니었다. 그는 호기심, 용기, 선의를 가진 사람이었다.

"저는 여행하는 동안 최선을 다해 연구했습니다. 단지 연구에서 기쁨을 얻고 자연과학의 위대한 업적에 몇 가지 사실을 보태고 싶은 간절한 소망에서였습니다."

다윈은 자연 법칙을 설명하려고 노력했다. 다윈이 발표한 이론을 보면 적어도 그가 생명의 기원에 대해 연구하지 않았다는 점을 알 수 있다. 그리고 장구한 시간이 찰나에 불과한 신의 존재를 배제하지도 않았다.

자연은 신앙을 위협하지 않는다. 오히려 자연의 아름다움과 신비에 대해 명상할 때, 우리는 마음속에서 꿈틀거리는 충동을 잠재우기 어렵다. 그 충동은 창조 이전, 즉 시간 이전의 시간에 벌어진 모든 변이와 불가피한 변화는 신의 의지였으며, 따라서 자연의 장엄한 목적은 신의 목적과 부합한다는 믿음을 버리지 않으려는 충동이다. 불가지론자라 고백했던 호기심의 사나이 다윈조차도 『종의 기원』을 마치고 나서 그러한 믿음에 이끌림을 받았던 것 같다. 그 믿음의 효과에 대하여 다음과 같이 증언했기 때문이다.

"한 가지 혹은 몇 가지 형태로 생기를 불어넣어 여러 가지 능력을 가진 생명을 창조했다는 관점에는 위대한 부분이 있다. 그리고 이 행성이 고정된 중력의 법칙에 따라 계속 주기를 반복하는 동안, 그렇게 단순한 시작에서 가장 아름답고 가장 경이로운 존재가 무한한 형태로 진화했고 지금도 진화하고 있다는 생각은 실로 위대하다."

윌마 루돌프 Wilma Rudolph, 1940~1994

미국의 단거리 육상선수.
소아마비를 딛고 올림픽 육상종목에서 여성 최초로 3관왕을 이룩했다.

희 망

—

출발을 알리는 총성이 로마 올림픽 경기장에 메아리치자, 관중들은 일제히 일어났다. 믿을 수 없이 다리가 길고 우아하며 당당한 미국 여성이 또다시 해낼 수 있는지 보고 싶었기 때문이다. 유럽 사람들은 모두 그녀를 '검은 가젤'이라 불렀다. 그녀가 앞서 거둔 성공은 모두를 놀라게 했다. 그러나 이번 경기는 400미터 계주로, 훨씬 큰 도전이었다. 그녀는 테네시 주립 대학교의 주자 4명 중에서 마지막 차례였다. 그녀를 제외하고 미국은 1960년 올림픽에서 좋은 성적을 거두지 못했다. 독일 계주 팀의 우승이 유력시되었는데, 마지막 주자는 상상할 수 없을 만큼 빠른 주타하이네였다. 검은 가젤은 로마에 와서 경기에 진 적이 없었다. 만약 그녀가 숨 막히는 열기와 습도를 극복하고 승리한다면, 세계에서 가장 빠른 여성으로 만천하에 알려질 참이었다. 그녀는 세상에서 가장 빨리 달리는 여성이 되고 싶었다. 의사의 선고를 뒤집고 걸을 수 있게 된 지 고작 몇 년이 지난 후였다.

블란체 루돌프와 에디 루돌프는 1940년 6월 23일 윌마를 낳았을 때 이미 19명의 자식이 있었다. 윌마는 두 달 일찍 세상에 나왔는데, 블란체 는 쓰러지자마자 거의 바로 윌마를 낳았다. 윌마가 태어났을 때 몸무게 는 2킬로그램 남짓이었다. 다들 윌마 글로딘 루돌프가 오래 살지 못할 거라 생각했다. 아기가 위험성이 큰 생후 처음 몇 주를 무사히 넘긴 일은 후에 큰 고비를 이겨낼 만한 힘이 있다는 증거였던 것 같다.

블란체와 에디는 열심히 일하며 자식들에게 헌신하는 특별한 부모였 다. 그러나 여러 가지 일을 떠맡아야 했던 부모가 22명의 아이들에게 일 일이 관심을 기울이기는 어려웠을 것이다. 에디는 철도 운반인이자 잡역 부였고 블란체는 세탁부 겸 가정부였다. 윌마는 관심이 많이 필요한 아 이였지만 가족 외에 그녀를 도와줄 수 있는 사람은 거의 없었다. 가난한 살림과 남부의 불공정한 차별 정책 때문에 루돌프 가족은 테네시 주 클 락스빌 시골 마을에서 활기차지만 병을 달고 사는 딸아이에게 필요한 도 움을 거의 주지 못했다. 그러나 그들은 최선을 다했고 가난한 대신 사랑 이 풍족했다. 안간힘을 쓰는 아이에게 넘치는 사랑을 주었고, 언젠가 건 강하고 행복한 꼬마 아가씨가 될 수 있을 거라고 격려했다.

블란체는 부유한 백인 가정에서 하루종일 고된 노동을 마치고 아이들 로 미어터지는 집에 돌아오면, 저녁 식사를 준비하고 낡은 밀가루 포대 로 옷을 기웠다. 그리고 하루의 마지막은 어린 윌마를 돌보며 보냈다. 윌 마는 얼마 전 아파서 쓰러졌다가 겨우 회복한 상태였다. 클락스빌 마을에 어떤 돌림병이 돌든지 간에 윌마를 빼놓고 지나가는 법이 없었다. 그녀는 홍역, 이하선염, 수두, 백일해 등 네 살도 되기 전에 각종 질병을 두루 섭렵한 터라 감기와 독감은 놀랍지도 않았다. 그녀는 어린 시절의 대부분을 침대에서 보냈다. 클락스빌의 유일한 병원은 백인 전용이었다. 마을에는 흑인 의사가 딱 한 명 있었다. 블란체는 어린 딸의 열을 내리기 위해 담요로 감싼 후, 자신이 알고 있는 온갖 민간요법으로 윌마를 간호했다.

월마는 다섯 살이 되기 직전 성홍열을 심하게 앓고 양쪽 폐에 모두 폐렴이 걸렸다. 이번에는 정말 살지 못할 것 같았다. 가족들은 윌마를 위해 평소 사용하던 민간요법을 써 보거나 그녀를 다독이며 열심히 기도했지만 차도가 없었다. 중대한 고비를 넘긴 듯 보였을 때 이상한 증상이 나타나기 시작했다. 월마의 왼쪽 다리가 한쪽으로 휘기 시작한 것이다. 부모는 윌마에게 다리를 움직여보라고 말했지만 그녀는 그럴 수 없었다. 의사가 왕진을 와서 잠깐 살펴보더니 소아마비 선고를 내렸다. 당시에는 소아마비에 대한 치료법이 없었는데, 의사는 윌마가 살아남더라도 걷지는 못할 거라고 말했다. 늘 고통을 받아온 윌마 루돌프의 삶은 실질적인 의미에서 완전 끝장이었다.

그녀는 몸이 아팠지만 천성적으로 행복한 아이였다. 다정하고 늘 밝은 성격이었다. 그러나 그러한 성품을 고스란히 간직한 채 고난의 어린 시절을 헤쳐나갈 수 있으리라고 믿은 사람은 아무도 없었다. 그녀는 언니 오빠들처럼 뛰어놀 수 없었다. 학교에 갈 수 없었으므로 안 그래도 할 일이 많은 부모의 가르침에 의존해야 했다. 그녀가 목발과 보호대로 약간이나마 이동할 수 있고 독립적으로 살아갈 방법을 배울 기회가 생긴다

해도, 그녀에게 필요한 치료와 의료 조치는 다른 가족의 도움을 얻거나 마을에 하나뿐인 의사의 봉사를 기대하지 않으면 안 되었다. 과중한 업무에 시달리는 관대하고 친절한 의사는 흑인들을 기꺼이 치료해 주었지만, 전문적인 흑인 전용 대학병원은 80킬로미터 이상 떨어진 내시빌에 있었다.

인간은 엄청난 고통을 인내할 수 있고 때로는 상상하지 못했던 괴력을 내기도 한다. 그러나 작고 가녀린 어깨에는 그러한 기대가 끔찍한 부담일 뿐이다. 윌마는 의사의 선고를 들은 후 절망의 수렁에 빠졌다. 학교 다닐 나이가 되었지만 집에 늘 갇혀 지내야 했던 그녀는 혼자 침대에 누워 하루종일 울었다. 그녀는 희망을 잃었을 때 찾아오는 쓰라린 슬픔을 맛보았고 아침이 오는 것을 저주하며 아침마다 창문에 얼굴을 내민 채 언니 오빠들이 학교 가는 모습을 바라보았다. 날마다 반복되는 길고 지루한 하루는 그녀를 외로움 속으로 내몰았다.

"저는 몹시 외로웠고 소외당한 기분이었어요. 그래서 눈을 질끈 감고 가라앉는 느낌에 몸을 내맡기면서 그대로 끝없이 추락했어요."

그녀를 구한 것은 가족이었다. 그들이 지치지 않고 격려하고 보살핀 덕분에 윌마는 절망을 극복하고 힘과 용기를 낼 수 있었다. 그녀는 거의 초인적인 집중력을 발휘하기도 했는데, 시간이 지남에 따라 '기적의 아이'로 알려지게 되었다. 그녀는 그러한 성품을 따뜻한 가족을 만난 행운 탓으로 돌렸다. 그녀는 자서전에 다음과 같이 기록했다.

"의사들은 다시 걸을 수 없을 거라고 말했다. 그러나 어머니는 할 수 있다고 말씀하셨고 나는 어머니를 믿었다."

어느 날 윌마는 자신에게 또다시 병이 찾아온 것을 느꼈고 이제는 싸워야겠다고 결심했다.

"이제 됐어! 내 모든 걸 빼앗아가는 짓은 그만해! 더 이상 가라앉거나 방황하지 않겠어."

윌마와 어머니는 토요일마다 내시빌에 있는 메하리 의과대학으로 가서 물리치료와 마사지를 받았다. 왕복 두 시간이 걸리는 여행이었고 짐크로우 법에 따라 흑인은 버스 뒤에 타야 했다. 병원에서 윌마의 마비된 왼쪽 다리를 만질 때마다 그녀는 입술을 깨물고 고통스러운 눈물을 참아야 했다. 어머니는 의사와 간호사들이 하는 모양을 주의 깊게 관찰했다가 집에 와서 똑같이 치료해 주었다. 그리고 다른 아이들에게도 그 방법을 세심하게 가르쳤다. 매일매일 하루에 네 번, 어머니 또는 언니 오빠가 윌마의 다리를 마사지했다. 그런 다음 어머니는 다리를 담요로 감싸고 뜨거운 물주전자를 댔다. 윌마 또한 재활 치료에 열심이었다. 집에 혼자 있는 동안에도 다리를 강화하기 위한 운동을 했다. 엄청난 고통이 뒤따랐지만 그녀는 점점 다시 걸을 수 있다는 자신감이 커져갔다. 조금씩 아주 조금씩 그녀는 나아지고 있었다. 처음에 윌마는 한 다리로 집 주위를 껑충거리며 뛰어다녔다. 일곱 살 때는 다리 보호대를 차고 목발을 짚은 채 걷는 법을 배웠다. 그리고 처음으로 학교에 갈 수 있게 되었다. 아이들이란 원래 그렇지만, 급우들은 그녀의 장애를 그냥 넘어가지 않고 짓궂게 놀렸고 윌마는 상처를 받았다. 그러나 그들은 자기들이 놀려대는 강하고 단호한 소녀보다 우월함을 증명할 수 없었다.

윌마는 이후 2년 동안 목발과 보호대 없이 걷기 위해서 매일같이 애를 썼다. 처음에는 혼자서 한동안 서 있는 연습을 했다. 그러자 매일 조금씩 더 오래 서 있을 수 있었다. 그 다음에는 도움없이 비틀거리며 몇 발짝씩

떼어놓기 시작했다. 마침내 열 살이 된 윌마는 모두에게 소아마비를 완전히 극복한 모습을 보여주기로 결심했다.

일요일 아침 그녀는 가족과 함께 교회로 갔다. 가족 한 명이 윌마가 들어갈 수 있도록 교회 문을 열어주었다. 그러자 윌마는 조금 있다가 뒤따라가겠으니 자기를 내버려두고 먼저 들어가라고 말했다. 윌마는 가족들이 들어가고 난 후 보호대를 떼고 목발을 땅에 내려놓았다. 그리고 절뚝거리며 교회 안으로 들어가 가족들이 앉아 있는 자리까지 잠자코 통로를 걸었는데, 교회 안에 있는 사람들은 그녀를 바라보며 모두 기뻐해 주었다. 드디어 윌마는 모두에게 당당한 모습을 보여주었다.

그때부터 윌마는 가능한 한 보호대를 사용하지 않았다. 대신 걸을 때는 정형외과에서 특수 제작한 신발을 신었다. 윌마가 12살이 되자, 그녀와 어머니는 보호대를 메하리 대학에 기증했다. 필요한 다른 아이가 쓸 수 있게 하기 위해서였다. 그 후 얼마 되지 않아 어머니는 창가에 앉아 있다가 밖에서 아이들이 낡은 복숭아 바구니를 가지고 농구하는 모습을 보게 되었다. 언니 오빠들과 맨발로 달리고 점프를 하는 소녀는 바로 윌마였다! 더욱 놀라운 사실은 그녀가 특수 신발을 벗은 채였다는 점이다. 오랫동안 윌마는 언니 오빠들이 게임하는 모습을 구경만 했다. 그것이 너무 부러웠던 그녀는 그들과 같이 뛰어놀 수 있는 날을 꿈꾸었는데, 마침내 건강해졌고 다른 아이들처럼 게임에 참여할 수 있었다.

그녀가 오랜 시간 재활 노력을 하는 동안 가족 외 다른 사람들은 쓸데없는 짓이라고 생각했다. 그러나 윌마는 점점 특별한 힘을 가진 소녀로 자라났다. 그리고 강한 끈기와 집중력을 가진 사람들도 이루기 어려운 목표를 추구하게 되었다. 그녀는 특별했고 그녀 자신도 그 점을 알았다.

그래서 그녀는 이제 운동선수가 되는 것에 자신의 온 힘을 쏟아 붓기로 결심했다. 농구를 아주 잘하고 싶었다. 단지 잘하는 것이 아니라 보호대를 차고 다니던 시절 곁에서 지켜보았던 아이들보다 훨씬 잘하고 싶었다. 학교 팀의 최고 선수들보다 잘하고 싶었던 그녀는 클락스빌에서 제일가는 엄청난 속도, 민첩성, 기술, 의지를 가진 선수가 되었다.

월마는 7학년이 되었을 때, 흑인 학교인 버트 고등학교의 여자부 팀에 들어가게 해달라고 클린턴 그레이 감독을 볶아댔다. 그 다음에는 경기를 하게 해달라고 틈날 때마다 괴롭혔다. 처음 두 시즌에는 벤치만 지켰고 거의 뛰지 못했다. 감독은 팀이 월등히 앞서고 있을 때만 게임 막판에 그녀를 투입했다. 감독은 대부분의 인생에서 절름발이였던 소녀가 다른 선수들을 당해낼 끈기나 힘이 있을 리 없다고 생각했는지도 모른다. 그러나 감독은 그녀가 연습하는 모습을 지켜보면서 다른 학생들보다 얼마나 열심히 노력하는지 관찰했다. 그녀는 컨디션 조절에 집중하고 끝도 없이 반복 훈련을 했다. 다른 선수들이 지쳐서 쉬고 있을 때도 드리블, 슈팅, 달리기 연습을 했다. 감독은 월마를 '모기'라고 불렀는데, '작고 빠르며 항상 방해하기' 때문이었다.

세번째 시즌이 되었을 때, 그녀는 또다시 경기를 하게 해달라고 감독을 조르기 시작했다. 마침내 감독은 실력이 뛰어난 팀과 싸우는 경기에 그녀를 선발 출전시켰다. 관중들은 눈에 띄는 속도와 기량을 자랑하는 월마 루돌프란 선수를 처음 보았다. 그녀는 빠르게 달리고 회전하면서 드리블과 슈팅을 하는 회오리바람 같았다. 놀란 팀원들은 그녀에게 보조를 맞추기 위해 게임 수준을 끌어올렸다. 그들은 그날 밤 압승을 거두었고 그 다음 경기들에서도 차례차례 승리를 거두었다. 이 게임 이후로 월마는 테네시 주 최고 여자 농구 팀의 간판급 선수가 되었다. 그녀는 팀이 두 번이나 주 대표가 되는 데 기여했다. 그녀는 한 게임에서 49점을 기록한 적도 있었고, 고등학교 2년째에는 버트 고등학교를 주 결승전까지 끌고 갔다. 준결승에서 가장 강한 팀을 상대로 26점을 기록한 결과였다. 그들이 결승전에서 만난 팀은 준결승에서 이긴 팀만큼 실력이 뛰어나지도 않았다. 윌마와 팀원들은 당연히 이길 거라고 자만하는 실수를 범해 집중력을 잃었다. 주 챔피언을 꿈꾸느라 눈앞에 있는 게임에 집중하지 못한 게 패인이었다. 그들은 졌고 윌마는 낙심했지만 소중한 교훈을 배웠다.

스포츠에서 성공하려면 네 가지가 필요하다. 아니 어떤 일이든지 이 네 가지는 중요하다. 재능, 집중력, 투지, 사랑이 그것이다. 그녀는 재능이 있었고 농구를 사랑했다. 그리고 목표에 집중하는 특성은 이미 오래전에 증명되었다. 그녀는 인생이 인간에게 허락할 수 있는 최악의 시험을 통과했다. 그러나 그녀는 이 게임에서 싸워야 한다는 점을 잊었다. 자만과 상대에 대한 무시로 마음의 중심이 흩어졌던 것이다. 그 이후 그녀는 두번 다시 같은 실수를 반복하지 않았다.

비록 패배했지만 경기 심판은 이 농구 스타에게서 인상적인 점을 발견했다. 에드 템플은 테네시 주립 대학교의 여자 육상 팀 감독이었다. 일명 타이거벨이라 불리는 이 팀은 미국에서 가장 막강한 육상 팀들 중 하나로서 점점 명성을 날리고 있었다. 에드는 윌마를 여름 캠프에 초대했고 그녀는 기쁜 마음으로 초대에 응했다. 여름 내내 그녀는 바람처럼 빠른 달리기 실력을 마음껏 과시했다. 윌마는 템플 감독에게 말했다.

"저도 왜 그렇게 빠른지 모르겠어요. 전 그냥 달려요."

그해 가을 새 학기가 시작된 후, 윌마는 매일 오후 고등학교 수업이 끝나자마자 타이거벨과 함께 훈련했다.

1956년, 16살이 된 월마는 호주 멜버른에서 열린 올림픽에 미국 육상 팀 대표로 나갔다. 그녀의 키는 자랄 만큼 거의 자랐지만 여전히 너무 마른 몸이었다. 40킬로그램이 조금 넘는 그녀는 호리호리한 몸통에 성냥개비 네 개가 달려 있는 것 같았다. 영양실조에 걸린 듯 바람이 불면 금방이라도 쓰러질 것처럼 보였다. 그녀는 100미터, 200미터 선발전을 통과하지 못했으나 400미터 계주에는 나갈 수 있게 되었다. 월마가 최종주자로 달리지는 않았지만 어쨌든 팀이 최선을 다한 결과 동메달을 땄다. 물론 월마는 이러한 성과에 몹시 기뻐했고 전세계에서 3등인 것도 대단하지만 그보다 더 잘 할 수 있다고 생각했다. 그리고 세계에서 가장 빠른 여성이 되기 위해 열심히 싸우고 모든 집중력을 유감없이 발휘한다면, 그것이 바로 세계에서 가장 빠른 여성이 되는 길이라고 생각했다. 그 점을 의심하는 사람은 그녀를 잘 모르는 것이었다.

4년 후 20살이 된 월마는 건강한 60킬로그램이 되었다. 그녀는 대학 팀 동료들 몇몇과 함께 로마로 떠났다. 육상 선수로서 월마의 명성은 점점 높아졌지만 그녀가 개인별 경기에서 메달을 거머쥘 거라고 예상하는 사람은 별로 없었다. 재키 로빈슨은 언젠가 그녀가 세계 기록을 세울 거라고 예견했지만 먼 훗날의 일이라고 보았다. 그녀는 이제 겨우 20살이었고 아직 절정에 도달했다고 볼 수 없었다. 테네시 주의 육상 팀은 미국에서 가장 훌륭했는데, 미국의 400미터 계주 선수는 모두 타이거벨 소속이었으며 좋은 성적을 낼 것으로 기대되었다. 월마도 이 경기에서 메달을 따지 말란 법은 없었다. 그러나 가장 빠른 선수로는 여전히 루신다 윌리엄스가 거론되었다. 100미터와 200미터 개인전에서 사람들의 관심사는 독일 선수 주타 하이네였다. 그녀는 한번도 져본 적이 없었다. 사람들이 세계에서 가장 빠른 여성이라 믿는 사람은 주타였지 윌마가 아니었다.

육상 경기 초반에는 미국의 성적이 별로 좋지 못했다. 기대했던 유망주 레이 노턴이 100미터 경기에서 동메달도 얻지 못했고 윌마가 출전하기 전까지 타이거벨은 메달을 한 개도 따지 못한 상태였다. 로마에서 미국의 희소식이라곤 켄터키 주 루이빌 출신의 젊은 복서인 케시어스 클레이뿐이었다. 그는 많은 화제를 몰고 다녔다. 19살짜리 클레이는 적을 차례차례 쓰러 눕히고 결국 금메달을 땄다. 그 이름도 유명한 무하마드 알리였다.

윌마의 첫 경기가 있기 전날 또 다른 불행이 미국 팀에 찾아왔다. 윌마는 100미터 연습 달리기를 하던 도중 필드 안의 구멍에 빠졌고 발목을 삐었다. 윌마의 발목은 놀랄 만큼 부어올랐고 변색되기 시작했다. 그녀는 테이프를 붙이고 몇 번이나 힘을 시험해 보았다. 그리고 달릴 준비를 했다. 평생 걸을 수 없을 거란 말을 들은 소녀에게 삔 발목쯤이야 문제가 되지 않았다.

윌마가 달릴 때 가장 눈에 띄는 것은 폭발적으로 땅을 박차고 일어나 속도를 내기 위해 격렬하게 팔을 흔드는 모습이었다. 그러나 빠른 스타트와 왕성한 에너지가 전부는 아니었다. 그녀가 달리는 모습을 본 사람들은 속도를 처음 뿜어낸 후에 우아하게 성큼성큼 내딛는 다리의 움직임을 잊지 못했다. 그녀는 너무나 품위 있고 안정적으로 보여서, 소비하는 엄청난 에너지가 무색해 보일 정도였다. 그날 로마 올림픽 경기장에 모인 관중은 그녀의 팽팽하고 기다란 밧줄 같은 다리와 귀족처럼 우아한 자태를 보고 가젤을 연상했다. 그 중에서도 특히 품위 있고 우아하며 몸시 빠른 가젤을 말이다. 그녀는 편안한 미소를 지닌 매우 아름다운 아가씨였다.

100미터 선수들이 경기를 시작하기 전에 몸을 풀면서 가볍게 필드를 돌고 있을 때, 에드 템플은 그 중에 윌마가 보이지 않는 것을 알고 기절할 뻔했다. 그는 다른 선수를 라커룸으로 보내 윌마를 찾아오라고 지시했다. 그녀는 트레이너의 탁자 위에 누워 있었는데, 마사지를 받다가 잠이 든 것이었다. 그녀는 지금까지 평생 가장 큰 경기를 위해서 최선을 다해 준비해 왔다. 그리고 경기 전에 걱정하는 모습을 보인 적이 한번도 없었다. 윌마는 틈날 때마다 낮잠 자는 것을 좋아했다. 그녀는 평화롭고 자신감에 넘치며 단호했다. 동료가 윌마를 깨웠을 때 그녀는 이미 경기에 나갈 준비가 되어 있었다.

총소리가 나자마자 윌마는 총알처럼 뛰어나갔고 순식간에 주타 하이네와 영국의 도로시 하이먼을 앞질렀다. 주타 하이네는 3등, 도로시 하이먼은 2등을 했다. 그녀는 뒤도 돌아보지 않았다. 그녀가 11초 후 결승선을 넘었을 때 세계 신기록이 나왔다. 그러나 그녀 뒤의 바람이 허용 한도를 초과하는 초속 10킬로미터로 불었기 때문에 신기록은 취소되었다. 그렇게 우아하고 빠르게 달리는 여성을 본 사람은 아무도 없었다.

다음날 200미터 예선에서 윌마는 또 다른 기록을 세웠다. 23.2초였다. 그녀는 강한 역풍을 극복하고 본선에서 24초 기록으로 우승했다. 2위와 큰 차이였다. 다시금 관중은 그녀의 속도, 품위, 아름다움에 압도당했고 그 속도를 무색하게 만드는 길고 유연한 다리의 움직임에 감탄했다.

400미터 계주가 열리는 날 경기장은 초만원이었다. 관중들은 선수들이 자리를 잡기 시작할 때부터 벌써 윌마의 이름을 크게 외쳤다. 미국 팀은 출발이 좋았다. 첫 주자는 선두를 유지했고 두번째 타이거벨 선수와 세번째 선수 루신다 윌리엄스도 선두를 지켰다. 이제 윌마가 바통을 받아 경기를 마무리할 일만 남았다. 속도를 높일 다음 순간을 생각하고 있던 윌마는 바로 앞에 놓인 과제, 즉 잡아야 할 바통에서 잠시 눈을 돌렸다. 그녀는 바통을 더듬었다. 만약 그녀가 바통을 떨어뜨렸다면 미국에는 기회가 없었을 것이다. 윌마는 가까스로 바통을 움켜쥐었지만 그녀가 머뭇거리는 짧은 순간에 2명이 그녀 곁을 앞질러 지나갔다. 그 중 한 명은 주타 하이네였다.

바통을 더듬느라 머뭇거리는 가젤 옆으로 하이네가 지나가자, 흥분한 관중들은 땅이 꺼져라 한숨을 쉬었다. 그러나 다음 순간 그들의 입은 딱 벌어졌다. 윌마가 피스톤처럼 팔을 흔들면서 놀라운 속도로 트랙 위를 날아갔기 때문이다. 그녀의 팬들은 나중에 이런 농담을 하곤 했다.

"자네가 눈을 깜박였으면 그 장면을 놓쳤을 거야."

약 87미터 지점에서 윌마는 선두를 탈환했고, 주타 하이네와 간발의 차이로 결승선을 통과했다.

관중의 환호가 얼마나 오래 이어졌던지 메달 수여식을 시작하기까지 한참을 기다려야 했다. 윌마와 동료들이 금메달을 목에 걸기 위해 고개를 숙일 때, 그녀는 여성으로서 최초로 올림픽 3관왕이 되었다. 그리고 의심할 여지없이 세상에서 가장 빠른 여성이었다.

한 소녀가 소아마비와 가난과 인종차별을 극복하고 당대의 가장 위대한 여성 운동선수, 그리고 세계에서 가장 사랑받는 사람 중 하나가 되었다. 그녀는 이후 올림픽에 출전하지 않았다. 다시 좋은 성적을 거둘 수도 있었겠지만 이미 최선을 다했기 때문에 그보다 더 잘 할 수는 없었다. 그래서 그녀는 남은 인생을 다른 보람된 일에 바쳤다.

인종 분리 정책을 공공연히 옹호하며 선거 운동을 했던 클락스빌 시장은 월마를 환영하기 위한 퍼레이드를 준비했다. 그런데 이상한 편견과 관습 때문에 백인만 참가할 수 있는 행사였다. 월마는 클락스빌의 모든 사람들이 퍼레이드를 볼 수 없다면 자신도 참가하지 않겠다고 단호하게 말했다. 그리고 그날 밤에 열리는 3관왕 축하연에도 흑인들이 참석할 수 있어야 한다고 주장했다. 그것은 클락스빌 역사상 흑인과 백인이 처음으로 함께 모인 공식 행사였다. 때때로 월마는 금메달보다 이 점을 더 자랑스러워하곤 했다.

월마는 며칠 후 또 다른 퍼레이드에서 즐거운 시간을 가졌는데, 그녀는 분홍색 캐딜락 컨버터블을 타고 루이빌의 흑인 지구를 돌았다. 아무도 못 말리는 배짱 좋은 무하마드 알리와 함께였다. 젊은 복서는 대중을 향해 쉬지 않고 떠들어댔다.

"저는 최고입니다! 저는 최고입니다!"

그러나 그는 이윽고 옆에서 활짝 웃고 있는 아름답고 겸손한 친구를 가리키며 외쳤다.

"월마 루돌프를 소개합니다. 그녀가 진짜 최고입니다!"

엘리자베스 I 세
Queen Elizabeth I

테쿰세
Tecumseh

토마스 모어
Tomas More

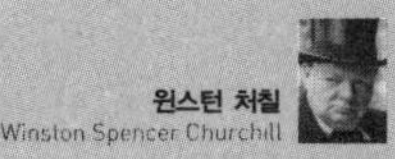

윈스턴 처칠
Winston Spencer Churchill

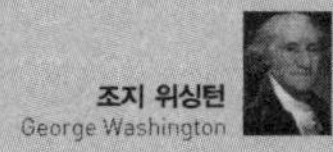

조지 워싱턴
George Washington

지 혜

—

참다운 지혜는 부정을 긍정으로 바꾼다

그녀가 태어났을 때 왕은 크게 실망했다. 주치의와 점성술사들이 새로
얻은 왕비가 아들을 낳을 것이라고 큰소리쳤기 때문이다. 헨리 8세는 왕
위를 계승할 아들을 얻기 위해 왕좌를 위태롭게 하는 일을 감행했고, 영
혼의 위기도 감수했다. 그런데 또 딸이 태어난 걸 보면서 자신이 너무나
운이 없다고 생각했다. 그는 갖은 위험을 무릅쓰면서 전부인과 헤어지고
새 아내와 결혼했다. 교황으로부터 파문을 당하고 영국국교회의 권한을
장악했다. 유럽에서 가장 막강한 왕이자 전부인의 조카인 신성로마제국
카를 5세의 분노를 사 왕국을 곤경에 빠뜨렸다. 지혜로운 충신인 토머스
모어의 신뢰를 잃은 후 그의 목숨도 빼앗아야 했다. 이 모든 것이 아들을
얻기 위해서였는데 말짱 허사가 되었다. 고작 딸 하나를 더 낳기 위해서

이런 짓들을 했다니! 그는 분명 신이 자신의 과오를 벌하고 있다고 생각했다. 그러나 후회하고 회개하는 대신 그는 광란에 가까운 분노를 터뜨렸다. 분명 그는 새로 등장한 불행과 운명, 신, 어린 아내, 새로 태어난 공주에게 미친 듯이 분노를 발산했을 것이다.

새 왕비 앤 불린은 왕의 불쾌한 기분을 속속들이 눈치 챘고 그것이 몰고 올 결과를 생각하며 바들바들 떨었다. 그녀는 존경받는 왕비였던 아라곤의 캐서린을 밀어내고 왕비 자리에 들어앉았다. 명실상부 왕자를 낳기 위한 목적이었는데 그 중요한 임무를 완수하지 못했다. 국민들은 그녀를 좋아하지 않았다. 불린 가문이 왕실에서 힘이 있는 신하들이긴 했지만, 그녀의 미래가 전적으로 왕의 기분에 달려 있다는 건 그녀 자신도 잘 알았다. 그녀가 왕의 기분을 건드렸다면 꼼짝없이 죽어야 했다. 왕은 벌써 그녀에게 질리기 시작했다. 그는 이미 자기를 실망시킨 아내 한 명을 없애버렸고 영국 교회가 자기 의지를 따르도록 강요했다. 왕이 그녀 하나 처치하지 못할 이유가 뭐 있겠는가?

엘리자베스 튜더가 태어난 때는 이처럼 하수상한 시절이었다. 1533년 9월 7일 태어난 헨리 8세의 둘째 딸은 엄마의 기쁨도, 아빠의 자랑거리도 아니었다. 그녀의 첫번째 인생 경험은 겁에 질린 엄마와 화난 아빠, 심술 난 언니, 전유럽 가톨릭 군주들의 앙심, 도처에 깔린 적들의 위험한 야심이었다. 어린 아기로서는 이해할 수 없는 분위기였다. 그녀는 살아남기만 해도 특이하단 소리를 들을 판이었다. 하물며 여왕이 되리라고는 누가 감히 생각할 수 있었을까!

헨리의 실망이 크긴 했지만, 어쨌든 그녀는 영국 왕의 딸이었다. 엘리자베스는 왕실의 공주에게 합당한 대우를 받았다. 헨리는 나라의 큰 행사 때마다 사치스럽고 겉치장이 화려한 예식을 좋아했기 때문에 아기의 세례식도 그렇게 치러졌다. 헨리는 전 부인이 낳은 17살짜리 딸 메리에게 '웨일스 공주' 칭호를 포기하라고 명령했다. 이 칭호는 아주 잠깐 동안이지만 엘리자베스에게 머물렀다. 그러나 새로운 웨일스 공주는 아버지의 호의를 그리 오래 누리지 못했다. 앤 왕비는 왕자를 보려는 일념으로 두 번 더 아이를 임신했다. 첫번째는 유산되었고 그 다음 1536년에는 드디어 아들을 낳았으나 사산이었다. 헨리의 분노는 눈덩이처럼 불어나 아내에 대한 경멸감으로 바뀌었고 앤 볼린의 운명은 정해졌다.

그녀는 여러 가지 거짓 죄로 재판을 받았고 유죄 판결을 받은 후 런던탑에 투옥되었다. 그리고 나중에 처형장으로 끌려갔다. 전하는 바에 의하면 왕실의 배를 타고 템스 강을 건너 런던탑으로 가던 도중, 왕궁이 건너보이는 지점에서 앤 왕비는 두 살 반 된 엘리자베스를 품에 안고 헨리에게 자비를 구했다고 한다. 그러나 왕은 아내와 딸을 거들떠보지도 않았고 어떤 자비도 베풀지 않았다. 17일 후 엘리자베스는 엄마를 잃었고 웨일스 공주의 지위도 뺏겼다.

헨리는 제인 시모어와 다시 결혼했는데, 그녀는 이듬해 그토록 기다리던 아들 에드워드를 낳아주었고 며칠 후 출산 후유증으로 죽었다. 헨리는 이어 클리브스의 앤과 결혼했다가 곧 이혼했다. 다섯번째 아내 캐서린 하워드는 어리석은 젊은 여자였다. 옛 애인과 불륜을 저지른 것이다. 부정한 캐서린은 도끼에 목이 잘렸다. 헨리는 훨씬 더 어린 캐서린 파를 여섯번째 왕비로 들였다. 늙고 살이 많이 쪘으며 갖가지 병을 앓고 있었던 헨리 8세는 이후 3년 반이 지난 1547년에 죽었다.

엘리자베스는 아버지가 죽을 때까지 배다른 남동생과 함께 살았다. 에드워드는 왕위 계승자였다. 두 사람은 어린 시절을 함께 보내며 같이 공부도 하고 놀기도 하면서 매우 가깝게 지냈다. 헨리의 잦은 결혼은 엘리자베스에게 별 영향을 미치지 않았다. 그러나 그녀가 여덟 살 때 소꿉친구이자 평생 친구인 로버트 더들리에게 자기는 결혼하지 않겠다고 말했다는 이야기가 전해지긴 한다. 그녀는 에드워드가 태어나자마자 모든 왕실 지위를 박탈당했기 때문에 한동안 위험한 정치 음모에 휘말리지 않을 수 있었다. 헨리는 어쩌다 엘리자베스와 함께 있을 때면 다정한 아버지처럼 굴었다. 마지막 계모였던 캐서린 파는 친절하고 정이 많은 여자였기에 엘리자베스가 합당한 대접과 좋은 교육을 받을 수 있도록 보살펴주었다. 헨리가 죽고 에드워드가 왕위에 오른 후, 엘리자베스는 태후가 된 캐서린과 잠시 같이 살았다. 그러나 캐서린은 곧 에드워드의 숙부인 토머스 시모어와 재혼했다. 결국 엘리자베스는 의도하지 않았지만 에드워드 왕실의 정권 다툼으로 위험에 처하게 된다.

그래도 엘리자베스의 생활은 한동안 평온했다. 그녀는 가정교사 캣 애쉴리, 하녀 블랑쉬 패리와 같이 지냈다. 그들은 엘리자베스에게 사랑과 헌신을 쏟아 부었고 엘리자베스도 그들을 사랑했다. 캐서린 파는 유능한 학자인 로저 애셤을 엘리자베스의 스승으로 붙여주었다. 엘리자베스는 선생님이 자랑스러워할 만한 학생이었다. 그녀는 호기심이 많고 기억력이 뛰어난 진지한 소녀였다. 독서와 어학을 좋아했고 역사, 철학, 수학도 공부했다. 프랑스어, 이탈리아어, 스페인어는 물론 라틴어와 그리스어로도 읽거나 말할 수 있었다. 남동생과 마찬가지로 신교도 교육을 받은 엘리자베스는 신학 공부에도 힘썼다. 그녀는 당시 영국 사회를 분열시키고 전유럽에 정치적 소용돌이를 일으킨 종교 논쟁을 꿰뚫고 있었다. 악보를 읽고 여러 악기를 연주할 줄 알았으며 춤 솜씨도 매우 훌륭했다.

엘리자베스는 점점 매력적인 아가씨로 자라났다. 고전적인 미인은 아니었지만 지적이고 매력이 있었다. 키가 크고 마른 그녀는 대개 소녀 때처럼 간소하게 검정색이나 흰색 옷을 입었고 장신구를 착용하거나 화장을 하는 일이 거의 없었다. 그러나 그녀의 흰 살결과 타는 듯 붉은 머리칼, 천성적인 우아함, 유난히 성숙하고 침착한 태도 등은 많은 이들의 찬사를 이끌어내기에 충분했다. 그녀의 성품은 소녀 때는 감춰져 있었지만 훗날 아버지를 닮아 강인한 면모가 드러나기 시작했다. 그러나 아버지처럼 위험스럽지는 않았다. 그녀는 남자처럼 말도 탈 줄 알았다. 이처럼 엘리자베스는 모든 면에서 특별했다.

캐서린 파의 새 남편 토머스 시모어는 사춘기를 겪고 있는 엘리자베스를 눈여겨보았다. 그는 그녀를 매우 아꼈다. 아버지 대신이라고만 하기엔 미심쩍은, 상당히 극진한 관심이었다. 엘리자베스는 처음에 잘생긴 시모어의 관심을 달게 받았지만, 그가 점점 친밀하게 굴자 본심을 의심하기 시작했다. 캐서린이 시모어의 아이를 낳고 죽은 후 이 홀아비의 관심은 위험한 방향으로 국면을 전환했다.

토머스 시모어의 형인 에드워드 시모어는 영국 호민관이었다. 에드워드 국왕이 너무 어려서 국사를 돌볼 수 없었기 때문에 그가 영국을 통치했다. 형의 권력을 질투한 토머스는 그를 몰아내려는 음모를 꾸몄다. 그는 엘리자베스와 결혼하고 왕을 납치한 후, 그를 튜더 집안의 사촌 제인 그레이와 결혼시키고 나서 자신이 직접 섭정할 계획을 세웠다. 그리고 15살 된 엘리자베스에게 청혼했다. 물론 그녀는 거절했지만 끈질긴 구혼자는 다시 생각해 보라고 계속 집요하게 굴었다.

음모가 발각되고 시모어는 체포되었다. 그런데 시모어가 엘리자베스에게 청혼을 했기 때문에 그녀도 이 사건에 말려들게 되었다. 그녀가 사랑하는 캣 애쉴리와 블랑쉬 패리도 체포되어 런던탑에 갇혔다. 에드워드의 신하는 그녀를 매우 오랫동안 조사했다. 그녀는 수많은 질문에 신중하게 대답했다. 그녀의 자백을 유도하기 위해 속임수를 쓰는 질문도 있었다. 그녀의 변호 기술이 조금만 미숙했어도 그녀 역시 사랑하는 사람들처럼 런던탑에 갇힌 후 어머니의 운명을 뒤따랐을 것이다. 엘리자베스는 아직 소녀였고 도움 받을 친구나 어른도 없이 완전히 혼자였다. 그러나 그녀는 놀랄 만큼 대담하고 능숙하게 자신의 무죄를 주장했고, 유죄를 덮어씌우려는 증거를 부인했다. 그녀도 물론 두려웠다. 어린 소녀가어찌 그렇지 않았겠는가? 게다가 그녀는 왕의 분노 때문에 목숨을 잃은여자의 딸이었다. 그녀는 어른들도 몸이 굳어 버릴 만한 공포감을 느꼈지만, 심각한 위협 앞에서 의연했다. 이는 남달리 강하고 자신감 넘치는그녀의 성품을 잘 보여준다. 사실 그것은 헨리의 특징으로서, 엘리자베스는 아버지의 그런 성격을 물려받았다. 앞으로 점점 더 큰 위험에 빠지게 될 그녀에게는 꼭 필요한 성격이었다.

엘리자베스는 계속 의심을 받았다. 한동안 남동생의 궁에서도 환영받지 못했다. 그녀는 젊은 시절 내내 핫필드에서 살았는데, 남동생이 준 저택에서 충성스러운 하인들과 함께 생활했다. 그녀가 에드워드와 화해했을 무렵, 그의 통치는 거의 끝이 보였다. 15살짜리 왕은 결핵으로 죽어가고 있었고 영국 왕실의 미래는 불안정했다. 다음 왕위계승 서열은 엘리자베스의 이복 언니 메리였다. 그러나 메리는 열렬한 가톨릭 신자였다. 에드워드와 호민관 존 더들리를 주축으로 한 궁정의 실력자들은 신교를 믿었다. 그들은 메리에게서 왕관을 빼앗아야겠다고 결심했다. 헨리가 이미 유언으로 에드워드 이후에 메리, 그 다음에는 엘리자베스를 왕위계승자로 지명했는데도 그들은 신경 쓰지 않았다. 더들리가 메리의 상속권을 뺏기 위해서는 엘리자베스의 정통성도 부인해야 했다. 엘리자베스는 남동생과 같이 신교 교육을 받았지만, 더들리에게는 역시 눈엣가시였다. 그래서 에드워드가 죽어가고 있는 동안, 더들리는 왕의 사촌 제인 그레이에게 왕관을 넘기려는 계략을 꾸몄다. 더들리는 어리고 순진한 제인을 자신의 막내아들 길드포드와 결혼시켰다. 에드워드가 죽으면 며느리를 여왕으로 추대할 생각이었다. 그리고 그는 메리와 엘리자베스를 체포할 계획도 세웠다. 그는 죽어가는 남동생을 방문하라는 구실로 두 사람을 궁으로 불러들였다. 뭔가 불길한 기운을 감지한 엘리자베스는 더들리에게 몸이 아파서 갈 수 없겠다는 전갈을 보냈다. 그러나 엘리자베스처럼 정치적 위험을 감지할 수 있는 예리한 본능이 없는 메리는 에드워드의 궁으로 갈 채비를 했다. 더들리의 음모는 대담하고 위험한 도박이었다. 성공은 보장되지 않았다. 영국 북부에는 아직도 가톨릭 신자들이 많았고, 그들은 메리가 여왕이 되길 원했다. 신교도들 중에도, 부왕의 유언은 당연히 지켜야 하므로 가톨릭 신자인 여왕이 즉위해도 할 수 없다고 생각하는 사람이 많았다. 더들리의 계략을 알아챈 한 지지자가 궁으로 오고 있는 메리를 중간에서 만나 그의 음모를 알려주었다. 메리는 재빨리 북부로 행선지를 바꿔 자신을 지지하는 세력을 결집시키기로 했다.

　에드워드가 죽자 제인 그레이가 여왕으로 선포되었다. 더들리는 계속 호민관 자리를 지켰지만 새 여왕의 통치와 더들리의 세도는 그리 오래가지 못했다. 불과 9일 후, 메리는 지지자들을 이끌고 런던으로 쳐들어왔다. 더들리가 여왕으로 만든 소녀와 그녀의 신랑은 런던탑에 갇혔고 도끼날에 목을 바칠 운명이 되었다. 그로부터 며칠 전 메리는 엘리자베스를 불러 런던으로 가는 개선 행진에 합류하라고 말했다. 엘리자베스는 말을 타고 이복 언니를 만나러 갔다. 그리고 왕의 영지에 도착한 후, 말에서 내려 새 군주 앞에 무릎을 꿇었다. 메리 역시 말에서 내려 여동생을 일어나게 해 포옹한 다음 런던으로 가는 길을 재촉했다.

두 자매는 물과 기름처럼 극과 극이었다. 37살인 메리는 자기 나이보다 훨씬 늙어보였다. 그녀는 아버지가 어머니와의 결혼을 무효로 선언한 그날 이후 오랜 세월 동안 불행한 삶을 살았고 온갖 근심걱정과 질병에 시달리느라 얼굴이 말이 아니었다. 메리의 외모는 호감을 주는 스타일이 아니었고 그렇다고 왕의 위엄도 느껴지지 않았다. 한편 그녀 곁에서 말을 달리고 있는 키가 크고 건강하며 붉은 머리칼을 가진 열아홉 소녀는 언니에게 없는 위엄과 우아함을 갖추고 있었다. 메리도 엘리자베스 못지않은 지략이 있었고, 종교적 확신과 규율로 왕국을 통치하려는 의지가 있었다. 헨리의 두 공주 중 진정한 영국의 딸로서 확신과 품위를 발산하는 사람은 엘리자베스 쪽이었다. 런던으로 행진하는 대열을 보기 위해 모인 대중들에게도 이러한 차이는 확연하게 느껴졌다. 자매의 동지애로 연출된 장면에서 뭔가 심상치 않은 기운을 느낀 사람도 있었다. 특히 여동생은 언니의 애정이 일시적인 가식일지 모른다고 당연히 의심을 했을 것이다.

메리는 엘리자베스를 좋아하지 않았고 믿지도 않았다. 메리는 어머니의 자리를 꿰차고 들어온 여자가 엘리자베스를 낳은 순간부터 그녀를 미워했다. 설상가상으로 엘리자베스는 신교도이고 메리는 영국을 가톨릭 국가로 돌려놓을 결심이 확고한 구교도였다. 메리는 아주 잠깐 엘리자베스에게 잘해 주었지만 곧 본색을 드러냈다. 그녀는 즉위 직후, 카를로스 황제의 장남이자 스페인 왕위계승자인 펠리페와 결혼하기 위해 스페인과 협상을 시작했다. 외국 왕실이 영국을 통치할지도 모른다는 가능성과 메리가 가톨릭 교회를 부활시키려 하는 움직임 때문에, 많은 신교도들이 반대 여론을 형성하기 시작했다. 영국 왕이 영국을 통치하길 바라는 일부 구교도들도 메리를 반대했다. 반란 음모를 꾀하는 자들과 의심 많은 새 여왕 모두 엘리자베스를 주시했다. 그러던 중 토머스 와이엇이라는 신교도가 메리를 축출하고 대신 엘리자베스를 추대하여 영국 왕족 에드워드 코트니와 결혼시키려고 한 음모가 발각되었다. 처형장으로 끌려가는 와이엇이 엘리자베스는 반역과 아무 상관이 없다고 주장했지만, 메리 여왕은 가톨릭 신하들의 주장을 받아들여 여동생을 체포하라고 명령했다. 결국 엘리자베스는 런던탑으로 호송되었다. 캣 애쉴리와 다른 하인들도 함께였다. 그녀는 자신의 의지를 넘어서는 정권 다툼 때문에 또다시 희생자가 되었다. 신하들은 내켜하지 않는 메리 여왕에게 엘리자베스를 반역죄로 처형하라고 계속 부추겼다. 물론 증거는 전혀 없었다. 그들은 엘리자베스가 살아 있는 것 자체가 여왕과 가톨릭 교회에 위협이 된다고 생각했다. 엘리자베스는 언니보다 백성들에게 인기가 있었지만, 그녀를 보호해 줄 사람은 아무도 없었다. 그녀는 17년 전 어머니가 최후를 맞은 런던탑을 두려워했다. 런던탑 문 앞에 끌려온 엘리자베스는 자기는 아무 죄가 없다고 부르짖으면서 들어가지 않으려고 버텼다. 그녀는 언니에게 자신은 결백하니 제발 자비를 베풀어달라고 호소하는 편지를 썼지만, 오히려 메리의 화를 돋우었을 뿐이다. 엘리자베스는 목숨이 경각에

달렸음을 깨달았다. 그녀는 간수에게 제인 그레이를 처형할 때 썼던 단두대가 지금도 설치되어 있는지 아니면 철수되었는지 물었다. 이제 곧 그것은 그녀의 목을 베기 위해 사용될지도 몰랐다.

사태가 뻔한 결론을 향해 가는 것을 보면서 무력한 엘리자베스가 어떤 심정이었을지는 짐작하기 어렵지 않다. 원래 군주는 자신의 자리에 위협을 느끼면, 그 대상이 친척이든 가족이든 간에 가차 없이 신속하게 처리한다. 엘리자베스는 몹시 두려웠지만, 왕실의 끔찍한 계략 앞에서도 중심을 지키며 꿋꿋이 버텼다. 그녀는 언니에게 따지는 듯한 말투로 반항적인 편지를 써 보냈다. 동생이 애처롭게 목숨을 구걸할 거라 생각했던 메리는 분노가 폭발했다. 엘리자베스는 냉혹한 감옥 생활을 하면서 정신적으로 공포에 시달리고 육체적으로 쇠약해졌지만, 애처로운 구걸로 왕족의 목숨이 부지되는 시대가 아니라는 것을 잘 알았다.

그녀의 목숨을 구한 것은 곧 형부가 될 펠리페 2세였다. 연민 때문은 아니었다. 대중적인 인기를 누리는 엘리자베스를 죽이면 영국 왕실을 소유하는 데 큰 위협이 된다고 보았기 때문이다. 그는 메리 못지않은 열성 가톨릭 신자였고 영국에 가톨릭을 부활시키는 데 뜻을 같이했다. 그러나 그는 비단 신교도뿐 아니라 많은 영국 사람들이 메리와의 결혼을 탐탁치 않게 여기는 분위기를 알고 있었다. 영국인은 외국의 지배를 원하지 않았다. 그래서 그는 가뜩이나 불리한데, 인기 많은 처제의 피를 손에 묻힌 여왕과 결혼하여 여론을 더 악화시키지는 말아야겠다고 생각했다. 게다가 그는 엘리자베스를 자기 친척 중 한 사람과 결혼시키고 싶었다. 그러면 메리가 너무 늙어 아이를 낳지 못하고 죽을 경우, 엘리자베스가 메리의 뒤를 잇더라도 영국의 왕권은 스페인이 가질 수 있었다. 그는 메리에게 엘리자베스를 너그럽게 봐주라고 설득했다. 결혼에 목을 매고 있던 메리는 결국 앤 볼린 처형일로부터 18년째 되는 날 엘리자베스를 풀어주라고 명령했다. 그녀가 석방되어 거처로 가는 장면을 보려고 나온 사람들이 인산인해를 이루었다. 그들은 지나가는 엘리자베스에게 박수를 보냈다. 여전히 언제 죽을지 몰라 겁을 내던 엘리자베스는 백성들의 격려에 기운을 얻고 자신감을 회복했다. 그녀는 그들의 사랑을 잊지 않고 훗날 여러 번 되갚아주었다.

하지만 위험이 완전히 사라진 것은 아니었다. 그녀는 우드스탁에 있는 집에 가택 연금되었다. 메리와 새신랑이 신교도 수백 명을 화형에 처하면서 가톨릭 교회 재건에 박차를 가하는 한, 엘리자베스는 여전히 상황이 불안하다는 것을 잘 알았다. 메리의 통치에 반대하는 사람들은 그녀를 즉위시키려는 생각을 할 것이다. 그러한 음모 때문에 메리가 그녀를 처형할 것인지 아닌지는 논외로 하더라도, 그녀가 죽어야 가톨릭 여왕의 앞길이 탄탄하게 보장된다고 생각하는 사람들이 많은 것은 분명했다. 암살의 위협이 도처에 깔려 있었다.

엘리자베스는 불확실한 위기 속에서 5년을 살았다. 재임하는 동안 '피의 메리'로 불렸던 메리 여왕은 인기가 없었고 영국에서 가장 끔찍한 존재였다. 그녀는 프랑스와 전쟁을 벌여서 영국이 가지고 있던 마지막 프랑스 영토인 칼레를 잃었다. 그녀가 시작한 전쟁과 종교적 숙청은 영국을 파산시키고 군대를 약화시켰다. 그리고 유럽 최강국인 야심 찬 스페인과 프랑스의 먹잇감이 되었다. 여왕 개인으로서도 불행한 나날이었다. 필사적으로 아이를 원했던 메리는 한동안 임신을 했다고 기뻐했는데, 부풀어 오른 배는 건강한 아이 때문이 아니라 종양 때문이었다. 펠리페는 그녀를 버리고 스페인으로 돌아갔으며 그녀는 즉위 5년째 아이도 없이 혼자서, 왕위를 잃으리란 두려움에 사로잡혀 아무에게도 사랑받지 못한 채 죽었다.

전해지는 바에 따르면 엘리자베스는 집 근처를 산책하고 있다가, 언니가 죽었다는 얘기와 함께 자신이 곧 왕이 될거라는 소식을 들었다고 한다. 그녀는 땅에 무릎을 꿇고 라틴어로 다음과 같이 말했다.

"이것이 주의 역사이나이까. 제 눈을 믿기 어렵나이다."

그녀는 격동의 메리 여왕 치세 이후, 영국이 망해가고 있는 시기에 여왕이 되었다. 그녀에게는 외국의 적들이 따라붙었다. 그들은 엘리자베스에게서 왕관을 빼앗기 위해 그녀의 사촌인 스코틀랜드의 메리 여왕에게 눈을 돌렸다. 재정이 고갈되었고 병력이 줄어든 데다 기강도 해이해졌다. 유혈 낭자한 종교 분란으로 국력이 소진되었다. 그녀는 이제 겨우 25살이었다. 과거에 비하면 평온한 시기였지만, 사람들은 그녀에게 나라를 통치할 능력이 없다고 생각했다. 신하들은 그녀가 가능한 한 빨리 결혼해서 남자 왕이 영국을 안정적으로 다스리길 바랐지만 그녀는 결혼 생각이 전혀 없었다. 엘리자베스는 어린 시절 그녀를 두려움에 떨게 했던 위험, 불행, 불확실함 속에서 강철같이 단련된 용기와 확신을 가지고 통치를 시작했다. 그녀는 신하들에게 말했다.

"나는 사자는 아닐지 몰라도 사자의 새끼다. 따라서 사자의 심장을 가지고 있다."

그녀는 모든 구혼자를 거절했다. 그러나 그녀의 치세 기간 내내 골치 아픈 존재였던 스페인과 프랑스를 서로 견제하기 위해, 이 왕자 또는 저 왕자와 결혼할 가능성이 있는 것처럼 빌미를 남겼다. 그녀는 결혼을 강요하는 의회와 공신들에게 자신이 이 나라의 왕이라는 점을 상기시켰다. "나는 하느님이 세우신 여왕이다. 나는 어떤 일이든지 강제로 하지 않을 것이다. 발이 머리에게 명령하는 것은 말도 안 되는 일이다."

엘리자베스 치세 초기에 주영 스페인 대사는 고국에 이런 편지를 썼다. "젊은 영국 여왕은 그녀의 아버지가 국사를 처리했던 방식을 고스란히 물려받았습니다. 그녀는 누구의 통제도 받지 않을 단호한 사람입니다."

그녀는 종교적인 분열을 중재하려 노력했고 대개 성공적이었다. 그녀는 영국국교회를 부활시켰다. 그러나 가톨릭 신자들을 처형하라는 신하들의 충고는 듣지 않았다. 그녀는 '사람의 영혼을 구별'하고 싶지 않았다. 가톨릭 교도들이 백성으로서 충성을 다하는 한 그녀는 그들의 양심을 괴롭히지 않았다. 이와 같이 실용적으로 종교 문제에 접근한 덕분에 영국에는 평화가 찾아왔다. 또한 엘리자베스의 경제 정책으로 텅텅 비었던 영국의 국고는 다시 불어나게 되었다. 그녀는 군대를 강화하고 해군을 조직했다. 그 결과 수백 년 동안 해상권을 제패한 영국의 신화가 시작되었다. 시간이 갈수록 그녀의 자신감은 사람들에게도 확신을 주었고, 그들이 군주를 신뢰하도록 만들었다. 이때는 영국 역사에서 황금기의 시작이었고 후대에도 엘리자베스 시대로 불리게 되었다. 엘리자베스 시대에는 군사적으로 부강했고 경제적으로 풍요로웠다. 백성들은 그녀를 '글로리아나' 혹은 '덕의 여왕 베스'라고 부르며 충성을 맹세했다. 그녀는 44년 동안 영국을 다스렸다. 영국 역사에서 가장 오래 치세했던 군주 중 한 사람이다. 그리고 영국 역사상 최고의 군주로 기억되고 있다. 그녀에겐 배우자가 없었지만 '영국'이라는 남편이 있었다. 백성들은 그녀를 사랑하고 그녀 또한 그들을 사랑했다.

그녀의 왕국에 큰 위험이 닥친 적이 있다. 1588년 과거 형부였던 스페인 왕 펠리페가 영국을 침공하기 위해 영국 해협에 무적함대를 보낸 것이다. 엘리자베스가 통치하기 시작한 지 30년이 지난 때였다. 엘리자베스는 두려워하지도, 의심하지도 않았다. 그녀는 백마를 타고 군대를 시찰하러 나갔다. 그녀는 병사들에게 곧 있을 싸움에서 용기를 보여달라고 말했다.

"폭군에게 두려움을 줘라. 나는 항상 신의 은총과 더불어 백성들의 충성심과 선의를 생각하며 힘을 얻고 보호를 받았다. 그리하여 나는 살아서든 죽어서든, 이 열기와 싸움터 한가운데 너희와 함께 있을 것이다. 나의 신과 조국과 백성과 명예와 피를 위하여 비록 먼지 속에 쓰러질지라도 이 자리에 너희와 함께할 것이다. 비록 연약한 여자의 몸이지만 나에겐 왕의 심장과 기개가 있다."

그녀는 죽기 2년 전에 자신이 누린 크나큰 은총과 행운에 대해 말한 적이 있다. 이것은 결국 국민들을 향한 고별사가 되었다.

"신께서 나를 높이 세우셨다. 그러나 나는 백성들의 사랑으로 통치할 수 있었던 것을 영광으로 생각한다. 앞으로 이 자리에 훨씬 지혜로운 왕들이 얼마든지 앉을 수 있다. 그러나 나보다 백성들을 사랑하는 사람이 앉지는 못할 것이다."

엄마 없이 자라 무서운 적의 야망에 잔인하게 노출되었던 한 소녀가 온갖 위험을 견디고 살아남을 만한 자신감을 가졌던 것은 매우 놀라운 일이다. 그녀는 영국에서 가장 당당하고 단호하며 지혜로운 군주였다. 적이 그녀의 목숨을 빼앗지 못하도록 그처럼 강한 의지를 발휘할 수 있었던 것은 백성들의 사랑 때문이었을까? 또는 의지가 강했던 헨리 왕의 피가 그녀에게도 흐르고 있었기 때문일까? 어린 시절 오직 혼자서만 자신을 보호해야 했던 사람의 당연한 본능이었을까? 아니면 고난을 겪는 중에 자기 자신을 잘 알게 되어 누구든지 자기 내면에서 찾을 수 있는 장점이 드러난 것일까? 그래서 왕위에 오르는 순간부터 최고의 왕국을 만들 수 있다는 확신이 들었던 것일까?

엘리자베스는 말년에 침실 바닥에 엎드려 다가오는 죽음에 대해 '명상'하곤 했다. 그때마다 측근은 여왕에게 "침대로 가셔야 한다"고 고집했다. 위대한 엘리자베스 여왕은 희미한 미소를 띠고 신하를 바라보며 이렇게 말했다.

"이보게, 남자 왕을 모실 때는 '무엇을 해야 한다'고 말하지 말게."

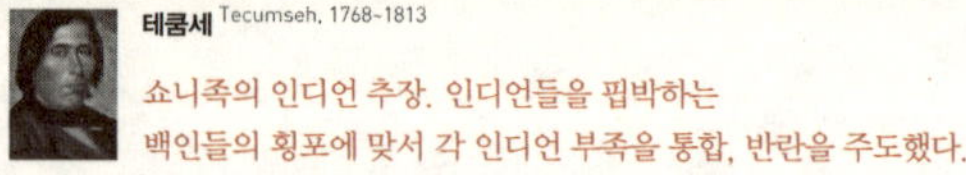

리더십

—

진정한 리더는 강철보다 강하다

미국군 800명은 나무가 우거진 골짜기를 따라 영국 적군을 추격했다. 포트 마이그스에서 모미 강을 건너 영국 포병대를 호위하는 소규모 병력을 순식간에 제압한 다음이었다. 영국 포병대는 포트 마이그스에서 나흘간 윌리엄 헨리 해리슨 소장과 포위된 수비대에게 보복성 포격을 가했다. 해리슨 소장은 그린 클레이 장군에게 켄터키 민병대의 구조대를 둘로 나누라고 전갈을 보냈다. 클레이의 부사령관 윌리엄 더들리 대령은 영국의 대포를 빼앗아 파괴하고 적이 반격하기 전에 재빨리 강을 건너 요새로 넘어갈 계획이었다. 켄터키 민병대가 해리슨의 명령을 문자 그대로 따랐더라면, 그들은 취약한 판단이 아니라 용맹함으로 후세에 기억되었을 것이다. 그러나 계획을 망쳐놓은 더들리의 부하들은 더 큰 승리를 얻을 수 있는 기회를 못 본 척할 수 없었다. 그래서 도망치는 적을 따라 추격했다.

숲에는 죽음이 기다리고 있었다.

헨리 프록터 대령의 지휘 아래 영국 군인들과 함께 야영하고 있던 막강한 인디언 전사들은 총격 소리에 고무되어 아무 것도 모르는 미국군이 있는 숲 속으로 쳐들어갔다. 몇 분 안에 더들리의 대열은 참변을 당했다. 수많은 켄터키 병사들이 권총을 내던지고 보트로 달려갔다. 미처 강둑에 도착하기 전에 포위되거나 죽거나 포로로 잡힌 사람들의 수는 헤아릴 수도 없었다. 인디언은 더들리를 잡아 죽였고 머리 가죽을 벗겼다. 강까지 용케 도망쳤던 사람들도 대부분 포위당했고 탈출에 성공한 사람은 얼마 되지 않았다. 항복한 사람들은 영국군이 야영하고 있는 숲 속까지 질질 끌려왔다.

야영지에서 포로들은 ‘곤틀릿(gauntlet)’이라는 태형을 당했다. 두 줄로 길게 늘어선 인디언 용사들 사이를 달려야 했는데, 달리는 동안 손도끼와 권총의 개머리판과 곤봉으로 몰매를 맞았다. 프록터 대령은 도의를 모르고 용기가 없는 사람이었다. 그는 이러한 학살을 무심히 지켜보았다. 켄터키 사람 40명이 죽었고 나머지도 곧 죽을 운명이었다. 바로 그때 쇼니족 추장이 갑자기 말을 타고 나타나 인디언 전사들에게 야영지로 돌아가라고 명령했다. 그리고 소리쳤다.

“여기는 사람이 아무도 없나?”

그는 전사 2명을 붙잡아 땅바닥에 내동댕이쳤다. 그리고 다른 전사들과 겁에 질린 포로들 사이에 섰다. “이런 겁쟁이들!” 그는 호되게 꾸짖었다. 그제야 그들은 슬금슬금 눈치를 보며 사라졌다. 추장은 프록터에게 고개를 돌리더니 화를 내며 왜 학살을 막지 않았냐고 물었다. “당신네 전사들은 통제할 수 없습니다." 프록터의 대답이었다. 분개한 추장은 이렇게 말했다.

"당신은 리더 자격이 없소. 가서 치마나 입으시오."

그가 함께 싸우는 전사나 대항하는 적군에 비해 눈에 띄게 훌륭한 인격을 나타냈던 것은 이번이 처음이 아니다. 위대하고 용맹한 전사이자 꿈이 크고 단호한 리더 테쿰세는 고문이나 살인을 용인하지 않았다. 의도적으로 무고한 사람에게 해를 입히는 것도 두고 보지 않았다. 이런 그의 인격은 소문이 자자했다. 그는 도의를 아는 사람이었다. 적군들, 특히 그와 가장 오랫동안 싸웠던 윌리엄 헨리 해리슨조차도 그 점을 알고 있었다.

1768년 테쿰세가 태어났다. 당시 쇼니족은 백인들이 인정사정없이 애팔래치아 산맥을 넘어 밀고 들어옴에 따라, 사냥터에서 쫓겨나 서쪽으로 밀려나고 있었다. 이미 오래 전부터 방랑 생활이 계속되는 중이었다. 백인들 중에는 미국 정착민들도 있었고 그들을 부추겼던 땅 투기업자와 긴 칼을 차고 다니며 무력을 행사했던 군인들도 있었다. 그들은 수십 년 동안 침범해 오는 백인들과 싸웠다. 쇼니족은 프렌치 인디언 전쟁에서 프랑스군과 연합하여 매복 작전에 참여했고 영국의 에드워드 브래독 장군의 군대를 몰락시켰다. 브래독의 군대는 훗날 피츠버그 시가 되는 지점에 있는 프랑스 요새를 접수하기 위해 펜실베이니아 광야를 지나가는 중이었다. 이것은 젊은 식민지 장교 조지 워싱턴이 처음으로 겪은 중요한 전투기도 하다. 쇼니족은 전쟁 중간과 후에 버지니아와 펜실베이니아 국경의 농장들을 습격했다.

미국 독립전쟁에서 쇼니족은 처음에 중립을 지키려고 했다. 그러나 미국의 공격을 받는 바람에, 곧 오하이오 협곡 근방에서 전투를 하고 있던 영국군과 동맹을 맺게 되었다. 15살이던 테쿰세는 쇼니족 마을을 공격하기 위해 오하이오 강을 건너온 켄터키 병사들과 소소한 접전을 치르며 처음으로 전쟁의 맛을 알았다. 그는 형이자 보호자인 치크시카와 함께 전쟁터로 나갔다. 싸움은 격렬했고 치크시카는 경미한 부상을 입었다. 어린 테쿰세는 처음으로 조직적인 유혈 사태를 경험하고 낙담했으며 전쟁터에서 도망쳤다. 평생 그의 용기가 좌절을 겪은 적은 이때가 처음이자 마지막이었다.

나중에 전쟁이 거의 끝나갈 무렵 벌어진 교전에서 쇼니족은 오하이오 강의 평저선에 있는 병사들을 공격했는데, 한 명 빼고 모두 다 죽였다. 유일하게 살려 둔 사람은 강가로 끌고 가 불태워 죽였다. 이러한 잔혹 행위는 테쿰세에게 큰 충격을 주었다. 그는 희생자를 살리겠다고 끼어들기엔 자신이 너무 어리다고 생각했다. 일이 다 끝난 후에야 살인을 비난했다. 그는 앞으로 그런 불의를 보고 다시는 침묵하지 않겠다고 맹세했다.

테쿰세는 날 때부터 전사로 키워졌고 백인은 무자비한 적이라는 교육을 받고 자랐다. 그는 미국 정착민들의 만족할 줄 모르는 욕심으로부터 인디언의 땅을 보호하기 위해 평생을 바치기로 결심했고 전쟁을 겪으면서 당대 최고의 인디언 지도자가 되었다. 나아가 그와 싸웠던 미국인을 비롯하여 많은 사람들은 그를 역사상 최고의 전쟁 지도자로 꼽기에 주저하지 않는다.

그는 쇼니족의 전쟁 지휘관인 푸케신와와 메토아타스케 사이에서 다섯 번째 아이로 태어났다. 오늘날 오하이오 주 스프링필드 근처에서 그가 태어났을 때, 밤하늘에 혜성이 지나갔다고 한다. 그것은 아기가 위대한 인물이 될 운명임을 나타내는 뚜렷한 징조였다. 푸케신와는 아기에게 하늘을 가로지르는 표범이란 뜻으로 테쿰세라는 이름을 지어주었다. 그리고 아기가 어서 커서, 아버지를 따라 전쟁터에 나가 위대한 성과를 거둘 그날을 손꼽아 기다렸다. 그러나 그날은 오지 않았다. 푸케신와는 1774년 포인트 플레전트 전투에서 버지니아 총독 던모어 경이 지휘하는 민병대와 싸우다 전사했다. 그의 장남 치크시카는 다른 전사들과 함께 푸케신와를 전장에서 옮겼다. 그는 죽기 전에 아들에게 백인 침입자들과 싸우는 의무를 잊지 말라고 다짐을 시키면서, 어린 테쿰세를 용감한 전사로 키우라는 유언을 남겼다.

미국 독립전쟁에 종지부를 찍는 협정이 맺어졌지만 오하이오 접경지대에 평화는 찾아오지 않았다. 쇼니족은 영국의 격려를 받아 독립국가로 탄생한 미국의 서부 확장에 계속해서 저항했다. 치크시카는 돌아가신 아버지와 한 약속을 지키기 위해 동생 테쿰세를 특별히 돌보았다. 그는 테쿰세에게 사냥과 고기잡이를 가르치고 쇼니족의 전투 기술을 교육시켰다. 그리고 동생이 용맹스러웠던 아버지의 기억을 존경하도록 키웠다. 명예를 잃느니 죽음을 택하는 전사의 덕을 몸소 보여주었던 아버지의 삶을 기억하라고 가르쳤다. 치크시카는 뛰어난 전투 능력과 용기를 발휘하여 부족 원로들의 존경을 받는 젊은 전사가 되었다. 치크시카는 동생에게 모범을 보이고 미덕을 마음속 깊이 심어주었다. 테쿰세의 우상은 형이었다.

치크시카는 쇼니족 마을을 떠나 먼 여행을 할 때도 동생을 데리고 다니는 등 테쿰세와 많은 시간을 보냈다. 다른 동생들에게는 그만큼의 관심을 쏟지 못했다. 푸케신와가 죽었을 때 자식은 6명이었고 그의 아내는 세 쌍둥이를 임신하고 있었다. 메토아타스케는 남편이 죽은 지 몇 달 후에 세 쌍둥이를 출산했다. 그 중 한 명은 아기일 때 죽었다. 출산을 한 후 몇 년이 지나 메토아타스케는 막내딸을 데리고 마을을 떠났다. 그리고 자기 부족인 크리크족 마을로 돌아갔다. 나머지 아이들은 장녀이자 결혼한 딸 테쿰피스가 돌보았다

세 쌍둥이로 태어나 살아남은 2명 가운데 나머지 한 아이도 부족에서 중요한 인물이 되었다. 그러나 어린 시절에는 전혀 그런 기미가 보이지 않았으며 수다쟁이란 뜻의 랄라웨티카란 이름을 얻었다. 랄라웨티카는 다루기 어려운 아이였다. 엄마가 없었기 때문에 상황이 더 엉망이었다. 그는 과식을 하고 게으름을 피워 뚱뚱해졌다. 더군다나 화살촉으로 오른쪽 눈을 찔린 사고 때문에 눈이 늘어져 보기 흉했다. 그는 꼴사나웠고 마을 아이들에게 늘 놀림을 받았다. 그는 쇼니족 소년들이 장차 전사가 되기를 꿈꾸며 전쟁놀이에 열중할 때도 시큰둥한 반응을 보였다. 그는 사냥과 고기잡이를 잘 못했다. 활쏘기에 서툴렀고 말타기도 신통치 않았다. 그러나 이렇게 능력이 모자란 소년이었지만 마음속에 굴욕감은 자라나지 않았다. 그는 항상 뻐기고 투덜거렸다. 큰 실수를 할수록 더 많이 뻐기고 짜증스럽게 굴었다. 대부분의 사람들이 그를 피하려고 했다. 큰형도 마찬가지였다.

솜씨 좋은 사냥꾼인 치크시카는 최선을 다해 동생들을 부양했다. 그러나 테쿰세를 빼고는 거의 같이 시간을 보내지 않았다. 그와 테쿰세는 큰누나 테쿰피스와 가까웠다. 그녀는 엄마 노릇을 도맡아 했다. 테쿰세는 성인이 되어 친구와 적의 존경을 받을 수 있게 된 정직한 성격이 누나가 지닌 천성적인 덕과 품위의 영향을 받은 것이라고 말했다. 그녀도 그들

의 땅을 훔쳐간 백인들에게 뿌리 깊은 앙심을 품었다. 그러나 부족한 덕이나 인간성을 변명하기 위해 증오를 이용하지는 않았다. 그녀의 아버지는 거친 전사였지만 지각 있고 깨인 사람이었다. 테쿰피스와 형제들은 아버지의 삶을 본받아 살았다. 그녀는 다른 형제들을 좋아하듯이 랄라웨티카도 아꼈지만, 이 아이에게는 좋아할 만한 구석이 거의 없다는 것을 잘 알고 있었다. 치크시카는 그를 쳐다보는 것조차 괴로워했다. 테쿰세는 동생에 대한 진실한 감정을 간직했고 점잖고 따뜻하게 동생을 대해주었지만 친하게 지내지는 않았다.

미국인들이 오하이오 강 북쪽에 있는 쇼니족의 땅을 새롭게 요구하기 시작하면서, 인디언 출신 전사인 벤자민 로건과 조지 로저스 클라크는 쇼니족을 서쪽으로 더 멀리 몰아내기 위해 부족 마을을 습격했다. 쇼니족 전사들은 적이 밀고 들어오는데도 자중하라는 말밖에 하지 않는 부족 장로들을 참아낼 수 없었다. 그들은 치크시카와 같은 젊은 지도자가 전투를 이끌어주길 바랐다. 치크시카는 1780년대 후반 컴벌랜드 협곡을 통해 쏟아져 들어오는 정착민과 군인들을 막아내기 위해, 공통의 목표를 내걸고 다른 부족들과 연합한 소규모 군대를 지휘한 적이 있었다. 테쿰세는 당시 십대였지만 형과 함께 전쟁터로 떠났다. 그리고 3년이 지나서야 마을로 돌아왔다.

치크시카의 군대는 켄터키와 테네시 접경지대의 정착지를 습격한 체로키 전사들과 합류했다. 테쿰세는 여러 차례의 전투를 통해 적을 상대하면서 자신감이 커졌고 기술도 점점 늘었다. 1788년 여름 그들은 테네시 동부의 작은 요새를 공격할 준비를 했다. 전투 당일 아침, 치크시카는 전쟁터에서 최후를 맞는 꿈을 꿨다고 말했다. 그러한 예감에도 불구하고 공격을 진두지휘할 때 그의 용기는 여전했다. 군대가 요새를 향해 진격하던 중에 치크시카는 치명적인 부상을 당했고 테쿰세의 팔에 안겨 죽었다. 사기가 꺾인 쇼니족 용사들은 공격을 접고 대부분 오하이오의 마을로 돌아갔지만 테쿰세는 그들의 뒤를 따르지 않았다. 그는 소수의 용사들과 함께 계속 남쪽의 백인 정착지를 공격했다. 그들이 1790년 고향으로 돌아왔을 때 그는 더 이상 치크시카의 어린 동생이 아닌 전사들의 리더였다. 그가 쇼니족 전체의 리더가 되고 다른 인디언 부족들과 더 큰 동맹을 만들기까지의 과정이 이렇게 시작되었다. 인디언 동맹은 미국 원주민 역사상 백인들의 확장 정책에 가장 위력적인 영향을 미치게 된다.

테쿰세가 부족 마을에 돌아왔을 때, 그는 오하이오 북서쪽 구석과 인디애나 북동쪽을 재배치하기 위해 미국 침입자들이 압력을 가하고 있음을 알게 되었다. 올드 노스웨스트라고 불리게 될 이 지역은 점점 줄어들고 있었으며 다른 여러 인디언 부족 국가가 밀집해 있었다. 미국은 신시내티에 요새를 건설했고 정착민들에게 점점 더 서쪽으로 확장하라고 부추겼다. 1790년 무렵 미국 정부는 쇼니족과 다른 부족에게 평화 협정서에 서명할 것을 요구했는데, 이 협정은 미국인들에게 더 많은 땅을 양도하라는 내용이었다. 그들이 거절하자 노스웨스트 준주 총독은 군대를 동원해 인디언을 쫓아내라고 명령했다. 쇼니족, 마이애미족, 치페와족, 포타와토미족, 델라웨어족, 오타와족은 대규모 동맹을 조직해 미국군을 격퇴했다.

테쿰세가 마을에 돌아왔을 때는 미국을 격파한 지 얼마 지나지 않아서였다. 아서 세인트 클레어 총독은 복수를 하기 위해 더 큰 군대를 조직했다. 테쿰세도 다가오는 전투에 데리고 나갈 소규모 군대를 훈련시켰다.

이 군대는 위대한 마이애미족의 용사 '작은 거북'이 이끄는 대규모 인디언 부족 동맹에 합류할 예정이었다. 아직까지 노스웨스트 준주 일각에 남아 있던 영국 주둔군도 지원을 약속했다. 세인트 클레어의 병사 600명이 죽었다. 미국군이 이제껏 인디언에게 입은 피해 중 최악이었다. 테쿰세는 전투에서 중요한 역할을 했지만 아직까지 주도적인 위치는 아니었다. 젊은 전사인 그가 부족의 리더로 인정받기까지는 한참 더 기다려야 했다. 하지만 그의 용기와 능력은 점점 부족의 존경을 끌어 모으고 있었다. 특히 세인트 클레어에게 거둔 승리로 대담해진 젊은 전사들이 그를 지지했다. 몇몇 노쇠한 인디언 지도자들이 미국의 평화 협정안을 받아들이려고 했지만 이 승리 덕분에 거부할 수 있었다.

미국 헌법이 제정되고 강력한 전국 정부가 들어서자 전쟁의 운은 쇼니족과 인디언 동맹에 불리하게 전개되었다. 조지 워싱턴 대통령은 독립전쟁의 유명한 전쟁 영웅인 '미친' 앤서니 웨인 장군을 노스웨스트 준주에 특파해서 인디언 동맹의 승리 행진을 중단시키라고 명령했다. 웨인은 포트 워싱턴에 주둔하면서 2년 동안 원론적으로 군대를 조직하고 훈련시켰다. 인디언과 전장에서 맞붙었을 때 탄약과 말, 식량 등이 떨어지지 않도록 특별히 신중하게 보급로를 보호했다. 그리고 마침내 천천히 전쟁터를 향해 나아가기 시작했다.

1794년 8월 수적으로 우세하고 장비도 훨씬 강력한 미국인들은 에리 호수 동쪽 끝 근방에서 동맹 부족과 맞붙었다. 일명 '폴른 팀버스(Fallen Timbers)' 전투는 미국인들의 일방적인 승리로 끝났다. 그들은 인디언들이 일찍이 경험해 보지 못한 막강하고 월등한 전력을 선보였다. 테쿰세는 이 전투에서 소규모 병력을 지휘했고 장차 그를 유명하게 만들어준 용기와 병사들을 고무시키는 리더십을 떨치면서 영웅적으로 싸웠다. 그러나 패배는 역시 쓰디썼다. 테쿰세의 다른 형제도 사망했다. 중요한 부분을 차지했던 영국군의 지원도 끊겼다. 패배한 인디언들이 포트 마이애미에 주둔하고 있는 영국군을 찾아가 보호를 요청했지만 거절당했다. 테쿰세는 이 전투에서 훗날 그의 가장 지긋지긋한 원수가 되는 윌리엄 헨리 해리슨과 처음 맞붙었다. 당시 해리슨은 미국 육군의 젊은 중위였다.

이 패배로 인해 1795년 포트 그린빌 협정을 맺게 되었다. 인디언은 미국에 오하이오 땅을 대부분 양도하기로 동의했고 미국의 서부 확장을 저지할 수 있는 유력한 군대였던 부족 동맹이 분열되어 협정에서 겨우 보장받은 땅으로 뿔뿔이 흩어졌다. 비교적 소수의 쇼니족만 협정 조항을 받아들이길 거부했고, 쇼니족에게 떨어진 손바닥만한 땅덩이를 차지하려 하는 블랙 후프 추장에게 반기를 들었다. 그들은 협정서에 서명한 지도자들을 비난했다. 테쿰세는 그 땅이 모든 인디언의 것이라고 주장했다. 한두 부족이 모든 인디언의 천부적인 권리를 포기시키면서 맘대로 처분할 수 없다고 말했다. 그는 가족 중 살아남은 사람들과 그의 도전을 지지하는 젊은 전사들을 모아 독자적인 마을을 만들어 그 자리를 꿋꿋이 지켰다. 협정을 맺은 후 몇 년 동안은 대체로 평화로웠고 테쿰세도 미국을 상대로 전쟁을 벌일 생각은 없다고 공표했지만, 계속해서 미국 정부의 권위에 복종하라는 요구만은 테쿰세나 그의 부하들이 들어줄 수 없었다.

얼마 지나지 않아 미국 정착민들은 포트 그린빌 협정에 의거해 주어진 땅에 불만을 표시하기 시작했다. 그들은 쇼니족의 사냥 권한을 그린빌 라인 아래 땅에만 한정시켰다. 그러나 정작 자기들은 이 라인의 북쪽으로 새로운 정착지를 짓지 않기로 한 약속을 무시했다. 이와 같이 첨예한 갈등 상황에서 미국 당국에 제기한 불만은 무시되었고 부족들은 서부 인디애나로 이주하기 시작했다. 테쿰세는 남아서 다른 인디언 부족들 또한 쇼니족 사람들과 회의를 열어 대책을 논의했다. 그들은 무자비한 미국인을 견제하고 인디언의 독립적인 삶과 존엄성을 보장받으려면, 대규모 인디언 동맹을 다시 결집하는 수밖에 없다고 뜻을 모았다.

테쿰세가 외교를 하던 초기에 대부분의 인디언들은 젊은 추장의 연설에 감동을 받았지만 인디언 동맹을 요구하는 주장에는 귀를 기울이지 않았다. 미국인들은 수가 많고 강했다. 최근 오하이오는 미국의 17번째 주가 되었다. 존 애덤스 대통령이 새 총독도 임명했다. 신임 총독은 유능하고 활력 넘치는 관료였다. 그는 인디언들이 보기에 거의 독재에 가까운 권한을 가지고 있었는데, 인디언들의 반란을 초장에 잡기 위해 그런 권한을 유감없이 발휘할 작정을 하고 있었다. 그는 노스웨스트 부족들의 관습과 성향을 잘 알고 있었다. 앤서니 웨인의 군대에서 젊은 중위로 지내던 시절, 인디언과 전투를 한 경험도 있었다. 윌리엄 헨리 해리슨 총독은 심적으로 그들의 곤경을 이해하고 동정했을 수도 있다. 협정 위반이 전적으로 미국인들의 책임이라는 것을 잘 알고 있었지만, 바다 이쪽 끝에서 저쪽 끝까지 서부 확장을 완성하려는 미국의 계획에 헌신할 수밖에 없었다. 그는 협정으로 정한 경계를 지키지 않고, 대신 인디언들에게 합법적으로 땅을 더 많이 빼앗아 불가피한 숙원 사업을 마무리하기로 결심했다.

이러한 불행을 불가피한 것으로 받아들이지 않은 사람이 있었다. 그는 1805년 미국의 야망에 심각한 장애물로 부상하면서 해리슨의 관심을 끌기 시작했다. 테쿰세는 쇼니족은 물론 다른 부족의 존경스러운 전사들을 이끄는 위대한 지도자가 되었다. 파란만장한 그의 인생에는 수많은 굴곡과 복병이 출현했다. 그는 마을이 불태워지고 사람들이 굶주림과 알코올 중독으로 인생을 망치고 정복자들에게 약탈을 당하고 가까운 친척들이 긴 칼에 목숨을 잃는 모습을 보았다. 하지만 그는 절망에 빠지지 않았다. 의연하고 용기 있게 삶의 고난을 받아들였다. 그의 인격에는 절망을 떨쳐버리게 하는 뭔가가 있었다. 그는 수많은 비극에도 불구하고 진실한 삶을 유지할 수 있다는 사실에서 감사할 거리를 찾곤 했다. 그는 시련으로 줄어들지 않는 삶의 선물을 받은 듯한 사람이었다. 인생은 그에게 특별한 힘을 주었다. 그것은 대부분의 사람들보다 뛰어난 자신감이었다. 그는 키가 크고 건장했으며 곧은 자세와 탁월한 전투 기술, 자연스럽게 스며 나오는 카리스마, 적조차 존경하지 않을 수 없었던 연설 솜씨를 가지고 있었다. 그는 유능한 인도자이자 동족의 보호자였으며 그의 리더십은 이웃 부족들에게도 점점 큰 매력을 발산하고 있었다. 하지만 그가 추진했던 인디언 동맹의 불씨는 전혀 상상하지 못한 곳에서 발생했다.

당시까지 잘하는 것이라곤 없던 동생 랄라웨티카는 본능에 충실했다. 부족이 중요시하는 가치에 관심이 없던 그는 알코올 중독자가 되었다. 그러나 1805년 그는 갑자기 '삶의 주인'으로부터 계시를 받았다. 그는 백인 침입자들이 그들에게 강요한 관습과 의존적인 습성으로부터 동족을 구해내야 할 의무감을 느꼈다. 그리고 백인들이 그들을 주무르기 위해 사용하는 술, 옷, 금속 냄비, 여러 가지 무역품 등을 거부했다. 그는 오래 된 전통으로 돌아가 스스로 정화하자고 부족에 호소했다. 이후부터 그의 이름은 '열린 문'이란 뜻의 텐스크와타와가 된다. 그러나 백인 정착민들에게는 '예언자'로 알려지게 되었다.

쇼니족 대부분은 '예언자'의 갑작스런 변화에 매우 놀랐다. 그의 형인 테쿰세 또한 예외는 아니었다. 그러나 예언자가 일식을 예견했을 때, 쇼니족과 다른 부족의 전사들은 이 새로운 영적 운동에 참여하기로 마음을 굳히고 자기 가족들을 테쿰세의 마을로 이주시켰다. 마을이 너무 커져서 새로운 주민을 수용할 수 없게 되자 테쿰세는 추종자들을 데리고 인디애나 주의 더 큰 마을로 옮겼다. 위기감을 느낀 백인 정착민들은 이 마을을 '예언자의 마을'이라고 불렀다.

테쿰세가 동생이 정말 신의 계시를 받았다고 생각했는지 어쨌는지는 알 수 없지만, 그는 예언자 동생이 시작한 운동이 새로운 범 인디언 동맹을 조직하려는 대의에 도움이 될 것을 직감했다. 그는 동생과 함께 그들을 기다리고 있는 위대한 과업을 이루기 위해 전사들을 결집하기 시작했다. 이 나라의 주인을 영원히 정하게 될 적과의 마지막 전투였다.

미국 원주민 전문 역사가 리 슐츠먼에 따르면, 이 즈음 테쿰세는 다가오는 전투를 준비하면서 사람들 앞에서 연설했다고 한다. 이 연설은 그의 인격을 보여주는 유명한 일화일 뿐 아니라, 본받아 마땅한 명예롭고 존경스러운 행동 규범을 보여준다.

죽음의 공포가 여러분의 마음에 절대 들어올 수 없는 삶을 살아야 합니다. 종교 때문에 다른 사람을 괴롭히지 말고 다른 사람의 가치관을 존중하십시오. 그리고 그들에게 당신의 가치관도 존중해 달라고 요구하십시오. 당신의 삶을 사랑하고 완성하고 인생의 모든 것을 아름답게 만드십시오. 자신의 삶을 연장하기 위해 노력하고 부족 사람들에게 봉사하면서 삶의 목적을 찾으십시오. 죽음을 앞둔 날에는 고귀한 죽음의 노래를 준비하십시오. 친구를 만나면 항상 말을 건네고 반갑게 인사하십시오. 외로운 장소에 있는 낯선 사람에게도 그리 하십시오. 모든 사람에게 존경을 표하고 누구에게도 비굴하게 굴지 마십시오. 아침에 일어나면 음식과 삶의 기쁨에 감사하십시오. 감사할 이유를 못 찾겠으면 당신에게 문제가 있는 것입니다. 사람이든 동물이든 절대 학대하지 마십시오. 학대는 지혜로운 자를 바보로 만들고 진취적인 정신을 빼앗아갑니다. 죽을 때가 되면 마음에 죽음의 공포가 가득 찬 사람처럼 굴지 마십시오. 그들은 죽을 때가 되었을 때 울면서 목숨을 구걸할 것입니다. 그들은 다르게 살 수 있는 기회를 달라고 애원할 것입니다. 그러나 우리는 죽음의 노래를 부르며 집으로 돌아가는 영웅처럼 죽음을 맞을 것입니다.

영웅 테쿰세는 멀리 여행을 다니면서 다른 인디언 부족을 이 위대한 동맹에 끌어들였다. 그는 '17개 불꽃의 연합', 즉 백인들의 연방에 대적할 수 있는 것은 이 동맹뿐이라고 믿었다. 노스웨스트 부족 대부분은 이미 그의 앞에 집결했고 더 많은 사람이 그를 따를 것이었다.

걱정이 된 윌리엄 헨리 해리슨은 인디애나 주 빈센느의 연방 수도에서 만남을 청했다. 그는 테쿰세에게 미국 정부의 권위에 복종하고 군대를 조직하지 말라고 경고했다. 테쿰세는 해리슨에게 평화를 깨려는 의도는 분명 없지만, 인디언의 땅을 더는 도적질하게 둘 수 없다고 말했다. 그들의 첫 만남에서, 테쿰세는 해리슨이 앉아 있는 긴 의자에 조금 거리를 두고 앉았다. 그리고 해리슨에게 점점 가까이 다가가면서 그를 벤치 끝까지 밀어냈다. 테쿰세는 적의 끝없는 정복욕을 멈추기엔 너무 나약한 인디언의 처지가 바로 이와 같다고 말했다. 이 첫 만남에서 거의 폭력 사태가 발발할 뻔했다. 분노 섞인 말과 오해를 불러일으킨 행동 때문에 백인과 인디언 모두 무기를 들었다. 해리슨은 칼을 휘두르고 테쿰세는 손도끼를 잡았다. 그러나 바로 총독은 자제를 했고 인디언들에게도 진정하라고 말했다.

그들은 좋은 분위기로 헤어졌지만, 첫번째 회의는 물론 1811년 두번째 회의에서도 테쿰세는 해리슨을 이기고 인디언 국가를 건설해야겠다는 생각에 변함없었다. 그는 적에게 말했다.

"내 말을 잘 들으시오. 우리는 모든 부족이 참여하는 대 동맹을 만들거요. 그리고 내가 그 동맹의 우두머리요."

두 사람은 서로가 평생의 적이 될 것임을 깨달았지만 서로를 존경했다. 해리슨은 나중에 테쿰세를 가리켜 "때때로 역사에 출현하여 혁명을 일으키고 기존의 질서를 뒤집는 비범한 천재다. 미국과 얽히지만 않았다면 아마 그는 멕시코나 페루의 영광에 버금가는 제국의 시조가 되었을 것이다"라고 말했다.

그러나 해리슨은 '예언자'에게는 그러한 존경을 보이지 않았다. 그는 테쿰세가 체로키족과 크리크족을 합류시키기 위해 남쪽으로 떠났다는 정보를 입수했다. 그는 머지않아 영국과 또 전쟁을 해야 할 것 같은 조짐을 느끼고 있었다. 그래서 해리슨은 기회가 왔을 때 영국의 동맹이 될 수 있는 인디언 부족을 공격하기로 결심했다. 해리슨은 테쿰세가 자리를 비우고 동생인 예언자가 책임을 맡고 있는 사이 군대를 이끌고 예언자의 마을로 쳐들어갔다. 테쿰세는 동생에게 자신이 돌아올 때까지 평화를 깨는 일은 절대 하지 말라고 당부해 두었지만, 예언자는 영광의 순간이 눈

앞에 있다고 생각했다. 그래서 전사들에게 적을 쳐부수라고 명령했다. 그는 '삶의 주인'이 승리를 보장해 줄 것이라고 외쳤다. 미약한 재능에 비해 너무 크고 무모한 야망을 가진 결함 많은 인간, 주의력이 일시적으로 분산된 위대한 사람, 상대의 성격을 이해하고 있는 적. 이러한 것들은 역사가 종종 숨겨두곤 하는 함정이었다. 미국의 명백한 운명을 훼방할 가능성이 있던, 원주민의 유일한 저항 에너지가 한 순간에 모두 사그라졌다.

예언자의 명령에 따라 전장으로 달려갔던 전사들은 티페카누 크리크에서 대패했다. 예언자의 마을은 불태워졌다. 30년 후 윌리엄 헨리 해리슨, '올드 티페카누'는 미국 대통령으로 선출되었다. 테쿰세는 돌아와서 범 인디언 국가의 꿈이 파괴된 것을 보았다. 그는 분노해서 동생을 꾸짖었다.

"너는 10년 동안 공들인 탑을 무너뜨렸어!"

예언자가 테쿰세의 동생이 아니었다면 쇼니족은 그를 죽였을 것이다. 그러나 그는 불명예 속에 장수를 누리다가 죽었다.

테쿰세는 이후 2년을 더 살았다. 삶의 변화무쌍함에 절망해 본 적이 없었던 그는 다시 태어나도 절대 절망하지 않았을 것이다. 그는 아침에 일어날 때마다 삶의 기쁨에 감사했다. 미국과 영국의 전쟁이 시작되었을 때, 테쿰세는 지지자들을 모아 영국군을 지원했고 언제나 그렇듯 뛰어난 능력과 용기를 보여주었다. 영국군은 그를 장군으로 임명하고 칼과 제복을 하사했다. 그는 디트로이트에서 미국을 이겼고 포트 마이그스에서 졌다. 전장에 있던 동료 지휘관들은 인격이나 용병술 면에서 그를 따라올 자가 없었다. 테쿰세는 영국 장교 프록터에게 포트 마이그스의 포위 공격을 마무리하기 위해 도와달라고 설득했지만, 그는 말을 듣지 않았다. 페리 사령관이 에리 호수에서 영국 함대를 패배시키고 해리슨이 지휘하는 미국군이 캐나다로 후퇴하는 영국군과 인디언을 따라갔을 때에도, 테쿰세는 프록터에게 도망치지 말고 싸우라고 설득했지만 역시 실패했다.

그가 마침내 이 신경질적인 영국 장교를 설득하여 1813년 10월 5일 온타리오의 템즈 전투에서 미국군과 맞붙었을 때, 프록터와 군사들은 첫 사격 후에 도망쳤다. 테쿰세는 영국 장교의 제복을 벗어던지고 칼을 내던졌다. 그리고 전투가 한창인 곳으로 돌격했다. 머스켓 총 탄환이 그의 오른쪽 다리를 관통했지만 그는 병사들에게 자기를 내버려두라고 말했다. 그리고 미국군이 자신을 에워쌀 때까지 계속 싸우다가 집으로 돌아가는 영웅처럼 죽음의 노래를 부르며 세상을 떠났다.

토머스 모어 Tomas More, 1477~1535
영국의 인문주의자 · 정치가 · 대법관. 『유토피아』를 저술했으며,
헨리 8세의 이혼에 반대하여 대역죄로 처형되었다.

신 념

—

굳은 신념은 인간의 가치를 결정한다

그 자리에 있었던 사람이 누구든 간에 돌처럼 단단한 심장도 녹여버릴
만한 장면이었다. 토머스 모어 경의 사랑스런 맏딸 마거릿 모어 로퍼는
수군거리는 군중과 무장한 병사들 틈을 헤치고 아버지에게 다가갔다. 그
녀는 감옥으로 끌려가는 아버지를 끌어안고 입을 맞추었다. 토머스 모어
는 정직했다는 죄목으로 6일 후 처형될 참이었다.

토머스 모어는 딸을 축복하고 다정하게 위로했다. 아버지에게서 떨어
지지 않으려는 마거릿을 뒤로한 채, 우울한 행렬은 런던탑으로 가는 길
을 재촉했다. 마거릿은 슬픔을 억누르지 못하고 아버지 곁으로 달려가
매달리며 입을 맞추었다. 그날 영국에서 큰 영향력을 발휘하던 유명한
죄수를 보기 위해 수많은 군중이 모여 있었다. 훗날 마거릿의 남편 윌리

엄 로퍼는 많은 사람들이 아버지와 딸의 애달픈 이별 장면을 보고 흐느껴 울었다고 전했다.

토머스 모어는 1478년 런던에서 태어났다. 모어 가정은 부유했지만 15세기 당시 영국을 지배하던 귀족 계급은 아니었다. 모어 가족에겐 세상살이를 만만하게 해줄 작위가 없었지만 그들은 근면, 지성, 인격을 바탕으로 자수성가했다. 토머스의 아버지 존 모어는 영향력 있는 성공한 변호사였는데, 그에겐 큰아들을 좋은 학교에 보낼 수 있는 능력이 있었다. 어린 토머스는 세인트 앤서니 학교의 교사들이 입을 모아 칭찬하는 재능 있고 성실하며 명랑한 소년이었다.

교장 선생님은 영국에서 두번째로 막강한 실력자라 할 수 있는 캔터베리 대주교 존 모튼 추기경의 시동으로 토머스를 추천했다. 그래서 토머스는 대주교 관저인 람베스 궁으로 가게 되었다. 어린 토머스에게 이것은 평생 잊지 못할 경험이었을 것이다. 궁에서는 온갖 화려하고 중요한 일들이 벌어졌다. 늙은 대주교는 왕을 대신하여, 혹은 독자적으로 봉건 영주들의 권한을 억제할 수 있었다. 과거의 영국이 거의 통제 불가능했던 이유는 바로 이 영주들 때문이었다. 모튼은 신앙심이 깊은 추기경일 뿐 아니라 지혜롭고 훌륭한 정치가였다. 토머스는 주인의 신실한 성직 생활과 천재적인 정치 기술을 면밀히 관찰하고 감탄했으며 많은 것을 배웠다. 당시 정치가란 위험스런 직업이었다. 대주교 또한 활달하고 조숙한 시동을 매우 아꼈다. 그는 이 아이가 언젠가 "위대한 사람이 되고야 말 것"이라고 말했다.

모튼 추기경은 어린 토머스의 재능과 인품을 눈여겨보고는 옥스퍼드 대학교 교육을 후원하기로 했다. 옥스퍼드에서도 토머스는 빛나는 학생이었다. 그는 배움을 사랑했다. 이후로도 평생, 부귀나 왕실 권력보다 격은 떨어지지만 훨씬 만족스러운 학자의 삶을 사랑했다. 토머스는 콜럼버스가 신대륙을 발견한 해에 옥스퍼드에서 학업을 시작했다. 당시 남유럽에서는 르네상스가 한창 꽃피는 중이었다. 영국에서는 대토지를 장악하고 농노의 생사를 쥐고 흔들었던 귀족들의 봉건주의 시대가 저물어가는 반면, 상인이나 변호사 등 성공한 평민들의 기세가 상승했다.

존은 옥스퍼드 대학생인 아들에게 극히 적은 용돈만 주었기 때문에 토머스는 '위험하고 나태한 취미'를 즐길 만한 여유가 없었다. 비록 가난했지만 토머스는 하루하루가 행복했다. 당시는 어둡고 잔학했던 중세가 물러가고 희망찬 배움과 이성이 떠오르려는 변화의 시대였다. 토머스 모어는 역사의 한 획을 긋길 꿈꾸는 동료 학자들 중에서도 단연 돋보이는 존재였다.

토머스 모어는 인본주의 운동에 참여했다. 인본주의를 지지하는 사람들은 교회에 충실했지만 복음을 제대로 이해하고 싶어했다. 그리고 복음이 좀더 정직하게 사회의 원동력으로 쓰이길 바랐다. 그들은 윤리와 정의로운 사회에 대한 가치관이 기독교 원리를 뒷받침한다고 믿었던 위대한 그리스 · 로마 철학자들을 연구했다. 그들은 신이 내려주는 계시와 학구적인 토론 및 연구를 통해 열정적으로 진실을 추구했다. 그리고 기독교의 사랑과 배움을 전파하면 세상이 좀더 밝아질 수 있다고 믿었다. 그 사랑과 배움은 왕실, 귀족, 교회는 물론 모든 인류에게 이바지해야 했다.

그러나 존은 이러한 새로운 사상을 인정하지 않았다. 2년이 지난 후 그는 아들에게 옥스퍼드를 중퇴하고 자기 사무실에서 법률을 배우라고 명령했다. 평생 순종하는 사람이었던 토머스는 아버지의 뜻에 따랐다.

불평은 없었지만 후회는 남았다. 그는 아버지보다 훨씬 유능한 변호사가 되었지만 계속 학문을 연구했고 인본주의를 지지했다. 모어의 학구적인 자질은 정직하고 존경받는 변호사로 활동할 때보다 훨씬 지속적이고 폭넓은 명성을 가져다 주었다.

모어는 독실한 기독교인이었다. 그리고 한때 성직자가 되려는 생각에 수도원 생활을 하기도 했다. 수도원 생활에는 고독과 자아의 부정이 필수적으로 뒤따른다. 그는 종교적 헌신을 중요하게 생각했지만 가족이 주는 안락함과 학업의 보람, 세속적인 즐거움도 사랑했다. 토머스 모어는 음악, 미술, 독서, 글쓰기, 우정, 대화, 농담을 좋아했고, 또 북유럽에서 가장 위대한 도시인 런던을 사랑했다. 그리고 삶을 사랑했다. 결국 그는 수도원을 떠났고 아내를 얻어 가정을 꾸렸다. 속세로 돌아온 것이다.

첫 아내 제인은 딸 셋과 아들 하나를 낳았다. 행복한 결혼 생활이었지만 그리 오래가지 못했다. 제인이 22살에 죽었기 때문이다. 토머스는 아이들에게 엄마가 필요하다고 생각했고 살림을 맡을 안주인도 있어야 했다. 그래서 곧 7살 연상인 과부 앨리스 미들턴과 재혼했다. 역시 행복한 결혼 생활이었다. 두 사람 사이에는 서로에 대한 사랑과 깊은 우정이 존재했다. '엄지손가락보다 굵지 않은 막대기'라면 아내를 때려도 법에 저촉되지 않던 시대에, 토머스 모어는 자상하고 존경스러운 남편이었다. 넓고 아늑한 모어의 집은 런던 첼시 구역의 템스 강변에 있었다. 당시 첼시는 시골이었다. 따뜻하고 정이 넘치는 가정환경에서 모어 부부의 아이들은 무럭무럭 잘 자랐고, 모어는 골치 아픈 바깥일로 지친 심신을 쉴 수 있었다. 집에는 강 쪽으로 트여 있는 아름다운 정원이 자리했고 각종 동물과 새들이 있었다. 모어는 이런 풍경에 매료되었다. 그는 아이들의 교육을 직접 담당했다. 당시에는 여자가 글을 배우는 게 이상한 일이었지만 그는 딸들도 가르쳤다. 자녀들이 다 자란 후에 모어의 집은 손자들을 위한 학교가 되었다. 모어가 배움과 진리를 사랑하는 마음은 신을 향한 사랑 다음이었다. 모어는 자녀들에게 행복을 위해 진리를 추구하고, 진리는 성경과 배움을 통해 얻으라고 가르쳤다. 특히 모어가 가장 아꼈던 맏딸 마거릿은 학식이 뛰어난 여성이었다. 당대 온 유럽을 통틀어 가장 탁월한 여성 학자였을 것이다.

모어는 아이들에게 정을 쏟아 부었다. 그 누구보다도 아이들과 함께 있는 시간을 가장 귀하게 여겼다. 뛰어난 재치와 말솜씨로 아이들의 정신을 빼놓았고, 동시에 진지한 학구적 열정을 모범으로 보였다. 토머스 모어는 『유토피아(Utopia)』를 썼다. 이 책은 상상 속에 존재하는 이상적인 문명사회에 대한 내용으로, 모어에게 엄청난 찬사와 국제적인 명성을 안겨주었다. 모어는 유럽의 위대한 지성들과 우정을 쌓고 편지를 주고받았다. 그 중에는 네덜란드의 성직자이자 유명한 인본주의 철학자인 에라스무스도 있었다. 그는 가족을 제외하고 토머스 모어를 가장 존경한 사람이다. 에라스무스가 모어에게 붙여준 별명은 지금까지도 그를 기리는 말로 쓰이곤 하는데, 그는 토머스 모어를 '사계절의 사나이'라고 불렀다.

모어의 집은 항상 손님들로 붐볐다. 부유한 실세뿐 아니라 가난한 이웃도 자주 드나들었다. 손님들은 모어 가정 특유의 친절한 접대와 밝은 분위기, 재치 있는 대화에 마음을 빼앗겼다. 젊은 왕 헨리 8세는 성질이 급하고 이기적이었지만 배움과 재치를 사랑하는 사람이었다. 그래서 토머스 모어를 자주 찾아왔다. 헨리 8세는 솔직하고 충성스럽고 재미있는 모어의 접대를 무척 좋아했다. 모어의 의견과 공무 수행을 높이 평가했으며 그의 우정 또한 귀히 여겼다. 바깥일을 하지 않고 가족을 부양할 수 있었다면, 그리고 왕의 관심과 요구에서 벗어날 수 있었다면 토머스는 집 밖에 나가지 않고도 살았을 사람이다. 그러나 상황은 그렇게 흘러가지 않았다.

처음에 모어의 학문적 명성과 유능하고 탁월하고 양심적이고 정직한 변호사로서의 평판은 왕이 신뢰하는 신하이자 영국 대법관인 토머스 월시 추기경의 귀에 들어갔다. 야심만만하고 약삭빠른 정치가 월시는 이 젊은이의 재능을 한눈에 알아보고 그를 공직에 천거했다.

토머스 모어는 외교관으로 시작해서 점점 권력이 커지는 자리로 옮겨갔고 급기야 작위를 받으며 엄청난 토지와 재물을 얻었다. 모어는 월시와 헨리 8세의 총애를 듬뿍 받았다. 그가 냉혹한 공직 생활보다 철학자, 남편, 아버지로서의 삶을 더 좋아했다 하더라도, 왕의 신뢰와 호의에 자부심을 느끼지 않았을 리 없다. 헨리 왕과 토머스 모어가 철학적 견해 및 정치적 관점을 같이하는 동안에는 만사가 형통했다. 그러다가 토머스 월시의 정치 생명에 종지부를 찍는 일이 일어났고, 결국 이를 계기로 월시는 목숨까지 잃게 된다. 헨리는 월시 대신 사랑하는 친구를 법정 최고 지위인 대법관으로 임명했다. 토머스 모어는 사상 최초로 평민 출신 대법관이 되었다. 법조계와 대중 모두가 쌍수를 들어 신임 대법관을 환영했다. 모두 토머스를 대쪽같은 사람으로 생각했고, 그러면 양심적으로 직무를 수행할 것이라 믿었기 때문이다. 그는 왕에게도 똑같이 정직했다.

독일에서는 마틴 루터 킹이라는 헌신적이고 정열적인 사제가 가톨릭 교회의 부패에 맞서 저항하고 있었다. 수백 년 동안 온 유럽을 분열시킬 충돌이 시작된 것이다. 루터가 선봉에 선 종교개혁은 똘똘 뭉쳐 있던 가톨릭 교회를 서서히 분열시켰다. 이것은 유럽의 구체제가 무너지기 시작한 계기였다. 오랜 세월에 걸쳐 이 왕과 저 왕이 싸우고 이 가문과 저 가문이 으르렁거렸고 수세대 동안 전쟁이 끊이지 않았다.

토머스 모어는 루터 파에 대해서 사법권 전쟁과 더불어 지적인 전쟁을 감행했다. 합리적이고 정의로운 인격으로 유명한 그답지 않게, 때로는 놀랄 만큼 공격적이고 잔인한 면모를 보였다. 우선 그는 왕의 전폭적인 지원을 받아 '이단자'를 박해하고 기소했다. 모어는 종교적인 원칙을 들어 교회를 변호했다. 종교계가 영구적으로 분리되면 불가피하게 통제 불가능한 무질서가 초래될 것이고, 그런 상황은 절대 원치 않았기 때문이다. 그러나 모어의 증오는 이단자가 아니라 이단 자체를 향해 있었다. 토머스 모어가 지배하는 법정에서 이단자에 대한 판결은 사형이었다. 그러나 그는 피고가 사형만은 피할 수 있도록 입장을 철회하라고 열심히 설득하곤 했다. 사실 그가 기소한 수많은 소송에서, 전향 대신 죽음을 택했던 불쌍한 네 사람을 제외하고는 모두 목숨을 건졌다. 모어는 부지런히 임무를 수행했다. 그러나 루터의 반항보다 훨씬 심각한 위협이 영국 교회에 다가오고 있었다.

헨리 8세의 왕비 '아라곤의 캐서린'이 낳은 왕자는 어려서 죽고 딸 메리만이 살아남아 성인이 되었다. 헨리는 새 아내를 얻어 건강한 아들을 낳고 싶은 마음이 굴뚝같았다. 다른 왕과 귀족들은 교황에게서 혼인무효 승인을 받아냈다. 그러나 유럽에서 가장 세력이 큰 황제인 신성로마제국의 카를 5세는 캐서린의 조카였다. 그는 교황 클레멘트 7세에게 막강한 영향력을 행사했다. 클레멘트 교황이 헨리의 혼인무효를 승인하지 못하도록 입김을 불어넣은 것이다. 혼인무효가 승인되면 캐서린의 왕관도 무효가 되기 때문이다.

당시 헨리는 간신의 딸인 열다섯 꽃처녀 앤 볼린과 열애 중이었는데, 이혼을 금하는 교황의 말 따위는 귓등으로도 듣지 않았다. 토머스 모어는 이처럼 나날이 위태로워지는 살얼음판의 한복판에 있었다. 그는 온갖 지략과 변호사다운 기술과 용기를 동원하여, 왕이 교회를 저버리지 않고 야심을 포기하도록 만들려고 애썼다. 그러나 그것은 불가능한 시도였다.

처음에는 모어도 왕의 소망을 충실하게 받들었다. 그래서 캐서린과의 결혼이 법적으로 부당한 근거를 의회에서 역설했다. 그러나 왕이 교황을 배반하고 스스로 영국 교회의 수장임을 선포하자, 모어는 왕에게 사임하겠다고 말했다. 헨리는 받아들이지 않았으며 모어에게 양심이 허락할 수 없는 일은 강요하지 않겠다고 약속했다. 그러나 왕의 약속은 빈 껍데기였다. 얼마 지나지 않아 왕의 희망사항과 모어의 양심은 결코 공존할 수 없음이 분명해졌다. 모어는 재차 왕에게 사임 의사를 밝혔고 이번에는 헨리도 받아들였다. 이제 토머스 모어는 비록 왕과의 우정은 잃었지만, 공직을 접고 집으로 돌아가 사랑하는 가족과 행복하게 지낼 수 있었다.

몇 달 동안 모어는 공적으로든 사적으로든 왕의 행동에 대해 말하지 않으려고 조심했다. 그리고 그는 헨리와 앤 볼린의 결혼식에 참석하지 않았다. 얼마 후 의회는 새로운 법을 제정했는데, 이에 따르면 왕의 모든 신하는 앤을 왕비로 인정하고 앤이 낳을 아이들을 적법한 왕위 계승자로 승인한다는 서약서에 서명해야 했다. 그러나 모어는 서명을 거부했다. 이 법은 영국 교회에 대한 교황의 권한을 부정하는 것이기 때문이었다. 모어는 이미 서명한 사람들의 긴 명단을 보고 이렇게 말했다.

"나는 서약할 수 없습니다. 하지만 서약한 사람들을 비난하지 않습니다."

그는 양심 때문에 거절할 수밖에 없다고 말했다. 왕의 행동에 대해서 왈가왈부하지 않았고 그 점에 관해서는 침묵했다. 토머스 모어는 이제 '신념의 가책'으로 인한 온건한 양심 행위에 대해서, 왕의 분노를 달게 받아야 할 처지가 되었다. '왕의 노여움은 곧 죽음'인 시대였기 때문이다.

모어는 체포되어 런던탑에 투옥되었고 재판이 열릴 때까지 그곳에서 15개월 동안 갇혀 있었다. 비록 자유롭지 못한 몸이었지만 매일 미사에 참석할 수 있었고 책을 읽거나 글을 쓰는 것도 허용되었다. 한동안 가족의 면회나 편지 교환도 가능했다. 가족들은 제발 서명을 하라고, 그래야 집에 돌아갈 수 있다고 애원했다. 마거릿은 아버지가 오랜 감옥 생활로 몸이 상하는 것을 걱정했다. 모어는 가족을 사랑하지 않았다면 수도사로 살면서 이보다 더한 생활도 견뎠을 것이라고 위로했다. 아내 앨리스가 사랑하는 가족을 떠나 쥐들이 득실거리는 더러운 독방에 있는 게 그렇게도 좋으냐고 화를 내도, 이곳이 천국에 더 가깝다고 조용히 대꾸했다.

결국 토머스의 책과 저술들은 압수되고 면회도 금지되었다. 그리고 감옥의 축축하고 차가운 환경 때문에 그의 건강은 더욱 악화되었다. 머리카락과 턱수염은 길게 자라 텁수룩해졌고, 바싹 말라 쇠약해졌다.

모어는 기도하면서 그리스도의 고통을 생각했고 죽음을 준비했다. 운명을 앞당기기 위해 다른 일은 하지 않았다. 그저 계속 서명을 거부했을 뿐이다. 헨리는 밀사를 보내 모어를 설득하려 했지만 헛수고였다. 그는 서약을 거부하면서도 왕에게 반대하는 말은 전혀 하지 않았다. 모어는 반역죄로 재판에 회부되었다. 계속 왕의 행동에 대한 입장을 밝히라는 재촉을 받았지만 전혀 입을 열지 않았다. 모어는 서 있기조차 힘들 만큼 쇠약했기 때문에 앉아서 재판을 받아야 했지만 특유의 능숙한 말솜씨로 자신을 변호하면서 이것은 양심의 문제일 뿐이라고 주장했다. 그러나 그 양심이 뜻하는 바는 밝히지 않았다.

그리고 얼마 후 모어가 헨리의 법을 비난하는 소리를 들었다고 주장하는 사람이 한 명 나타났다. 그는 법무장관 리처드 리치였다. 모어는 리치가 소년이던 시절부터 알았지만 한 번도 정직한 모습을 본 적이 없다고 말했다. 그러므로 다른 사람에게도 하지 않은 말을 리치에게 말했다는 주장은 어불성설이라고 대답했다. 리치는 모어의 반역죄를 증언할 두 사람을 내세웠지만 그들은 증언할 수 없다고 말했다. 그러나 모어의 상황은 유리해지지 않았다. 앤 볼린의 아버지, 오빠, 삼촌까지 포함된 배심원단은 유죄 판결을 내리고 모어에게 교수형과 능지처참을 선고했다. 그제야 모어는 양심을 꺼내놓았다. 그는 자신의 양심으로는 왕을 영국 교회의 수장으로 받아들일 수 없다고 똑똑히 말했다.

재판이 끝난 다음, 호송대장은 모어를 다시 감옥으로 데려가는 비극적인 임무를 수행하면서 흐느껴 울었다. 모어는 그를 위로했고 자식들을 만났다. 아들 존은 아버지에게 마지막으로 축복 기도를 해달라고 말했다. 그 다음에는 모어가 자애로운 사랑을 쏟아 부었고, 유난히 착하고 똑똑해서 언제나 그를 기쁘게 했던 딸 마거릿이 아버지를 껴안고 마지막 입맞춤을 했다. 원래 모어에게 선고된 형은 훨씬 천천히 고통스럽게 죽는 것이었다. 그러나 옛 친구 헨리는 자비롭게도 간단히 끝나는 참수형을 허락했다.

모어는 감방으로 돌아와서 기도하며 의연하게 죽음을 준비했다. 이발사가 머리카락과 턱수염을 잘라주려 했지만 모어는 거절했다. 그는 왕이 자기 머리를 갖고 싶어 한다면서 "거기에 생돈을 쓸 필요가 뭐 있겠느냐”고 농담을 했다. 그는 마지막으로 참회의 기도문을 적었다. 앨리스가 마지막으로 남편을 보러 왔다. 그는 슬퍼하는 아내를 위로했고 마거릿에게 전할 편지를 건네주었다. 모어는 편지에 가족을 주신 신께 감사한다고 쓰고, 그들을 하나하나 축복한 다음 자기를 위해 기도해 달라고 부탁했다.

드디어 사형 집행일이 되었다. 모어는 단두대의 계단을 오르기도 어려운 상태였다. 그는 자신을 부축해 준 호송병에게 고맙다고 말했다. 그리고 “단두대에 내 머리를 스스로 집어넣겠다”고 장난스레 말했다. 잠시후 모어는 참회의 기도문을 낭송했고 두건을 쓴 사행집행인은 늘 하던 대로 사형수에게 용서를 구했다. 모어는 그에게 동전을 주고 입을 맞추며 인간이 다른 인간에게 줄 수 있는 가장 큰 은혜를 베풀어줘서 고맙다고 말했다. 모어는 무릎을 꿇고 받침대에 머리를 올려놓으면서, 수염이 잘리지 않도록 잠깐 정리할 시간을 달라고 했다. 그는 평생 장난을 좋아했던 사람답게 마지막까지 농담을 했다.

“내가 알기로 이 수염은 왕을 화나게 한 적이 없다오.”

단두대에 오르기 전, 모어에게 마지막 연설이 허락되자 그는 군중에게 자기 영혼과 왕을 위해 기도해 달라고 부탁했다.

“저는 왕의 충실한 신하로 죽음을 맞이하지만, 그래도 하나님이 우선입니다.”

눈 깜짝할 사이, 왕의 뜻대로 되었다. 자신의 신념을 굽히지 않은 토머스 모어는 그렇게 삶을 마감했지만, 그 순간부터 새로운 영광이 시작되었다.

인 내

—

내 사전에 포기는 없다

그는 아련한 외로움과 절망의 기억을 불러일으키는 모교 해로우를 다시 찾았다. 그리고 그곳에서 '질풍노도의 시기'를 겪고 있는 사춘기 소년들이 부르는 애국적인 합창곡을 듣고 있자니, 가슴이 뭉클하고 눈물이 핑 돌았다. 그날은 학교에서 매년 열리는 초청강연의 날이었다. 영국에서 가장 유명한 연설자이자 가장 유능한 정치가인 처칠의 연설은 많은 사람이 기대하는 행사였다.

1941년 10월 29일 윈스턴 처칠은 해로우의 학생들에게 연설을 하기 위해 자리에서 일어났다. 그가 영국의 수상이 된 지 17개월이 지난 무렵이었다. 처칠이 취임한 다음 불과 며칠 후에 프랑스가 히틀러의 군대에 함락되었고, 대패하여 사기가 떨어진 영국군은 던커크 해변에서 기적적으로 구조되었다. 처칠은 매우 중요하고 두려운 시기에 영국의 지도자가 되었다. 히틀러의 소련 침공으로 인해 다른 동맹이 합류하기 전까지, 영국은 홀로 외롭게 불사조와 같은 세 나라의 군대에 저항하는 중이었다.

독일군이 영국 해협을 건너 마지막 질긴 적을 정복하라는 히틀러의 명령을 기다리는 동안, 포위 상태의 영국군은 독일 침입자들을 몰살할 때까지 죽도록 싸울 결의를 다지고 있었다. 독일 공군 루프트바페는 매일 매일 영국 상공을 떼 지어 날아다니며 영국 비행장, 항구, 군사기지에 무자비한 폭격 작전을 단행했다. 그렇게도 영국을 무릎 꿇게 하려고 애썼건만 영국 공군과 그들의 리더는 결코 항복하지 않았다. 적에 비해 수적으로 열세인 영국 공군은 히틀러의 예상보다 훨씬 영웅적으로 조국을 수호했다. 결국 히틀러는 1940년 9월 영국 침공 계획을 철회했다.

영국군은 독일, 이탈리아 동맹군과 히틀러의 최측근 어빈 롬멜 장군을 상대로 중요한 승리를 거두었다. 그러나 1940년 6월 히틀러는 어리석게도 또 다른 곳에서 전쟁을 시작했다. 그는 절대 정복할 수 없는 광대한 소련을 공격하라고 명령했다.

전쟁은 거의 4년이나 더 지속되었다. 영국은 전패는 모면했지만 승리할 가능성도 보이지 않았다. 독일군은 영국의 도시에 폭탄 세례를 퍼부었고 그 결과 영국 국토는 유례없는 참상을 겪었다. 총명한 롬멜은 완전히 죽지 않았다. 그는 리비아 토브룩에서 영국군을 간단히 물리친 후 곧바로 대규모 군대를 가동시켰다. 독일은 유고슬라비아와 그리스를 침공해 승리를 거두었다. 그리고 독일군 사단이 모스크바를 포위했다. 미국은 영국에 무기와 물자를 공급해 주었지만 전쟁에는 아직 개입하지 않고 있었다. 6주일 후 진주만이 공격당했을 때는 사정이 달라졌지만 말이다.

영국은 아직 끝나지 않았고 끝이 시작되지도 않았다.

해로우는 고무적인 연설을 기대했다. 그러나 모교 출신 연설자가 후배들을 위해 어떤 격려의 말을 준비했는지는 알지 못했다. 연설은 길지 않았다. 처칠이 짧게 몇 마디만 했다는 설도 있지만, 그것은 연설을 보도한 기사에서 가장 인상적인 단락을 전체 연설문인 것처럼 둔갑시켰기 때문일 것이다. 그는 달랑 몇 마디만 하지는 않았다. 그의 연설은 고귀했고 기억할 가치가 충분했다. 자기 인생을 매우 감동적으로 요약하고, 성격을 아주 적절하게 보여주었기 때문이다.

처칠은 모자를 벗어 연단 위에 올려놓고는 잠시 생각을 가다듬었다. 그리고 소년들의 합창을 들으며 흘린 눈물 자국이 아직 남아 있는 눈가를 문질렀다. 그러고 나서 이 나라가 겪었던 어려움과 극복한 시련, 그리고 앞에 펼쳐져 있는 가시밭길에 대해 간략하면서도 포괄적으로 이야기했다. 그가 연설을 마무리하며 했던 말은 곧 유명한 전설이 되었다.

"절대 포기하지 마십시오. 예외는 없습니다. 절대, 절대, 절대로 포기하지 마십시오. 큰일이든 작은 일이든, 중요한 일이든 사소한 일이든 포기하지 마십시오. 명예와 정의를 위한 확신 때문이 아니라면 포기는 있을 수 없습니다."

처칠은 67번째 생일을 앞두고 있었다. 웬만한 사람은 은퇴하고도 남을 나이였다. 그는 평생 동안 비범한 업적을 성취했고 수상이 되기 오래 전에 굴욕적인 패배도 맛보았다. 그는 외롭고 억압적인 유년기를 보냈고 불행한 열등생이었다. 그러나 눈에 띄는 용기와 대담함을 지니고 있던 처칠은 유명한 전쟁 영웅이 되었다. 그는 정계에 입문했고 이 세계에서 누구보다도 빨리 승승장구했지만, 쓸쓸히 추락했다. 그리고 전쟁터로 돌아갔다가 다시 정치를 시작하는 등 커리어의 명암이 반복되었다. 처칠은 왕성한 저작 활동을 하는 베스트셀러 작가이기도 했다. 재산을 모으기도 했고 쓰거나 잃기도 했다. 천재라고 칭송받기도 하고 판단력이 부족하다고 욕을 먹기도 했다. 처칠은 클레멘타인 호지에와 결혼했는데, 어른이 되고 나서 진정한 친구는 그녀뿐이었다. 그는 우울증이 발병할 때마다 크게 고통받았고 자살을 저지를까봐 두려워했다. 제2차 세계대전이 시작되기 전만 해도 그는 괴상한 과거의 유물로 평가되었다. 사람들은 그런 처칠을 웃기다거나 짜증스럽다고 생각하거나 아예 그를 잊기도 했다. 그러나 처칠은 이 모든 일을 겪으면서도 절대 포기하지 않았다.

윈스턴 처칠은 1874년 팔삭둥이로 태어났다. 그의 가문은 대영제국 전성기인 빅토리아 여왕 시대의 명망 높은 귀족이었고 부모님은 유명 인사였다. 어머니는 미국의 유명한 사교계 미녀 제니 제롬 처칠이었고, 아버지는 엉뚱한 정치가로 유명한 랜돌프 처칠 경이었다. 그들은 매력이 철철 흘러넘쳤고 항상 스캔들을 몰고 다녀서 한 아이의 부모로서는 낙제점이었다. 어린 윈스턴은 작고 병약하여 사건 사고에 시달리는 아이였다. 11살 때는 폐렴으로 죽을 뻔했고 17살 때는 술래잡기를 하다가 다리에서 뛰어내려 다리가 부러지는 사고가 생겨 사흘 후에 의식을 회복했다. 이것은 허약함과 빈번한 사고로 점철된 어린 시절의 극히 일부일 뿐이다. 그의 어린 시절은 병력과 불행이 장황하게 나열된 긴 서사시였다. 항상 사고를 당하거나 병을 앓고 있었다. 그는 천성적으로 약한 신체를 극복하기 위해 남보다 몇 곱절 노력해야 했다. 훗날 운동선수와 기병대 장교로 두각을 나타낸 것은 약한 신체 조건으로 태어나 비실거리기 일쑤였던 소년으로서는 거두기 힘든 대단한 성과였다. 그러나 처칠의 부모는 힘들어하는 아들을 거들떠보지도 않았다. 그들은 윈스턴을 은근히 골칫거리로 여기는 듯했으며 항상 바쁘고 이기적이었다. 어쩌면 그것은 영국 귀족사회의 관습일지도 모른다. 당시 귀족들의 자녀는 유모 손에 자라다가 기숙학교로 보내졌으므로 부모의 애정을 받을 겨를이 거의 없었다. 처칠이 10살 때, 학교 동급생이 주머니칼로 가슴을 찌른 일이 있었다. 처칠의 어머니는 편지에서 그 사건을 들먹이며, 윈스턴이 아마도 그런 일을 당해도 싼 행동을 했을 것이라고 말했다. 그녀는 그 일이 윈스턴에게 '교훈'이 되었으면 한다고 썼다.

처칠은 여덟 살 때 기숙학교에 들어갔다. 그는 그곳을 증오했다. 자주 힘센 아이들에게 괴롭힘을 당했고 잔인하게 얻어맞았다. 게다가 이 학교의 선생들은 아이들이 여러 가지 규칙을 위반하거나 공부를 게을리 한다는 이유를 들면서 정기적으로 박달나무 회초리를 휘둘렀다. 윈스턴은 반항적이고 비협조적이었고 몹시 집에 가고 싶어했다. 그 덕에 항상 벌을 받았다. 게다가 불행하게도 처칠의 부모들은 바람직하지 못한 학습 태도를 지적하는 편지를 쉴새없이 받다 보니 점점 아들을 불신하게 되었다.

그는 자주 부모님께 다정한 편지를 써서 집으로 가게 해달라고 애원하거나, 보고 싶으니 만나러 와달라고 부탁했지만 부모는 거의 반응이 없었다. 윈스턴은 훗날 어머니에 대해 이렇게 회상했다.

"어머니는 제게 있어 저녁에 뜨는 샛별과 같았습니다. 저는 어머니를 몹시 사랑했지만 그분은 항상 멀리 계셨죠."

그녀의 인생은 스캔들, 파티, 무도회, 시골 영지에서 보내는 한가로운 주말, 상류사회의 여러 가지 즐거움, 남편의 정치 뒷바라지 등으로 채워져 있었다.

랜돌프 경은 정치 경력이 화려했다. 그는 영국 내각에서 두번째로 높은 자리인 재무장관까지 올라갔다. 그러나 무모한 성격과 스캔들, 심신을 약하게 만든 질병 때문에 급속도로 몰락하다 결국 마흔다섯에 병으로 세상을 떴다. 그는 아들에게 소원한 아버지였고 아들과 시간을 보낸 적이 거의 없었다. 그리고 소년의 인생에서 정상적으로 나타날 수 있는 기복을 참을성 있게 이해하지 못했다. 그는 잔인할 정도로 냉혹한 아버지였는데, 아들이 실수할 때는 성급하게 비난하면서, 잘한 일을 칭찬하거나 아들의 사랑을 받아들일 때는 쓸데없이 주저했다. 그러나 윈스턴은 아버지를 깊이 사랑했는데, 평생 아버지의 평판을 보호하고 아버지의 정치적인 성공을 닮으려고 노력했다. 그러나 윈스턴의 어머니는 아들이 나이 들어 정치 경력을 시작했을 때 비로소 그의 인생에 관심을 갖기 시작했다.

핏줄은 아니지만 그에게 부모의 사랑을 준 유일한 사람은 유모 엘리자베스였다. 그는 유모를 '움스'라는 애칭으로 다정하게 부르곤 했다. 그는 움스를 사랑했고 평생 추억으로 간직했는데, 그는 훗날 다음과 같이 기록했다.

"나를 돌봐주고 내가 필요한 것을 챙겨준 사람은 움스였다. 나는 여러 가지 고민을 그녀에게 쏟아놓았다."

처칠의 청소년기에서 부모의 관심을 받지 못한 상실감을 제외하면, 여러 가지 고민은 주로 학교와 관련된 것이었다. 그는 세인트 조지를 졸업하고 해로우를 다녔다. 기숙학교 생활에 어느 정도 익숙해졌기 때문에 전보다는 적응을 잘했다. 그러나 여전히 자주 불행하다고 느꼈으며 항상 부모의 사랑을 갈구했다. 작은 성과라도 부모가 인정해 주길 원했고, 자신을 만나러 오거나 아니면 집에라도 갈 수 있게 해주기를 바랐다. 처칠은 주요 과목인 라틴어, 그리스어, 수학을 잘하지 못했지만 역사와 영어 과목에는 일찍부터 흥미를 보였고 그 흥미는 평생 지속되었다. 그의 남다른 지성과 정치가로서의 위대한 자질은 모두 그것에 바탕을 두고 있다. 대부분의 교사와 그의 부모는 처칠의 이러한 재능을 완전히 무시하거나 폄하했다. 그러나 처칠은 비록 무관심한 부모지만 자신의 우상인 부모의 인정을 받기 위해 계속 자기 식대로 노력했다. 그는 학교의 펜싱 챔피언이 되었고 나이에 맞지 않게 조숙한 책들을 읽었다. 꽤 어린 나이였는데도 영시 수천 행을 암기하는 천재적인 재능도 보여주었다. 그는 영웅담을 그린 시를 특히 좋아했는데, 70년이 지난 후에도 거의 완벽하게 기억할 수 있었다.

랜돌프 경은 아들이 직업적인 성공을 거둘 만한 재능이 없다는 데 실망한 나머지, 해로우를 졸업시킨 후 대학에 보내지 않기로 결정했다. 대신 사관학교인 샌드허스트에 보낼 작정이었다. 그는 당연히 처칠이 가장 품위 있는 보병대에 들어가 해로우에서보다는 덜 실망스러운 모습을 보여주길 기대했다. 처칠은 아버지의 기대에 부응하기 위해 노력했지만 샌드허스트 입학시험에 두 번이나 떨어졌다. 세번째에 겨우 붙긴 했는데, 정말이지 '겨우'였다. 그러나 점수가 신통치 않아 보병대에는 들어갈 수 없었다. 대신 기병대에서 훈련을 받기 시작했다. 윈스턴은 결국 샌드허스트에 들어갔다는 기쁜 소식을 전하기 위해, 신이 나서 아버지에게 편지를 썼지만 아버지의 답장은 늘 그렇듯이 경멸이 가득 찬 어조였다.

어리석게도 네가 가졌다고 착각하는 장점과 신통치 않은 능력 덕분에,

고작 기병대밖에 들어갈 수 없는 이류와 삼류 사이에 끼게 되었다니 정말 대단한 결과구나. 이제 이 문제를 분명히 해두는 게 좋을 것 같다. 네가 바보 같은 행동과 실패를 거듭할 때마다 내가 수고스럽게 긴 편지를 써줄 거라고 생각하지 않았으면 한다. 다시는 이런 문제로 네게 편지를 쓰고 싶지 않구나. 너도 이 부분에 대해서 답변을 할 필요가 없다. 나는 네가 떠벌이는 성과와 업적에 대해서는 손톱만큼도 관심이 없으니까.

랜돌프 경은 안 그래도 끔찍한 이 질책의 편지를 잔인한 경고로 갈무리했다.

"계속 그런 식으로 게으르게 생활한다면 넌 사회의 쓰레기가 될 게다. 물론 넌 학교 다닐 때도 그랬지. 너는 초라하고 불행한 쓸모없는 존재로 전락할 거야. 정말 그렇게 된다면 그런 불행에 대한 비난은 너 혼자서 감당하도록 해라."

물론 그렇게 되지 않았다. 그의 인생은 초라하지도 쓸모없지도 않았다. 그는 20세기의 가장 위대한 인물 중 한 사람, 아니 아마 가장 위대하다고 말해도 손색없을 사람이 되었다. 그가 겪은 엄청난 불행은 잔인한 아버지에게서 비롯된 것 같다. 처칠은 평생을 두고 괴롭힘을 당했던 심각한 우울증 발작을 '검은 개들'이라고 불렀다. 처칠이 쉬지 않고 활동할 때는 검은 개들이 나타나지 않았다. 그는 위대한 업적을 쌓으면서 검은 개들을 쫓아낼 수 있었다. 그 수많은 업적은 처칠이 죽은 아버지의 인정을 받기 위해 평생토록 노력한 결과였기에 오늘날 더욱 빛나고 감동적이다. 그는 정서적으로 학대를 받은 다른 아이들처럼, 그리고 그의 아버지가 예견한 것처럼 낙오자가 될 수도 있었다.

처칠의 아버지는 윈스턴이 영국 기병대의 소위로 임관된 직후 세상을 떴다. 처칠은 아버지의 죽음 후 이렇게 말했다.

"우정을 맺으려던 나의 모든 희망이 사라졌다."

처칠은 인도와 수단에서 극렬했던 전투를 담대하게 지휘하면서 두각을 나타냈다. 그는 이 두 곳에서 역사의 마지막을 장식한 기병대 장교로 활약하면서 수단의 옴두르만에서 영국의 승리를 이끌었다. 충실하게 임무를 수행하는 와중에, 자신이 치른 전투를 신문에 기고하기도 했다. 평생 그의 주요 수입원이 된 저술가로서의 경력이 시작된 계기였다. 그는 1899년 군대 생활을 청산하고 무모하게 의회 입성을 시도했지만 선거에서 고배를 마셨다. 그 후 신문사 특파원 자격으로 보어 전쟁을 보도하기 위해 남아프리카로 갔다가 보어인 게릴라들에게 잡혀 감옥에 갇혔다. 하지만 그는 수백 킬로미터를 달려 극적으로 탈출에 성공했고 군대에 다시 들어가 용감하게 싸워 빅토리아 훈장 수상자로 추천을 받기도 했다. 전쟁에서 세운 공으로 영국에서 엄청난 명성을 얻은 그는 다음 선거에서 당당히 의원으로 당선되었다.

이때부터 처칠의 일대기에 가속도가 붙는다. 그는 1900년 처음으로 보수당 의원으로 당선된 후 몇 년이 지나 자유당으로 이적했다. 그리고 1908년 새로 선임된 자유당 내각에 합류했다. 이 해 클레멘타인과 결혼했으며 3년 후 그는 영국 해군의 최고 지위이자 매우 명예로운 요직인 해군 대신이 되었다.

그가 해군 대신으로 재직하는 동안 제1차 세계대전이 발발했다. 그는 내각에서 가장 총명하고 부지런한 사람이었고, 논쟁을 즐겼으며 언제나 논쟁을 일으켰다. 그는 서부 전선에서 궁지에 몰린 참호전의 돌파구를 마련하기 위해 전략적으로 뛰어난 계획을 세웠다. 영국 해군이 터키의 다르다넬스 해협으로 들어가 터키를 축출한 후 독일을 동쪽에서 측면 공격한다는 계획이었다. 발상은 대단히 참신했지만 제대로 실행하지 못해 결국 실패했다. 불행히도 수천 명의 군사들이 갈리폴리 해안에서 죽었다. 처칠은 처참한 패배의 책임을 지고 사임했으며 의회로 돌아가지 않고 육군 사령관 직을 수락했다. 그리고 프랑스 전선에서 군대를 지휘했다.

1917년 다르다넬스 참사에 대한 진상 조사 결과, 책임이 경감된 처칠은 내각에 복귀했다. 제1차 세계대전 말에는 육군장관과 공군장관으로 재직했다. 그 후에는 광활한 대영제국의 영토를 관리하는 식민장관이 되었다. 그러나 곧 처칠을 거의 망쳐놓은 개인적인 비극이 일어난다. 세 살배기 딸 메리골드의 죽음이었다.

처칠은 어떤 직위를 맡든지 언제나 대담한 혁신을 추진했다. 때로는 무모해 보이기까지 했다. 항상 열심히 노력했지만 결과가 늘 좋은 것은 아니었다. 1922년 그는 재선되지 못했고 두 번 연속 당선에 실패했다가, 정당을 옮겨 보수당으로 돌아간 후에 당선되었다. 1924년 그는 아버지의 경력 중 최고 지위였던 재무장관이 되었지만, 몇 년 후 영국 경제를 금본위제로 돌린 실수와 정부의 인도 정책을 반대한 덕분에 다시 내각에서 배제되어 평의원으로 돌아갔다. 많은 사람들은 그가 정치 인생 막장에 들어섰다고 생각했으며 문제가 많았던 그의 아버지처럼 그 이상 높이 올라갈 수 없는 운명이라고 수군거렸다. 그들은 처칠이 예전과 같은 지위를 절대 회복하지 못할 것이라고 생각했다. 당시 그의 나이 57세였다.

이제 처칠의 '황야의 시대'가 시작된다. 그의 공직 생활에서 가장 용감하고 외로운 시기였을 것이다. 처칠은 운 나쁘게도 1929년 월스트리트 사태로 전 재산을 거의 다 잃었다. 뉴욕에서는 자동차에 치어 죽을 뻔했다. 처칠은 이 시기에 일찍이 아돌프 히틀러의 야망과 독일의 재무장 정책을 경고했지만 사람들은 그런 처칠을 조롱하고 경멸했다.

제1차 세계대전은 영국 국민을 황폐하게 만들었다. 아무도 독일과 다시 전쟁해야 할 가능성을 생각하고 싶지 않았다. 영국의 정치가들은 더더욱 그러했다. 따라서 램시 맥도널드, 스탠리 볼드윈, 네빌 챔벌레인 등 줄줄이 집권한 수상들은 히틀러가 독일에서 집권했을 때 딴청을 피웠다. 히틀러가 베르사유 조약을 위반하고 독일을 재무장하여 라인란트와 오스트리아로 진군했을 때도 애써 현실을 외면하려 했다. 유화 정책의 슬픈 역사가 진행되는 동안, 막을 수도 있는 전쟁의 위협이 점점 다가오고 있었다. 처칠은 당시 정치가들 중 거의 유일하게, 히틀러를 싸고도는 정부의 정책을 강하게 비판했다. 그리고 종말론적인 어조로 '몰려오는 폭풍 구름'을 경고했다.

정부 기관에 독자적인 정보망을 구축한 그는 독일의 재무장과 관련된 중요한 정보를 입수했다. 정부는 이 사실을 대중에게 숨기면서 대응하지 않고 있었다. 처칠은 공개 연설에서 이 사실을 발표했다. 그와 같이 고민하는 충성스러운 동료들도 몇몇 있었지만 대부분의 정치인들은 그를 무시했다. 보수당 지도자들은 유권자의 마음을 처칠에게서 돌리려 애썼고 여론조사에서 처칠을 뭉개는 데 성공했다. 많은 사람들은 처칠이 정신 나갔다고 생각했다. 볼드윈과 챔벌레인, 국왕조차도 그를 싫어했던 것 같다. 당대 영국의 유명 인사이자 처칠과 종종 말다툼을 벌였던 보수당 의원 낸시 아스터가 영국 대표단과 함께 모스크바에 가서 스탈린을 만났다. 스탈린은 처칠과 마찬가지로 히틀러가 선봉에 선 독일의 급부상을 경고하면서, 아스터 여사에게 처칠의 정치적 전망을 물었다. 놀란 그녀는 이렇게 대답했다. "아, 처칠이요? 그는 끝났어요."

그를 과소평가한 사람은 그녀뿐이 아니었다. 약 8년이라는 시간 동안 처칠은 황야에서 홀로 악전고투했다. 그는 모든 사람이 알아야 하는 자명한 진실을 밝히라고 정부에 촉구했다.

영국이 무장을 해제하고 있는 동안 독일은 전쟁을 준비하고 있었다. 1938년 독일이 체코슬로바키아를 침공하려는 기미를 보이자, 챔벌레인 수상은 히틀러를 만나러 모스크바로 갔고 체코를 포기한다는 합의서를 흔들며 돌아왔다. 그는 그것이 영국의 '평화' 보증서라고 주장했지만 처칠은 인상적인 연설로 뮌헨 합의서를 비난했다. 그는 챔벌레인이 "전쟁과 불명예 중에서 불명예를 선택했으며, 결국 전쟁도 피할 수 없을 것"이라고 말했다.

의회에서 사흘간 합의서에 대한 논쟁이 계속되었고, 처칠은 맹렬한 비난을 멈추지 않았다. 하원에서 그를 비판하는 자들이 계속 비아냥거리자, 처칠은 합의서를 갈기갈기 찢어버렸다. 그리고 체코를 배신하면서 독일과 합의한 바탕에 깔린 어리석은 감상주의를 비난했다. 그는 '히틀러가 제대로 된 약속을 하지 않았을 뿐 아니라, 독일을 믿을 수 없으며 결국 전쟁이 일어날 것'이라고 예고했다. 챔벌레인이 뮌헨에서 한 일이라곤 히틀러의 식탁에서 음식을 쓸어버리기는커녕 코스별로 진수성찬을 마련해 준 것뿐이었다

처칠은 "이것은 시작일 뿐입니다. 이제 겨우 한 모금을 마셨습니다. 매년 우리 앞에 놓일 쓴 잔의 맛보기에 불과합니다. 우리의 도덕심과 군사

력을 튼튼하게 회복하고 자유를 지지하는 입장을 고수하지 않는다면, 그 쓴 잔은 피할 수 없을 것입니다"라고 경고했다.

히틀러가 체코슬로바키아를 침공하자, 영국의 여론은 챔벌레인을 떠나기 시작했다. 그리고 '끝났다'는 선고를 받은 사람, 즉 처칠에게 새로운 존경을 보냈다. 1939년 독일은 뮌헨 합의를 무시하고 폴란드를 침공했다. 처칠의 예언이 적중한 것이다. 챔벌레인은 처칠을 내각으로 불러들이는 수밖에 없었고 그는 다시 해군 대신이 되었다. 바다에 나가 있던 영국 군함들은 이 소식을 듣고 매우 기뻐하면서 '윈스턴이 돌아왔다'는 신호를 주고받았다. 독일 장갑차가 벨기에와 프랑스를 쓸어버리자, 챔벌레인은 국왕에게 사임 의사를 표했다. 그러면서 다가올 재앙을 예고했던 사람을 등용하라고 건의했다. 현재로서는 이 폭풍 속에서 영국을 구할 사람이라곤 처칠뿐이었다. 국왕은 내키지 않았지만 선택의 여지가 없었다.

부모가 버린 아이, 열등생, 전쟁 영웅, 논쟁하는 정치가, 사람들에게 조롱당하고 욕을 먹고 잊혀졌던 실패한 정치가, 윈스턴 처칠. 그는 배 위에 홀로 서 있는 넬슨 제독과 같았다. 너무 약해서 패할 것이 자명할 때도 적과 싸우려고 했다. 1940년 5월 10일 처칠은 마침내 영국의 수상이 되었다.

남들보다 몇 배 부지런했던 윈스턴 처칠은 수많은 시련에 굴하지 않았다. 대부분의 사람들은 잔인하고 무자비한 운명 앞에 쓰러졌을 것이다. 그는 싸우고 패배했지만 다시 일어나기를 여러 번 반복했다. 그 결과 세계 역사의 위대한 민주 지도자들의 반열에 들어섰다. 그는 연설의 힘과 굴하지 않는 용기의 본을 보이면서, 조국의 유구한 역사에서 가장 위험했던 시기를 잘 이끌었다.

처음에 그는 혼자였으나 영국이 혼자일 때 영국의 리더가 되었다. 그는 패배나 위험, 불가능할 만큼 위압적인 가능성 때문에 용기나 의지를 꺾지 않았다. 처칠은 절대, 절대, 절대로 포기하지 않았다. 그리고 그가 다른 사람들에게 용기를 불어넣을 수 있는 큰 힘이 되어준 조국을 절대 버리지 않았다.

자 제

—

자신을 통제할 줄 아는 자가 진정한 승리자다

대륙군 총사령관은 헨리 클린턴 경이 이끄는 영국군을 치기로 결심했다. 영국군은 수킬로미터에 걸쳐 보급 대열을 길게 늘어뜨리고 필라델피아에서 뉴욕으로 천천히 움직이는 중이었다. 그는 찰스 리 장군에게 미국 선발 부대의 지휘권을 맡겼다. 유럽 여러 국가의 용병으로 활약했던 리 장군은 경험이 많았지만 좀 특이한 장교였다. 그는 방종한 생활과 과음으로 악명 높았고 점잖은 사람들보다 거친 사람들을 가까이했다. 상관을 대하는 태도는 무례할 때가 많았다. 자신을 제외한 다른 사람이 가진 군인으로서의 자질을 인정하지 않았기 때문이다. 논쟁을 일삼았고 무뚝뚝하며 불같은 화를 통제하지 못했다. 그래서 '끓는 물'이란 인디언 식 별명을 갖게 되었다.

처음에 리 장군은 뉴저지에서 영국군과 맞서겠다는 결정이 어리석다고 비난하며 선발 부대 지휘권을 거절했다. 그러나 젊은 라파예트 후작에게 지휘권을 맡긴다고 하자, 태도가 돌변하더니 투덜거리며 임무를 수락했다. 예외적이고 예상하지 못한 상황이 발생하지 않는 한, 영국군의 후방을 공격하는 것이 그의 임무였다. 그리고 나머지 대륙군이 도착할 때까지 전투를 지휘해야 했다.

1778년 6월 28일 아침, 뉴저지 주 프리홀드 몬머스의 날씨는 유난히 무덥고 습했다. 수은주가 거의 섭씨 38도까지 올라갔고 숨쉬기조차 힘들었다. 기병과 보병들은 열기를 조금이라도 식히려고 상의를 벗었다. 그날 하루 영국군의 머스켓 탄환과 총검 공세를 피할 수 있었던 사람은 일사병으로 죽은 이들뿐이었다. 무능한 찰스 리 휘하의 선발 부대는 영국군 후위에 어수선한 공격을 가하기 시작했다. 누구는 싸우고 누구는 구경만 하는 어정쩡한 상황이었다. 사병들은 혼란에 휩싸였다. 일부 군대는 진격해야 할지 후퇴해야 할지 몰라 우물쭈물하다가 슬금슬금 후퇴하는 쪽을 선택했다. 찰스 리는 우왕좌왕하는 병사들에게 아무 지시도 내리지 않았다. 대신 상황을 파악하러 총사령관이 급파한 군인에게 이렇게 대답했다.

"장군께 내가 아주 잘하고 있다고 전하게."

총사령관은 곧 정말로 잘하고 있는지를 직접 확인하기 위해 말을 타고 전장에 달려왔다.

조지 워싱턴이 부하 옆에 말을 세웠을 때, 그의 눈에 들어온 장면은 충격 그 자체였다. 그 동안 목격한 사람은 별로 없었지만 소문이 무성했던 그의 서릿발 같은 성격이 튀어나오고 말았다. 미국군의 대열이 완전히 무너지고 허둥지둥 후퇴하는 꼴을 본 워싱턴은 리에게 소리쳤다.

"이게 도대체 무슨 상황인가? 이 무질서와 혼란을 설명해 주게!"

워싱턴의 질타에 크게 당황한 리는 변명했다.

"우리 군대는 영국군의 무력 공세를 당해내지 못했습니다."

"이런 쳐 죽일 겁쟁이를 봤나! 자네는 시도조차 안 했잖나!"

워싱턴은 그 자리에서 간결하면서도 아주 강력하게, 언어폭력의 진수를 보여주었다. 당시 이를 목격한 찰스 스콧 장군의 말에 의하면, 워싱턴은 그날 하루 "나무에 달린 나뭇잎이 흔들릴 정도로 욕을 했다"고 한다. 워싱턴은 철통 같은 성격과 절대 흐트러지지 않는 예의범절, 그리고 열정적이고 예민한 성품을 지닌 사람치고 흔치 않은 통제력으로 유명했으나, 조금이라도 자제력이 부족한 사람을 보면 맹렬하게 화를 냈다. 그러니 리의 무능한 행동은 화를 부르고도 남을 만했다. 그 결과는 같은 자리에 있었던 모든 사람이 평생 잊을 수 없는 살 떨리는 분노의 폭발이었다.

상황은 절망적이었다. 미국은 굴욕적인 패배를 목전에 두고 있었다. 워싱턴도 더 이상 리에게 화만 내고 있을 형편이 못 되었다. 그는 리를 빼내고 직접 자신이 흰색 군마 위에 올라, 무리지어 후퇴하고 있는 병사들을 향해 명령을 내렸다.

"위치를 사수하고 적군을 접수하라! 우리를 돕기 위해 지금 지원군이 오고 있다!"

영국군의 포탄이 지축을 흔드는 상황에서, 워싱턴은 동분서주하며 병사들을 다시 모으려고 애썼다. 도망치는 군인들에게 애원도 하고 겁도 주면서 다시 싸우게 만들었다. 그가 탄 말은 너무 지쳐서 주저앉았지만 그는 재빨리 다른 말에 올라탔다. 사방을 둘러싼 위험에도 눈 하나 깜짝

하지 않았고, 재앙이 임박한 징조가 확연해도 위축되지 않았다. 그는 미국 독립을 위해 길고 값비싼 전쟁을 치르는 동안 늘 그랬던 것처럼, 그날도 장엄한 위용을 떨쳐보였다. 워싱턴의 용기를 보고 두려움이 사라진 병사들은 다시 대열을 가다듬은 후 적에게 돌격하기 시작했다. 그 하루가 저물었을 무렵에는 미국군이 유리한 고지를 점한 상태였다. 그들이 적에게 입은 피해보다 적의 사상자 수가 두 배 더 많았다.

몬머스 전투에서 워싱턴의 지휘로 사태를 반전시킨 미국군은 워싱턴의 특별한 힘의 본질을 두 눈으로 똑똑히 확인할 수 있었다. 그것은 철저한 자제력으로 다져지고, 열정의 화로에서 담금질한 강철 같은 의지였다. 워싱턴을 '미국의 아버지'라고 부르거나, 그 유명한 자제력을 발휘하여 사실상 미국을 창조한 인물이라고 주장해도 과언이 아니다.

1775년 6월 16일, 조지 워싱턴은 대륙회의의 지시대로 군대를 지휘하기로 하고 즉시 보스턴의 미국군을 구하기 위해 달려갔다. 필라델피아의 어떤 사람은 워싱턴을 두고 '완벽한 신사'라고 말했다. 그는 어렸을 때부터 남보다 훌륭해지려고 노력했지만, 언제나 완벽했던 것은 아니다.

그는 프렌치 인디언 전쟁이 일어나기 20년 전에, 군인으로 성공하겠다고 결심했다. 22살의 야심 찬 워싱턴은 신사 농장주이자 측량기사였다. 그는 버지니아 총독 로버트 딘위디에게 편지를 썼다. 점점 위협이 커지고 있는 프랑스와의 갈등 상황을 해결하기 위해 군인이 되고 싶다고 했다. 프랑스는 영국 왕실이 권리를 주장하고 있는 오하이오 지역, 즉 애팔래치아 산맥 너머 땅에 침입하여 요새를 짓고 있었다. 워싱턴은 군대 경험이 없었지만 중령 계급을 받았다. 그리고 버지니아 민병대 2개 중대를 이끌고 펜실베이니아로 진군했다. 여기서 워싱턴은 영국의 인디언 동맹

군과 합류했다. 영국군은 나중에 피츠버그 시가 되는 포트 듀케인에서
프랑스군과 격돌했다.

워싱턴은 요새로부터 65킬로미터쯤 떨어진 곳의 삼림 개척지에서 야
영하고 있는 프랑스군 소대를 발견했다. 워싱턴은 버지니아인 40명과 인
디언들을 데리고 프랑스군을 에워싼 후 공격 명령을 내렸다. 교전은 신
속하게 이루어졌고 결정적이었다. 프랑스군 사령관인 주몽빌 경, 즉 조
제프 쿨롱 드 빌리에르는 외교 목적으로 왔을 뿐이라고 설명하면서 항복
하려 했지만, 인디언 대장 타나카리슨이 손도끼로 불운한 주몽빌 경의
머리를 치는 것을 미처 막을 수 없었다. 타나카리슨은 인디언 용사들에
게 다른 프랑스인들에게도 똑같이 하라고 명령했다.

프랑스군이 잔인하게 학살되었지만, 워싱턴이 딘위디에게 보낸 편지
를 보면 잔혹 행위에 대한 언급은 없다. 그저 주몽빌이 전투 중 죽었다고
담담하게 표현했을 뿐이다. 펜실베이니아 개척지에서 거둔 작은 승리는
버지니아와 다른 식민지를 통해 퍼져나갔고 영국에도 알려졌다. 프렌치
인디언 전쟁의 첫 총성을 울린 워싱턴은 이 일로 전도유망한 군인이라는
평을 얻게 되었다. 프렌치 인디언 전쟁은 역사에서 7년 전쟁으로 알려져
있는, 사실상 최초의 세계 대전이라 할 수 있는 전쟁의 서막이었다. 그리
고 버지니아의 한 젊은이가 뭔가 중요한 사람이 될 것 같은 조짐이 처음
으로 엿보인 전쟁이었다.

워싱턴은 대령으로 진급했고 휘하 병력도 350명으로 늘어났다. 그는
지난번 승리를 거둔 곳에서 멀지 않은 장소에 조잡한 요새를 차리고 주
몽빌의 복수를 하기 위해 포트 듀케인에서 몰려오고 있는 프랑스군을 맞
이할 준비를 했다. 그러나 워싱턴이 너세서티 요새를 만들기 위해 선택

한 장소는 그의 경험 부족을 여지없이 드러냈다. 요새는 삼면이 나무 언덕으로 둘러싸인 강바닥 위에 자리잡았다. 덕분에 적군은 지반이 높은 곳을 차지할 수 있었고, 워싱턴의 수비를 수월하게 돌파할 수 있는 안전한 위치를 점유했다. 1754년 7월 3일 아침, 프랑스군 700명은 너세서티 요새를 포위했다. 워싱턴의 상황은 절망적이었다. 그리고 그는 결국 항복했다.

프랑스군은 워싱턴이 군대를 이끌고 버지니아로 돌아가게 해주었다. 단, 1년 동안 오하이오 지역에 영국 요새를 새로 짓지 않겠다는 포기 각서에 서명하고, 주몽빌의 암살을 시인하는 조건이었다. 마지막 조항 때문에 그는 버지니아로 돌아왔을 때 상당히 낯부끄러웠다. 그는 암살을 뜻하는 프랑스어를 몰랐으며, 의미를 알았다면 서명하지 않았을 거라고 주장했다.

하지만 이런 굴욕적인 패배도 버지니아에서 점점 드높아지고 있는 워싱턴의 명성에 먹칠을 하지는 못했다. 무시당하는 느낌에 몹시 예민했던 그는 식민지 장교들의 급료 지급과 관련된 논쟁으로 인해 사령관 자리를 반납했다. 이 일에는 영국 정부가 워싱턴의 위치를 정규군 사령관과 동등하게 생각하지 않는다는 사실도 한 몫을 했다. 그러나 1775년 2월, 에드워드 브래독 장군과 영국 정규군이 포트 듀케인과 전투를 벌이려고 버지니아에 왔을 때, 그는 전쟁터의 영광이 유혹하는 소리를 외면할 수 없었다. 그는 브래독에게 한자리 맡겨달라고 부탁했다. 브래독 장군은 그에게 명예 대령 지위를 하사하고 자기를 보조하는 역할을 맡겼다. 워싱턴은 기꺼이 받아들였다. 그는 펜실베이니아 진격 전술과 미국군의 특성 및 전투 시 유리한 점 등과 관련하여 브래독과 자주 말다툼을 했지만, 브래독은 이 다혈질 젊은이를 괜찮게 생각했고, 그 신뢰는 결국 옳은 것으로 드러났다.

워싱턴은 브래독에게 이동할 군대의 열을 따로 나누고, 선발대를 미리 보내 프랑스군을 상대하자고 했지만, 결과는 좋지 않았다. 하지만 이 불행은 워싱턴의 용기와 침착함을 생생하게 보여주는 첫번째 사례가 되었다. 프랑스와 인디언 연합군 900명은 브래독의 군대가 모농가헬라 강을 건너기를 기다리며 매복하고 있었다. 설사병 때문에 몸이 좋지 않았던 워싱턴은 처음에는 본군 후방에 있었으나 싸움이 시작되자 마차를 타고 브래독이 있는 전방으로 이동했다. 전투는 끔찍했다. 소규모 영국군은 즉시 제압당했고 누구보다 용감했던 브래독은 치명상을 입었다.

워싱턴은 불편한 몸 상태에도 불구하고 대담하게 투지를 불태웠다. 처음에 그는 브래독과 함께 겁먹은 병사들을 집결시키려고 했다. 그러나 아무리 노력해도 패배를 면할 길이 없어 보이자, 다시 후방으로 돌아가 버지니아 민병대를 몰고 와서 프랑스군의 측면을 공격했다. 위험을 겁내지 않는 워싱턴의 행동은 매우 훌륭했다. 그는 총알이 빗발치는 아수라장에서 절도 있게 명령을 내렸다. 워싱턴의 말 두 마리가 총에 맞았고, 머스켓 총탄 4발이 워싱턴의 외투를 뚫었다. 그는 피를 철철 흘리며 마지막 숨을 거두는 브래독 장군을 지켜보았다. 워싱턴의 노력으로 그나마 후퇴하는 대열을 정리하여 가까스로 전멸만은 막을 수 있었다. 그는 이 노력을 인정받아 버지니아 군대의 총사령관으로 임명되었다.

이후 몇 년간 워싱턴은 슬럼프를 겪었다. 전쟁에서 거의 눈의 띄는 행적을 보이지 못했다. 게다가 자신의 위치를 무시하는 영국 정규군의 결례라든가 부당하게 명예를 훼손하는 처사를 참아낼 수 없었다. 그는 끊임없이 그리고 강력하게 상부에 불평을 제기했으며 자기 밑에서 일하는 사람들의 능력과 성품을 비판했다. 상관 중에서도 자격이 없다고 생각하는 영국 장교들은 가차없이 비판했다. 워싱턴을 후원하는 딘위디 총독도 예외는 아니었다. 신사의 태도라고 하기에는 이해가 가지 않는 배은망덕한 행동이었다. 전쟁이 거의 끝나갈 무렵, 그는 다른 부대를 데리고 포트 듀케인으로 갔다. 여기서 워싱턴은 또 한 번 명예로운 기회를 놓치는 좌절을 맛보았다. 영국군이 도착하기 전에, 프랑스군이 요새를 싹 비우고 불살라버렸기 때문이다. 그는 1759년 준장 계급으로 식민지 군대에서 전역하고 버지니아 주 의회의 하원의원이 되었다. 엄청나게 부유한 미망인 마사 댄드리지 커스티스와 결혼도 했다. 아내의 지참금 덕분에 버지니아 사회의 부유하고 명망 있는 사람들 틈에 낄 수 있었다.

이 시기의 워싱턴은 아직까지 다스리지 못한, 좋지 않은 성질을 간간히 드러내고 있었다. 그러나 어느 정도 매력적인 평판을 얻는 데는 성공했다. 사람들은 그를 눈에 띄게 용맹하고 능력 있는 사령관, 상당한 장점을 가진 사람으로 평가했다. 워싱턴은 어떤 업적보다도 평판을 중하게 생각했고 비판에는 지나치게 민감했다. 뛰어난 용기와 능력 덕분에 월계관을 썼는데도 자기를 멸시하는 사람들이 있다고 생각하며 늘 불안해 했다. 때때로 자신을 억제하지 못하고, 자기 공적과 인격을 지나치게 그리고 불필요하게 변호했다. 그러나 좋은 평판에 급급한 나머지, 불평불만만 일삼았던 사람은 아니다. 그는 자기를 발전시키기 위해 쉬지 않고 노력했으며 자신을 너무 잘 알았던 그는 열정을 통제해야 한다고 생각했다. 그리고 전투에서 보여주었던 것과 같은 불굴의 결단력으로 젊은 시절부터 온갖 도전에 몸을 던지곤 했다.

또다시 군복을 입었을 때, 워싱턴은 예전처럼 사소한 모욕에 크게 상처받는 사람이 아니었다. 여전히 비난에 무심하지는 못했지만, 이제 그 결과로 자기 평판이 나빠지리라는 걱정에 밤잠을 설치지는 않았다. 그는 인격으로 약점을 극복했다. 그는 완벽한 신사가 될 사람이었다. 워싱턴 자신도 인식하고 있듯이, 그의 운명은 조국과 한 배를 타고 있었다.

워싱턴이 11살 때 아버지가 돌아가셨다. 워싱턴과 어머니의 관계는 별로 좋지 못했다. 그는 형 오거스틴과 로렌스 손에 자랐고, 특히 로렌스와 가까웠다. 로렌스는 죽으면서 동생 워싱턴에게 마운트 버농 포토맥 제방에 있는 땅을 물려주었다. 워싱턴은 결혼 후에 이 땅을 엄청나게 불리고 개발했다. 워싱턴은 형들의 보살핌과 애정을 많이 받았지만 아버지의 빈자리를 크게 느꼈으며 자신에게 부족한 점이 많다고 생각했다. 실질적인 자산이 없었고 공식 교육도 거의 받지 못했으며, 대토지를 소유한 귀족계급에 비해 버지니아 주의 정계에서 차지하는 위치가 턱없이 미약했다. 그러나 그는 자기만의 장점과 끈기로 정계에서 꼭 인정을 받겠다고 결심했다. 단 한 시간을 낭비하는 것도 그는 용납하지 않았다.

그는 14살 때 품행과 성격을 통제하기 위한 원칙을 공책에 기록했다. '사교와 대화의 예절 및 품위 있는 행동에 대한 110가지 규칙'이었다. 지금 우리가 보기에 우습기도 하고 구식인 항목도 있다. 예를 들면 "불에 침을 뱉지 않는다. 특히 그 안에 고기가 있을 때는 그러면 안 된다. 이야기를 나눌 때는 침이 튀지 않도록 너무 가까이 있지 않는다. 다른 사람이 보는 앞에서 벼룩, 이, 진드기 등과 같은 해충을 죽이지 않는다" 등이 그것이다. 그러나 이 중에는 좋은 인격과 명예를 위해 제법 진지한 고민의 흔적도 보인다. 아마 110가지 중 첫번째와 마지막 항목이 워싱턴에게는 가장 중요한 문제였을 것이다. 그 두 가지는 이것이다.

"다른 사람과 함께 일할 때는 언제나 존경을 표시해야 한다." "가슴 속에 양심이라 불리는 하늘의 작은 불을 항상 밝혀 두려고 노력한다."

워싱턴은 누구도 의심하지 않는 품위를 지닌 사람이 되고 싶었다. 그리고 그 품위가 행동과 외모와 성격에 물리적으로 표현되도록 항상 노력했다. 타고난 조건도 이러한 노력에 상당히 도움이 되었다. 그는 180센티미터가 넘는 장신이었다. 당시 보통 사람들보다 머리 하나는 더 컸다. 그의 신체적인 위용은 압도적이었으며 군더더기 없는 근육질에 힘이 남달랐다. 자세는 흠잡을 데 없이 곧으면서도 딱딱하지 않고 우아했다. 말 타는 모습도 완벽했다. 안장 위에서 조지 워싱턴보다 더 멋있어 보이는 사람은 없었다. 그는 세련되게 춤추는 법을 배웠고, 항상 깔끔하고 멋지게 옷을 입었지만 튀지 않았다. 그를 흠모하는 한 사람은 그가 풍기는 분위기에 감탄해서 이렇게 말했다.

"그의 곁에 있으면 유럽의 어느 나라 왕도 시종처럼 보일 것이다."

워싱턴은 의식적으로 자신을 다듬고 처신에 주의했다. 세간에 좋은 이미지를 심어주기 위해 기품 있게 행동했고 누구에게든지 어느 때든지 예의를 지켰다. 그리고 어떤 경우든 오만방자하지 않으려고 신중을 기했다. 그러나 워싱턴은 다른 사람들과 거리를 두고 냉정한 태도를 유지했다. 동료들이 흥분해서 언쟁을 벌일 때는 이해할 수 없는 침묵으로 일관했다. 한 지인은 워싱턴이 표정에 느낌을 드러낼 때가 많다고 지적했지만 그는 부정했다.

"그렇지 않습니다. 저는 생각을 표정으로 드러내는 법이 절대 없습니다."

그는 자신의 장점과 더불어 단점도 잘 알고 있었지만, 인간의 본성은 개선될 수 있다고 믿었다. 완성될 수는 없을지 몰라도 처음 태어났을 때 지녔던 가능성보다 훨씬 더 완벽에 가까워질 수 있으리라 생각했다.

전쟁을 하지 않는 동안, 워싱턴은 부유하고 영향력 있는 사람이 되었다. 그는 농장주 생활과 신사로서의 삶, 신중하고 공정하게 영지를 관리하는 일, 여우 사냥, 장시간 동안의 승마, 정성껏 마련한 음식과 고급 와인을 들며 즐거운 대화를 나누고 사람을 사귀는 일, 베란다에 서서 메릴랜드 언덕 위로 태양이 떠오르는 장면을 보는 것 등을 좋아했다. 그러나 그는 자신이 좋아하는 일들을 오랫동안 하지 못했다.

그는 오래 전부터 영국이 미국 식민지를 대하는 거만한 태도를 증오해 왔다. 미국의 무역과 서부 개척을 제지하는 정책도 못마땅했다. 영국 의회가 보스턴을 제압하기 위해 군대를 보내서 식민지를 통제하려고 했을 때, 그는 미국의 독립을 위해 자기 재산과 명예를 저당 잡혔다.

그가 대륙군 사령관으로 임명된 것은 당연했다. 워싱턴은 그 자리에 어울리는 적임자였을 뿐 아니라, 사실상 그 말고는 사람도 없었다. 8년 간 지속된 싸움의 여파로 병력이 현저히 줄고, 장비가 변변치 않으며, 준비도 허술한 군대를 이끌 능력이 있는 사람은 그밖에 없었다. 그는 반복되는 패배에도 살아남아 전장을 끝까지 지키고, 적의 의지를 말살해 승리를 거둘 유일한 사람이었다. 그렇게 하기 위해 필요한 의지로는 그를 따라올 사람이 없었다. 워싱턴의 군대가 혹독한 겨울 날씨를 견디며 밸리 포지와 모리스타운 등지에서 패배와 승리를 거듭하는 동안, 의회와 대중은 필요한 지원을 해 주기는커녕 조롱과 비난을 퍼부었다. 복무 기간이 끝난 병사들이 끊임없이 군대를 떠나는 바람에 항상 병력이 모자랐고, 실망스러운 일과 배신이 난무했다. 하지만 그들은 역경을 이겨냈다. 워싱턴은 자기 자신은 물론, 굶주리고 헐벗고 무기도 변변히 없는 병사들의 의지를 북돋웠다. 그리고 국민들에게 조금만 더 힘을 내달라고 호소했다. 요크타운에서 승리의 기회가 보일 때까지 이러한 격려를 멈추지 않았다. 마침내 기회가 왔고, 그는 그 기회를 놓치지 않았다.

워싱턴이 자신의 행동과 인격을 형성하기 위해 발휘한 자제력은 그가 성숙해질수록 더욱 발전했다. 그 영향을 받은 워싱턴의 판단력과 리더십 덕분에 미국은 많은 이익을 얻었다. 비판에 민감했던 성격, 군인의 영광을 꿈꾸던 열정, 성급한 기질, 강렬한 명예욕 등에 사로잡혀 판단력을 되찾지 못했더라면 미국은 영원히 실패했을 것이다.

그는 브룩클린과 맨해튼에서 안타깝게 패배한 후, 상대적으로 우월한 영국군과 전면전을 피해야 함을 깨달았다. 아무리 먹음직스런 기회가 눈앞에 있어도 확실하게 유리한 상황이 아니라면 참아야 했다. 그는 승리를 얻는 길이 멀고 험하다는 것을 알았다. 그 과정에 수많은 시련과 고난이 있으리라 각오했다. 그러나 그 길이 아무리 멀어도 군대가 전쟁터에서 밀려나지만 않는다면 승산이 있었다. 그래서 그는 적이 예측하지 못할 때 공격함으로써 적을 귀찮게 만들었다. 작은 교전들을 거듭하면서 이기기도 하고 지기도 했다. 그러나 계속 전진하면서 싸울 수 있었다.

전혀 도움이 되지 않는 의회는 언제나 워싱턴의 기를 꺾으려 들었다. 그들은 식량과 무기를 요청해도 제대로 호응하지 않았고, 훈련받지 못한 단발 민병대 대신 직업 정규군을 키워야 한다는 주장에도 별 반응이 없었다. 그러나 그는 공화국 군대의 장교보다 시민의 대표가 언제나 우선한다는 원칙을 받아들였다. 그리고 한번도 그 태도를 버리지 않았다.

그는 궁극적으로 대의를 이루기 위해서는 프랑스의 도움이 절실하다는 것을 알았다. 프랑스 함대의 도착이 계속 지연되자 워싱턴은 초조해졌다. 그러나 프랑스군이 아예 오지 않을 수도 있기 때문에 그는 분노를 자제하고 밖으로 드러내지 않았다.

독립전쟁이 끝나자 급료를 받지 못한 대륙군 병사들이 폭동을 일으키려 했다. 몇몇 장교와 일부 의원들이 의회의 권위를 박탈하고 워싱턴을 리더로 세우려는 쿠데타 음모를 꾸미는 중이었다. 이때 워싱턴은 그의 평생에서 가장 신중하고 설득력 있는 홍보 전략을 펼쳐보였다. 1783년 3월 16일 뉴욕 주 뉴버그에서 워싱턴은 장교들에게 연설을 했다. 모인 사람들 중 일부는 음모에 개입되어 있었고 뉴버그에는 군대가 주둔해 있었다. 이러한 상황에서 그는 가장 완전하고 적절하게 품위 있는 행동을 보여주었다.

그는 겸손하고 침착한 태도로 천천히 연단을 향해 걸어갔다. 그리고 자신의 외투 주머니에서 미리 작성해 온 연설문을 꺼냈다. 어둡고 길었던 전쟁 기간 동안 목숨과 재산의 위협을 무릅쓰면서 그의 곁에서 싸워 준 사람들에게 진실한 감사를 표했다. 그리고 항상 그들을 존경하며 보호할 것이라고 말했다. 그러나 사람들에게 진한 감동을 준 것은 그의 연설보다도 그가 종이를 읽기 전에 보여준 작은 행동이었다. 그는 잠시 동안 자기 앞에 놓인 종이를 물끄러미 바라보고 있다가, 조끼 주머니에서 안경을 꺼냈다. 전에는 누구도 그가 안경 쓴 모습을 본 적이 없었다. 그는 안경을 쓰고 무장한 형제들을 바라보며 사과했다.

"신사 여러분, 제가 안경을 쓰는 것을 용서해 주기 바랍니다. 저는 이제 늙었을 뿐 아니라 나라에 봉사하느라 거의 장님이 되었답니다."

분명히 워싱턴은 철저한 계산 하에 이렇게 행동했을 것이다. 평생 위험과 희생 속에 살아온 존귀한 존재로서 자신의 덕스러운 겸손과 고귀한 이타정신을 슬쩍 내비쳤다. 이를 본 장교들은 마음이 풀어져버리면서 흐느끼기 시작했다. 당시 연설 장소에 있었던 새뮤얼 쇼 소령은 이렇게 기록했다.

"어떤 박식한 연설보다도 훌륭했던 그의 호소에는 자연스럽고 진실한 점이 있었다. 그것이 사람들의 마음을 열었고 눈물을 흘리게 만들었다."

워싱턴이 나폴레옹 역할을 거절했기 때문에 뉴버그 음모는 무산되었다. 워싱턴의 야심과 명예욕도 조국에 봉사하면서 발휘했던 의지 앞에 굴복했다. 1783년 11월 그는 뉴욕 시 프라운스 테이번에서 모두에게 슬픈 작별을 고했다. 다음 달 애너폴리스 의회에 칼과 직위를 반납한 후 마운트 버농으로 돌아왔다. 그리고 얼마 후 필라델피아에서 열린 제헌회의에 의장으로 추대되었다. 제헌회의는 좀더 완벽한 단결을 꾀하고 연방 정부를 구성하기 위한 회의였다. 워싱턴은 연방 정부가 반드시 필요하다고 보았다. 연방 정부가 없다면 미국은 끝없이 다투는 주들 때문에 분열할 수밖에 없고, 협소한 사익만을 무모하게 추구하는 나라가 될 것이었다. 조지 워싱턴은 만장일치로 새 공화국의 초대 대통령이 되었고 재신임에도 성공했다. 그리고 대통령이 된 후 강하고 안정적인 정부를 만들기 위해 자신의 원칙을 적용하고 모범을 보였다. 그리고 프랑스와 영국의 전쟁 위협으로부터 미국을 지켜내었다.

워싱턴은 두번째 임기가 끝난 후 원한다면 다시 대통령을 할 수도 있었지만, 자진해서 은퇴했다. 이 역시 또 다른 선례였고, 국민들에게 인격에 대한 교훈을 남겼다. 미국에는 왕이 없다. 국민들이 나라를 통치한다.

그러나 자유란 이름으로 자신에게 방종을 허락해서는 안 된다. 프랑스 혁명이 극단적인 예가 될 수 있다. 프랑스 혁명의 자유, 평등, 박애의 명분은 엄청난 혼란을 초래했고 단두대의 잔인함으로 전락했다. 그리고 결국 또 다른 독재자의 품에 안착했다.

워싱턴은 자신의 본성은 물론 국민들의 본성을 이해했다. 그는 모든 사람에게는 결함이 있으며, 항상 통제되지 않은 욕심의 위험을 경계해야 한다고 생각했다. 신생국가에 필요한 리더는 비범한 품위와 지혜와 이타 정신이 있어야 한다고 생각했고, 인품 못지않게 외모도 그 역할에 부합해야 한다고 여겼다. 그리하여 그는 부단히 자제하면서 누구보다도 훌륭하게 자신의 역할을 수행했다.

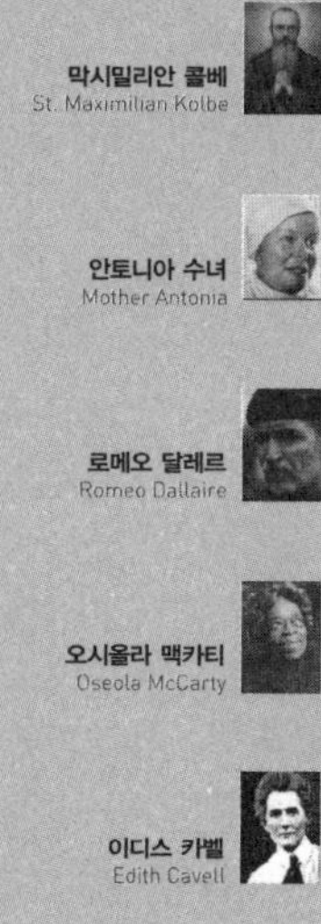

막시밀리안 콜베
St. Maximilian Kolbe

안토니아 수녀
Mother Antonia

로메오 달레르
Romeo Dallaire

오시올라 맥카티
Oseola McCarty

이디스 카벨
Edith Cavell

희 생

—

사랑의 첫 번째 계명, 먼저 희생하라

그의 얼굴에는 뭔가 신비로운 구석이 있다. 그의 시선은 사람을 꿰뚫어 보는 듯하다. 젊은 가톨릭 신학생, 중년의 사제, 흰 수염을 길게 기르고 시련 때문에 늙어버린 예언자 같은 모습의 노인. 각각의 사진들은 보는 이의 시선을 끌어들여 상상의 나래를 펼치게 한다. 그는 수줍어하지 않고 카메라 렌즈를 똑바로 바라보지만 오만해 보이지는 않는다. 그런 느낌을 무엇이라 표현할 수 있을까? 의연함이랄까, 평온함이랄까, 아니면 총명함이라 해야 할까? 그는 잘 생긴 얼굴이다. 그러나 그의 수려함은 골격이 아니라 인격으로 인한 것이다. 두 눈은 빛에 반사되는 것이 아니라, 마치 뒤에서 광선을 쏘는 듯 매혹적이다. 표정에 배어 있는 희미한 미소는 모나리자의 미소처럼 심오하다. 비밀을 간직하고 있는 듯한 그 미소는 진지함을 흐리지 않고 오히려 활기차다. 거듭 말하지만 전체적인 인상에서 빛이 난다. 순수한 호기심으로 그를 보면 깊이 품은 열정을 느낄 수 있다. 그러나 언뜻 보기에는 신성해 보이면서도, 한편 난해한 물리 법칙을 연구하는 과학자나 여름 정원의 아름다움에 집착하는 예술가처럼 더없이 세속적으로 보이기도 한다. 그를 신봉하는 자들에게 그의 얼굴은 아름다움 자체이고, 신비는 더 이상 신비가 아니다. 그것은 계시다.

거친 소년이었던 그는 가난하고 헌신적인 부모의 걱정거리였지만, 성모 마리아의 뜻이 그를 신앙의 길로 인도했고 사제로 만들었다. 성모는 그에게 왕관 두 개를 보여주었다. 하나는 순결의 왕관, 다른 하나는 순교의 왕관이었다. 그는 두 가지를 다 갖겠다고 했다. 그는 아주 어릴 때부터 항상 '원죄 없는 순결함'을 원했다고 회상한다. 그는 신학교 시절 제단 앞에 엎드려 '성모를 위해 싸우겠노라' 맹세했다.

콜베의 종교 신앙에 불을 붙였던 열정은 애국심에도 활기를 주었다. 그는 1894년에 태어났다. 그의 나라 폴란드는 지리적인 위치 이상의 의미가 없었다. 폴란드는 강한 이웃 독일, 오스트리아, 러시아의 침입을 받아 주권을 잃었다. 젊은 시절 그는 전쟁터에 나가 조국 폴란드에서 외국 압제자를 몰아내고, 성모 마리아를 경외하는 신앙이 수입 문화로 더렵혀지지 않도록 보호할 운명을 타고났다고 생각했다.

콜베의 경건한 부모 줄리어스와 마리아는 천을 짜서 생계를 이었다. 그러나 언젠가는 교회에 헌신할 소망을 갖고 있었다. 세 아들 모두 폴란드 르보브의 프란체스코 주니어 신학교에 들어갔다. 둘째 아들 레이먼드는 특히 수학과 물리학에 뛰어난 재능을 보였다. 이윽고 부모는 종교에 귀의하겠다는 뜻을 굳혔다. 레이먼드 또한 군인이 되고 싶은 열망을 포기하는 쪽으로 마음이 정해지고 있었다. 그는 속세의 전쟁 대신 영적인 전쟁에서 싸워야 했다. 그는 조국이 아니라 동포의 영혼을 해방시켜야 했다. 그는 1910년 프란체스코 수도회의 견습 수사가 되었고 막시밀리 안이란 이름을 얻었다. 8년 후, 그는 사제 서품을 받았고 새 이름의 가운 데에 성모의 이름인 마리아를 집어넣었다.

그는 특별한 학생이었다. 1912년부터 1919년까지 로마에 있는 프란 체스코 수도회 전문대학과 예수회 그레고리안 대학교를 다니며 신학과 철학을 공부했고, 두 분야의 박사 학위를 받았다. 신학생 시절 로마에서 프리메이슨(자유, 개인, 합리주의 색채를 띤 국제적 규모의 민간단체)이 가톨릭 교회와 대립하는 것을 목격한 콜베는 그들의 신앙이 공격당하지 않도록 종교 단체를 만들겠다고 맹세했다. 그리고 다른 신학생들과 함께 '원죄 없는 마리아의 십자군'인 '순결한 자들의 군대'를 만들었다. 이 단체는 성모 마리아를 매개로 한 그리스도 신앙으로 '죄인과 이단자와 분리론 자, 특히 프리메이슨을 개종'시키기 위한 목적을 표방했다.

막시밀리안은 성전을 준비하는 동안 첫 시련에 봉착했다.

"어느 날 나는 축구를 하다가 갑자기 출혈했다. 입에서 피가 줄줄 나오 는 것이 느껴졌다. 나는 들것에 실려 잔디 위로 옮겨졌다. 나는 여러 번 피를 뱉었다." 그는 결핵이었고 평생 여러 가지 질병으로 고통 받았다. 그러나 만성적인 질병도 그의 성스러운 목적을 가로막지는 못했다.

폐 한쪽이 망가지고 다른 한쪽도 심하게 손상된 채, 1919년 그는 폴란 드로 돌아와 신학을 가르치기 시작했다. 폴란드는 제1차 세계대전이 끝 난 후 외세 침입에서 벗어났다. 그는 해방의 기쁨을 누리며 성모 마리아 에게 영광을 돌렸다. 그리고 순결한 자들의 군대를 확장하는 데 전력을 기울였다. 폴란드 내 지부를 설립하고 월보 「순결한 자들의 기사(*Knight of the Immaculate*)」도 발행했다. 그는 성모 마리아가 '모든 폴란드인에게 마음의 여왕'이 되길 원했다. 몇 년 후 「순결한 자들의 기사」는 수십만 명의 폴란드 신자에게 배포되었고, 막시밀리안이 만든 조직은 그가 거주하는 작은 수도원 공간이 감당할 수 없을 정도로 커졌다.

그는 바르샤바 근처에 새로운 수도원인 '순결한 자들의 도시'를 세우기로 결심했다.

"우리는 성 프랜시스의 정신으로 순종을 실천하고 가난하게 살아갈 것입니다."

이 수도원은 빠른 속도로 번성하여, 10년도 채 지나기 전에 세계에서 가장 큰 수도원 중 한 곳이 되었다. 수백 명의 수사와 사제, 신학생들이 여기에 모여 살았다. 1930년 무렵, 순결한 자들의 군대 출판국은 매월 75만 부나 되는 「순결한 자들의 기사」를 찍어냈다. 대중적인 일간신문도 발행하기 시작했다. 콜베가 의도했던 대로 이 조직은 나라 전체에 중요한 영향력을 미치고 있었다. 상당 부분 출판물과 전도에 힘입은 결과였다. 많은 폴란드 사람들이 사회 계층을 막론하고 독실한 신자가 되었고 성모 마리아에게 헌신했다. 그러나 막시밀리안은 한 시도 쉬지 않는 신앙인이었다. 그는 질병과 싸우는 악조건에서도 엄청난 성공을 거두었고, 이후로도 계속 힘닿는 한 더 많은 영혼을 그리스도 앞으로 인도하려는 노력을 멈추지 않았다. 그리고 오래 전 순교의 사명을 받아들이기로 성모 마리아에게 약속했던 일도 잊지 않았다. 그는 1930년 폴란드를 떠나 극동 지방으로 갔다. 여기에는 새로운 전환점과 순교의 운명이 그를 기다리고 있었다.

그는 일본 나가사키에 프란체스코 수도원과 신학교를 설립했다. 그들은 엄청난 빈곤에 시달리며 살았다. 일본어는 전혀 할 줄 몰랐고 현지인의 의심과 적의를 온 몸으로 받아내야 했다. 그러나 수도원은 나날이 번창했다. 그는 일본어로 「순결한 자들의 기사」를 발행했다. 덕분에 폴란드에서의 성공과 거의 맞먹는 성과를 이루었다. 그는 지혜로웠기 때문에 일본의 관습을 서구식으로 바꾸려고 하지 않았다. 그러나 그들을 개종시키려고 노력했다. 그는 불교 승려들을 존중했고 그들과 친구가 되었다.

건강은 점점 악화되었지만 열정은 조금도 식지 않았다.

"우리는 온 세계를 껴안을 것입니다."

그는 새로운 수도원을 설립하려고 인도와 시베리아로 갔다가 다시 일본에 돌아왔다. 1936년 무렵 폴란드로 돌아왔을 때는 병이 심해졌다. 그가 나가사키에 설립한 수도원은 1945년 핵폭탄 투하에도 살아남았고, 지금까지 일본의 중심적인 프란체스코 수도원으로 활동하고 있다. 그는 극심한 두통에 시달렸으며 온몸은 종기투성이였다. 하지만 그는 각오하고 있던 죽음을 피했다는 데 더 놀랐다. 그러나 순교가 다가오고 있음을 느낄 수 있었다. 그는 기꺼이 순교당할 준비가 되어 있었다.

폴란드의 짧았던 독립은 1939년 나치 독일의 침공으로 끝났다. 제2차 세계대전이 시작되었다. 독일군은 콜베 신부의 수도원, '순결한 자들의 도시'를 점령했다. 콜베 신부를 포함하여 그곳에서 살고 있던 사제와 수사들은 체포되어 같은 해 9월 독일로 이송되었다. 그들은 두 달 후 풀려났다. 때마침 처녀 수태 축일에 맞춰 돌아와 다시 선교를 시작했다. 그들은 계속해서 매월 「순결한 자들의 기사」와 다른 간행물을 인쇄했다. 이 중에는 나치의 사상에 배치되는 것들도 있었다. 그들은 폴란드 난민을 위해 쉼터와 병원을 설립했다. 난민은 수천 명에 이르렀는데, 대다수는 유대인이었다. 콜베 신부는 나치 통치에 대한 직접적인 도전으로 「순결한 자들의 기사」에 자신의 설교를 게재했다.

"진정한 갈등은 내적 갈등이다. 점령군이나 집단수용소가 아니더라도, 모든 영혼의 깊은 곳에는 절대 화해하지 못하는 두 적이 있다. 바로 선과 악, 죄와 사랑이다. 우리가 내면의 자아에 대해 승리할 수 있다면 전장에서 승리하고 안 하고는 중요하지 않다."

1941년 2월 게슈타포는 수도원의 인쇄기를 압수하고 콜베 신부와 수사들을 체포했다. 이때 콜베는 수사들에게 다음과 같이 말했다.

"용기를 가지세요. 우리는 임무를 완수하러 가는 겁니다."

그는 처음에 바르샤바 감옥에 있었다. 한 나치 간수는 검은 사제복을 입고 있는 이 작은 신부가 다른 수감자를 전도하려고 애쓰는 모습을 보았다. 그는 콜베 신부를 불러 그리스도를 믿느냐고 물었다. "예, 그렇습니다"라고 콜베 신부가 대답했다. 그러자 간수는 신부를 때렸다. 그리고 다시 물었다. "그리스도를 믿나?" "예, 그렇습니다" 그는 또 얻어맞았다. 몇 차례 더 질문해도 대답은 변하지 않았다. 그는 "예, 그렇습니다"라고 대답할 때마다 매를 맞았다.

5월 콜베 신부는 아우슈비츠로 이송되었다. 죄수들이 입는 것 같은 줄무늬 옷을 입었고 몸에 16670이라는 죄수 번호 문신이 새겨졌다. 그는 어머니에게 편지를 써서 자기가 있는 곳을 알리고 건강은 걱정하지 말라고 했다.

"선한 하나님은 어디든지 계시고 사랑으로 모든 것을 보살펴주시니까요. 어머니께선 제게 편지를 쓰시지 않는 게 좋겠어요. 제가 여기 얼마나 있을지 모릅니다.”

한쪽 폐가 못 쓰게 되었고 건강이 악화되었는데도 그는 고된 노동을
해야 했다. 가장 악랄한 간수들이 그를 감시했다. 그들의 사악한 마음에
서 무슨 일이 벌어지는지는 자신만이 알 노릇이지만, 겉보기에는 허약한
사제에게 특히 더 강렬한 증오를 느끼는 듯했다. 아마 증오란 걸 모르는
그의 모습이 그들을 더 부끄럽게 만들고 자신들의 잔인함을 나무라는 듯
느껴졌기 때문일 것이다. 그는 화장터 건축 공사장에서 무거운 석회석을
가득 실은 수레를 끌었다. 게다가 수레를 끌면서 달려야 했다. 빨리 달릴
수가 없었기 때문에 잔인하게 매를 맞았다. 간수들은 그에게 개를 풀기
도 했다. 그는 공격을 받으면서도 소리 한번 지르지 않았다. 대신 조용히
억압하는 자들을 위해 기도했다. 다른 수감자들이 그를 도와주려고 하면
만류했다.

“나 때문에 위험해질 필요 없어요. 성모님께서 제게 힘을 주신답니다.”

나중에는 나무를 잘라서 옮기는 일을 했는데, 이때도 속도가 느려서
걸핏하면 매를 맞았다. 하루는 크롯이라는 이름의 간수가 콜베 신부의
등에 어마어마한 무게의 통나무를 얹고는 달리라고 명령했다. 신부는 쓰
러졌다. 크롯은 악랄하게 여러 번 그를 발로 차고 채찍질을 했다. 그는
진흙 속에 처박혀 의식을 잃었다. 사람들이 그를 수용소의 의무실로 옮
겼다. 하지만 그는 다른 환자들보다 먼저 치료를 받지 않겠다고 고집을
부렸다.

그는 끔찍한 일을 겪으면서도 몰래 신부의 임무를 수행했다. 고해성사
를 들어주고 사랑과 용서에 대해 설교하며, 병자와 죽어가는 자를 축복
하고 기도해 주었다. 앞이 보이지 않을 정도로 배가 고픈 수감자들이 줄

을 무시하고 서로 밀치며 싸울 때, 콜베 신부는 그 보잘것없는 빵과 수프를 다른 사람이 모두 받아갈 때까지 조용히 기다렸다. 그의 차례가 되면 음식이 남아 있지 않을 때도 많았고, 자기 몫의 쥐꼬리만한 음식마저 다른 사람들과 나누어 먹었다. 그 극심한 공포와 고문 지옥에서 사람들이 기억하는 콜베 신부는 단 한 번도 신앙에 회의를 느끼거나 남을 위해 사랑과 구제를 베풀기를 게을리 하지 않는 사람이었다. 한 수감자는 생존하기 위해 서로 싸우는 이런 상황에서 어쩌면 그렇게 한결같이 자기 생명보다 남의 생명을 중히 여길 수 있느냐고 물었다. 그는 대답했다.

"사람은 누구나 삶의 목적이 있지요. 대부분은 아내와 가족이 있는 집으로 혹은 어머니의 품으로 돌아가는 것이 목적일 거예요. 제 경우에는 모든 사람을 위하여 삶을 바치는 것이 목적이랍니다."

그는 때때로 화장터의 시체들을 운반하는 괴로운 일을 배정받았다. 그가 엄청난 짐을 지고 다른 수감자들 앞을 지나갈 때면, "성모 마리아님, 저희를 위해 기도해 주소서"라고 중얼거리는 소리가 들렸다. 그는 감방에 새로 온 수감자들에게 가서 말했다.

"저는 가톨릭 신부입니다. 제가 도울 일이 있으면 뭐든지 말씀하세요."

사람들은 밤에 그의 침대로 기어와 격려를 부탁하거나 왜 그들이 이런 고통을 받아야 하는지 설명해 달라고 했다. 콜베 신부는 그들에게 압제자를 미워하지 말라고 말했다. 그 대신 선함으로 그들의 악함을 꾸짖으라고 권면했다.

"증오는 아무 도움이 되지 않습니다. 오직 사랑만이 창조적입니다."

사람들은 그를 '작은 신부님'이라고 불렀다.

수용소 총책임자인 '도살자' 칼 프리치는 별명과 직책으로 알 수 있듯,

상상을 초월하는 잔혹한 사람이었다. 그는 수감자들이 2주일도 버티기 어려울 만큼 난폭하고 혹독하게 다루라고 명령했다. 그는 탈출을 저지하기 위해 한 사람이 탈출 시도를 할 때마다 열 사람이 죽는다고 경고했다. 그는 악의 화신이었다.

7월의 어느 날, 콜베 신부와 같은 방을 쓰는 한 수감자가 수용소 변소에 빠져죽었다. 아무도 그를 발견하지 못했기 때문에 모두 그가 도망쳤다고 생각했다. 같은 방을 쓰는 수감자 전원이 수용소 마당에 소집되었다. 그들은 뜨거운 햇볕 아래 오랫동안 서 있었다. 사라진 사람이 그날 오후 3시까지 나타나거나 발견되지 않으면 열 사람이 단식 감방으로 끌려가게 된다. 불도 들어오지 않는 지하 감옥에서 발가벗은 채로 이불이나 물이나 음식 없이 천천히 죽어가야 했다. 시간이 지날수록 많은 사람들이 의식을 잃고 쓰러졌다. 배고픔과 태양열 때문에 기력이 약해졌기 때문이다. 프리치는 이윽고 열 사람을 골라냈다. 그 중에 폴란드 레지스탕스 출신인 프란시스젝 가조브니첵이란 사람이 절망하여 소리쳤다.

"저는 불쌍한 아내와 아이들이 있어요. 그들은 어떻게 하란 말입니까!"

인간 백정 프리치는 불행한 열 사람의 외침에도 까딱하지 않은 채, 자기 기분에 따라 죽이고 살릴 수 있는 사람들을 표정 없이 바라보았다. 그의 사전에 자비란 단어는 없었다. 그런데 그가 돌아서려는 찰나, 열 사람에 들지 않은 한 사람이 그를 향해 서둘러 걸어왔다. 그리고 그에게 뭐라 말을 했다. 프리치는 콜베 신부가 한 말을 제대로 알아듣지 못했다. 그래서 옆의 간수에게 물었다.

"이 폴란드 돼지 새끼가 뭐라 그러나?"

콜베 신부는 다시 한번 똑똑히 말했다. 그는 레지스탕스 출신 동료를 가리키며 말했다.

"저는 가톨릭 신부입니다. 제가 저 사람 대신 가게 해주십시오. 저는 늙었습니다. 그에겐 아내와 아이들이 있어요."

다른 사람들은 신부의 말이 나치 백정을 더 화나게 만들 뿐이라고 생각했다. 그는 분명 두 사람 다 지하 감옥으로 보낼 터였다. 그런데 이상한 일이 벌어졌다. 놀랍게도 나치 백정이 멈칫한 듯이 보였다. 그는 한동안 아무 말도 하지 않았고 신부가 한 말을 이해할 수 없다는 듯 작은 신부를 뚫어져라 쳐다보았다. 악의 화신과 사랑의 화신이 만나는 순간이었다. 그는 열등한 종족이라 생각했던 사람에게서 고귀한 이상, 숭고한 박애정신을 발견하고 나서 잠깐 동안이나마 의심에 휩싸였다. 한 생존자는 훗날 그 장면을 이렇게 회고했다.

"놀란 나치 장교는 말이 나오지 않는 것 같았습니다. 잠시 후 그는 손짓을 하며 딱 한 마디를 했죠. 신부님을 데려가라고요."

가조브니첵은 다른 수감자들이 있는 원래 자리로 돌아갔다. 그리고 콜베 신부가 대신 단식 감방으로 끌려갔다.

"저는 신부님께 눈으로 감사할 수밖에 없었습니다." 가조브니첵은 회상했다. "저는 너무 놀라서 무슨 일이 일어나는지도 모르고 서 있었습니다. 그것은 엄청난 일이었어요. 죽기 일보 직전이던 제가 살게 되었고 누군가 저를 위해 목숨을 바치겠다고 했죠. 전혀 모르는 사람이요. 정말 꿈인 듯 멍했어요. 이 이야기는 금세 수용소 전체에 퍼졌어요. 아우슈비츠 역사상 그런 일은 처음이자 마지막이었습니다."

한 생존자는 콜베 신부의 희생이 다른 수감자에게 미친 영향을 다음과 같이 증언했다.

"충격은 희망으로 바뀌었고 새로운 활기와 힘이 생겼어요. 정말이지 어둠 속에서 밝은 빛을 만난 듯했습니다."

희생은 2주일 동안 지속되었다. 단식 감방에서는 울음 한번 들려오지 않았다. 오직 기도하고 성가를 부르는 소리만 들렸다. 점점 그들의 기운이 떨어지면서 기도 소리는 속삭임으로 바뀌었다. 고통은 이루 말로 할 수 없었다. 물이 절실하게 필요했던 수감자들은 무덤의 축축한 벽에 맺힌 물방울을 핥았다. 그리고 자기 오줌을 마셨다. 한 사람씩 서서히 고통 속에 죽어갔다. 그러나 콜베 신부는 묵묵히 기도를 계속했다. 감방에서 시체 치우는 일을 맡았던 어떤 수감자는 콜베 신부가 끝까지 보여준 사랑의 정신을 기억하고 있었다.

"제가 검사하러 갈 때마다 다른 사람들은 거의 바닥에 누워 있었어요. 하지만 콜베 신부님만은 무릎을 꿇거나 방 한가운데 서서 밝은 표정으로 나치 친위대 병사를 바라보고 계셨어요. 그 분은 아무 것도 요구하지 않고 불평도 하지 않았죠. 오히려 다른 사람들을 격려했어요. 사라진 사람이 발견되면 모두 풀려날 수 있을 거라고 하셨어요. 친위대 병사조차도 혀를 내둘렀습니다. '저 신부는 정말 위대한 사람이야. 나는 저런 사람을 본 적이 없어.' 라고요."

2주일 후에는 네 사람만이 남았는데, 의식이 있는 사람은 콜베 신부뿐이었다. 수용소에서 다른 목적을 위해 감방이 필요하게 되었다. 그래서 남아 있는 사람들에게 독극물을 주입하라는 명령이 내려왔다. 콜베 신부에게 제일 마지막으로 독물이 투여되었다. 집행자가 다가오자, 그는 미소를 지었다. 기도를 하고 주사를 맞기 위해 왼쪽 팔을 내밀었다. 그의 시체를 치우러 갔던 수감자는 이렇게 말했다.

"콜베 신부님께서는 눈을 뜬 채로 벽에 기대 앉아 계셨어요. 정말 평온하고 빛나는 표정이셨습니다."

다음날 콜베 신부의 사체가 소각되었는데, 공교롭게도 이 날은 성모 승천 축일이었다. 몇 년 전 콜베 신부는 이렇게 말한 적이 있다.

"저는 이 사역에 제 자신을 완전히 바치고 싶습니다. 그리고 바람이 제 육신의 재를 세상 끝까지 날려 흔적도 없이 사라지게 해주었으면 좋겠습니다."

그는 신과 인류에게 봉사하기 위해 자신을 완전히 바쳤다. 그러나 그는 흔적을 남기고 떠났다. 바람은 세상 곳곳에 그의 추억과 희생과 박애의 교훈을 실어 나르고 있다. 그리고 사랑으로 증오에 맞서는 전쟁을 벌이고 있는 수많은 사람들을 격려한다. 천주교도뿐 아니라 다양한 믿음을 가진 사람들이 그를 성인으로 존경한다. 그와 같이 폴란드 사람인 교황 요한 바오로 2세는 1981년 콜베를 성자의 반열에 올렸고 그를 '곤궁한 시대의 수호성인'으로 명했다. 극한의 절망이 만연해 있던 아우슈비츠에서조차, 그의 희생은 인류에게 힘을 북돋워주었다. 프란시스젝 가조브니첵은 콜베 신부의 희생으로 목숨을 구한 후로부터 53년이나 더 살았고 95살에 죽었다.

"오랫동안 저는 막시밀리안을 생각할 때마다 후회했습니다. 그러나 지금 생각해 보면 그분은 그렇게 행동하실 수밖에 없었다는 점을 이해할 수 있습니다."

자 비

—

자비는 신의 마음과 가장 가까이에 있다

2002년 8월 20일 새벽 2시, 정부기관에서 투입한 헬리콥터들이 투광 조명을 켜고 검은 하늘을 낮게 비행하면서 지상의 밤을 낮처럼 환히 밝히고 있었다. 연방 및 주 경찰 2000여 명이 멕시코 티후아나의 악명 높은 라 메사 교도소 문으로 신속히 들어가는 중이었다. 이 교도소는 일명 '검은 전설'이라 불렸다. 한 시간이 채 못 되어 그들은 경찰 병력과 거의 맞먹는 숫자의 강력범들을 교도소 밖으로 빼내고 수갑을 채워 버스에 태웠다. 그들은 한층 악랄한 새 교도소로 이송될 예정이었다. 라 메사 생활을 그리워하게 될 정도로 악랄한 새 교도소.

그날 아침 날이 밝자마자, 불도저가 교도소 마당을 파헤치더니 엘 푸에블리토를 무너뜨렸다. 엘 푸에블리토는 돈 많은 죄수들의 아내와 자식들이 사는 작은 도시였다. 주택 400여 채와 담배나 DVD 등 잡다한 것을 파는 작은 가게들이 모조리 파괴되었다. 죄수와 함께 살았던 부녀자와 아이들은 티후아나의 부랑자 보호소로 옮겨졌다.

그곳은 위험한 무법천지였다. 엘 푸에블리토의 죄수들은 돈, 폭력, 뇌물, 마약을 기준으로 하여 자기들만의 정의체계를 만들었다. 그들은 크고 작은 집에서 가족들과 살았다. 에어컨 등 최신 가전제품을 갖춘 집에서 사는 사람도 있었다. 범죄조직 보스는 교도소 당국의 도움을 받아 계속 사업체를 관리했다.

4000명에 이르는 다른 죄수들은 라 메사에 남았다. 그들의 처지는 훨씬 비참했다. 라 메사에서는 뭐든지 돈이 들었다. 심지어 감방에도 돈을 내야 했다. 돈이 없으면 감방 밖에서 판자로 밤이슬만 피한 채 자거나 아니면 아예 노천에서 자야 했다. 침대, 담요, 옷, 약 등 대부분의 물건에 가격이 매겨져 있었다. 재수가 없는 사람은 정기적으로 간수나 다른 죄수들의 밥이 되었다. 때리는 건 기본이고 여러 가지 종류로 괴롭혔고 죽이기도 다반사였다. 멕시코에는 사형이나 종신형이 없지만 사소한 범죄도 형기가 길기로 악명 높은 나라다. 경찰 부패가 만연해 있고, 죄 한 번짓지 않은 운수 나쁜 사람들이 추악하고 난폭한 라 메사에 갇히곤 했다. 라 메사는 정의만큼이나 희망을 찾기 힘든 지옥 그 자체였다.

경찰과 불도저가 철수한 후, 엘 푸에블리토에는 벽돌 조각만 남았다. 부녀자와 아이들은 이송되었다. 남아 있는 죄수들은 씁쓸하게 새로운 환경에 적응해야 했다. 그런데 그들과 함께 남은 여자가 한 명 있었다. 몸집이 작고 병이 들어 쇠약하며 나이 든 그녀는 연한 푸른 눈을 가진 안토니아 수녀였다. 그녀는 평소처럼 잘 다린 깔끔한 수녀복을 입고 있었다.

150센티미터가 조금 넘는 그녀는 일흔다섯 해 동안 시달려온 고통을 느끼며 서 있었다. 숨을 쉬기 어려웠고 기력이 없었다. 그러나 그녀는 고통스러워하는 다른 사람들을 위로하면서 밝은 얼굴로 돌아다니기 시작했다. 사람들을 챙기고 격려하면서 언젠가 라 메사의 문이 그들 앞에 열릴 것이라고 희망을 주었다. 지금까지의 악몽 같은 삶은 뒤로하고 신과 자비의 천사들이 축복하는 새 삶을 시작할 수 있다고 말했다.

그녀는 한 평이 조금 못 되는 분홍색 감방에서 산다. 이 방에는 그녀의 자식과 손자들의 소중한 사진이 있다. 그녀는 방에 쳐놓은 커튼 뒤에서 찬물로 몸을 씻고 산소 탱크 곁에 있는 침대에서 잠을 잔다. 심장이 약해서 숨을 제대로 쉴 수 없기 때문이다.

그녀는 아일랜드 이민자의 딸로 태어났다. 아버지 조지프는 천성적으로 정의감이 투철하고 다정하며 근면한 사람이었다. 조지프는 아기일 때 아버지를 잃고 뉴욕의 가난한 가정에서 자랐다. 그러나 뉴저지 회사에 사무용품 영업을 하면서 일찍이 성공했다. 결혼을 했고 로스앤젤레스로 이사해 보금자리를 꾸몄다. 아내 캐슬린은 네번째 아이를 낳다가 죽었다. 세 살배기 메리와 메리의 오빠, 여동생은 엄마를 잃었다. 대공황으로 생계를 잇기 어려워지자 그는 오만 가지 요상한 일을 닥치는 대로 하면서도 다정하게 아이들을 돌보았다. 그는 십대 아들이 딸린 착한 과부와 재혼했다. 경제가 호전되자 그는 예전 일을 다시 할 수 있게 되었고 또 성공했다. 그는 가족들을 데리고 비벌리 힐스의 큰 집으로 이사했다. 이웃에 영화배우가 사는 동네였다.

메리는 명문 가톨릭 여자 학교에 다녔다. 좋은 식당에서 밥을 먹고 비싼 옷을 입었다. 세련되게 행동했고 비벌리 힐스 컨트리 클럽에서 테니스를 쳤다. 메리는 인기가 좋아서 친구가 많았고 아름다운 아가씨로 잘 자랐다. 사랑스러운 금발, 아담한 체격, 활발한 성격, 매혹적인 푸른 눈은 소년들의 마음을 설레게 했다. 게다가 연예계 관계자들도 관심을 보였다. 그들은 그녀에게 영화 출연을 제의했다.

메리는 아버지를 닮아 정의감과 동정심이 풍부했다. 훗날 불행한 사람들의 고된 삶을 보았을 때 그들에 대한 의무감을 버리지 않았다. 메리의 아버지는 유대인 친구가 많았다. 메리는 그들을 통해 나치에 희생당한 사람들에게 연민을 갖게 된다. 이를 계기로 메리는 평생 유대인들과 끈끈한 관계를 유지했다.

십대 시절 메리의 주된 관심사는 좋은 남자와 결혼하여 가족을 이루는 것이었다. 제2차 세계대전이 끝난 후 그녀는 천생연분이라고 느낀 남자를 만났다. 역시 아일랜드계 미국인으로 레이 모나한이란 청년이었다. 그는 형과 함께 태평양에서 복무했다. 메리는 1946년 꽃다운 열아홉에 레이와 결혼했다.

그리고 20살이 조금 못 되었을 때, 첫 아기를 낳았다. 메리는 외할아버지를 따라 아들에게 조지프란 이름을 지어주었다. 길고 어려운 난산이었다. 그녀가 그토록 원하던 아기는 두개골에 치명적인 손상을 입었고 태어난 지 몇 시간 만에 죽었다. 메리는 절망했다. 그러나 아직 그녀의 인생은 시작되지 않았다. 그녀는 고통스러웠지만 신의 사랑을 의심하지 않았다. 오히려 이 상실의 경험으로 신앙은 더 견고해졌고 신에게 더 깊이 헌신했다. 그녀는 비통함을 극복하기 위해 교회에 의지했고 그 안에서 위로를 찾을 수 있었다. 그녀는 매일 기도했고 그때마다 죽은 아기의 영혼을 위해 기도했다. 신에게 불행을 이길 힘을 갖게 해달라고 간구했다. 그녀는 지금도 매일 기도한다.

　메리는 신앙으로 다시 힘을 얻고 임신도 했다. 또 아들이었다. 이번에는 제임스라고 이름 지었다. 그녀는 첫 아기를 잃은 후 가까스로 안정을 되찾았지만, 레이와의 결혼 생활은 또 다른 문제였다. 그들은 자주 떨어져 지냈다. 레이는 도박을 시작했고 다른 나쁜 습관도 들였다. 사업이 기우는 중이었고, 아버지나 남편으로서의 책임감도 희박해 보였다. 메리는 또 아기를 낳았다. 이번에는 외할머니를 따라 캐슬린이라고 이름 지었다. 이 부부는 레이의 가족들이 사는 덴버로 이사했다. 그는 이제 로스앤젤레스 시절처럼 성공한 남자가 아니었다. 그는 도박을 계속했고 자주 집을 비우고 가장 노릇도 거의 하지 않았다. 그러니 자연 화를 많이 내고 무뚝뚝하게 변해갔다. 메리는 23살 때 두 아이를 데리고 다시 로스앤젤레스로 돌아갔다. 남편과는 별거하기로 했다. 그녀는 가족을 부양하기 위해 아버지 밑에서 일했다.

　모나한 부부는 1950년 정식으로 이혼했다. 당시 메리는 칼 브레너라는 남자를 사랑하고 있었다. 키가 크고 체격이 좋고 잘 생긴 남자였다. 그는 다정다감했고 메리의 아이들을 잘 대해주었다. 두 사람은 곧 결혼했다. 2년 후 메리는 브레너와의 첫 아기 테레사를 낳았다. 이어서 줄줄이 4명을 더 낳았다. 그녀는 엄마가 되기를 고대했고 사랑하는 남편과 건강하고 행복한 아이들에 둘러싸여 작고 하얀 집에서 즐겁게 살고 싶었다. 이제 그 꿈이 어느 정도 실현된 듯 보였다. 메리와 칼 부부는 좋은 부모였다. 돈도 있었다. 그들은 로스앤젤레스 교외의 멋진 집에서 살았고 해변에 별장을 샀다. 그러나 행복한 결혼 생활은 오래 가지 못했다. 칼은 비밀이 너무 많았다. 그는 아내에게 일 이야기를 전혀 하지 않았고 사람도 따로 만났다. 때로는 가족 없이 혼자 휴가를 떠나기도 했다. 메리는 아버지 회사에서 계속 일했다. 그녀는 첫 결혼을 통해 경제적인 독립의 중요성을 뼈저리게 깨달았다. 일곱 아이를 보살피며 요리와 청소를 하고 기타 가사를 돌보면서 직장 생활을 하기란 쉽지 않았다. 아이들에게 좀 더 많은 시간을 헌신하지 못하는 데 죄책감을 느꼈다. 그러나 그녀는 해야 할 일은 해야 한다고 생각했다. 그러던 중 1956년 메리의 아버지가 세상을 떠났고, 그녀가 아버지의 사업을 물려받았다.

결혼 생활은 다시 회복되지 못했다. 그녀는 칼이 바람을 핀다고 생각했지만 다시 이혼하고 싶지는 않았다. 그녀는 일요일마다 아이들을 데리고 성실하게 미사에 참석했고 열심히 신앙에 의지했다. 그러나 교회는 첫번째 배우자가 죽지 않은 경우 재혼을 인정하지 않았기에 그녀는 성찬식에 참여할 수 없었다. 그것은 메리에게 큰 상처였지만 그녀는 받아들였고 계속 헌신적으로 가톨릭 신앙을 유지했다. 메리와 칼의 관계는 여전했다. 더 이상 서로 사랑하지 않았고 행복하지도 않은 채 20년을 살았다. 하지만 그녀는 훌륭한 어머니였다. 아이들은 행복하게 자랐고 전도 유망한 젊은이들이 되었다.

정다운 남편 말고도 인생에서 뭔가 부족하다고 느낀 그녀는 자선 활동을 하기 시작했다. 메리의 오빠는 한국전쟁 고아들을 돕기 위한 취지로 메리놀 수녀들이 운영하는 단체에서 일해 보라고 권했다. 그녀는 이 일에 깊이 빠져들었고 곧 없어서는 안 될 존재가 되었다. 그녀는 아는 사람 모두에게 기부금을 부탁했고, 전혀 알지 못하는 사람에게도 도움을 요청했다. 운임을 받지 않고 한국으로 구호물자를 수송해 주겠다는 선장들을 찾아냈고, 집에 식량과 의약품을 차곡차곡 모으며 선적 준비를 했다. 이런 일들을 하면서 그녀는 오랫동안 행복할 수 있었다.

그녀는 아동 병원에서도 일했다. 백혈병에 걸린 메리의 어린 조카가 여기서 따뜻한 간호를 받으며 투병하다가 죽었다. 세월이 흐르면서 메리는 여러 가지 가치 있는 일에 점점 더 많이 관여하게 되었다. 그녀는 비로소 결혼 생활이나 아버지에게 물려받은 일을 하면서 부족하다고 느꼈던 삶의 목적과 의미를 찾을 수 있었다. 메리는 아버지가 그러했던 것처럼 자식들에게 불행한 사람들의 삶을 보여주고 느끼게 했다. 슬럼가, 고아원, 멕시코 이민자들이 사는 동네에 아이들을 데려갔다. 자선 활동을 하느라 바쁠 때는 아이들의 도움을 받기도 했다.

그녀는 가톨릭 신부인 앤서니 브루워스와 친구가 되었다. 그는 전세계에서 여러 가지 구제 사역을 했다. 그녀는 브루워스 신부가 굶주리고 외롭고 잊혀진 자들에게 베푸는 자비와 박애 정신에 감동했다. 그는 인생의 스승이었고 영적인 가르침을 주었다. 그는 그녀에게 신앙을 의지하고 깊이 헌신하라고 격려했다. 첫번째 결혼 실패와 두번째 결혼의 불행에도 불구하고, 그녀는 그의 격려를 생각하면서 자신을 지탱했다. 브루워스 신부의 품위와 이타심은 그가 만나는 사람들의 인생에 기적처럼 작용했다. 특히 메리의 인생이 그런 경우였다. 그는 고통스러운 암에 걸려 죽어가는 중이었지만 불평 한 마디 없이 그녀를 위로했다. 그는 1964년 죽기 직전에 그녀에게 놀라운 이야기를 했다. 그는 그녀가 항상 꿈꾸었던 행복한 결혼과 당연하게 생각했던 완벽한 주부의 삶은 신의 뜻이 아니라고 말했다. 신은 그녀를 자비의 천사로 쓰려 하시며, 그것이 그녀에게 허락된 행복이라고 말했다.

브루워스 신부가 죽은 후 메리는 다른 신부와 함께 티후아나로 갔다.

그들은 인근 병원에 붕대와 의약품 등 여러 가지 물자를 가져다 주었다. 그리고 교도소 의무실에 기부할 물품을 가지고 라 메사 문 앞까지 오게 되었다. 그녀는 교도소 안으로 들어가 더럽고 고통스러운 현장을 목격하면서, 자신의 사명을 깨달았다. 그녀는 의약품과 음식, 옷 따위를 챙겨 가지고 정기적으로 라 메사를 찾았다. 그녀가 라 메사를 찾을 수밖에 없었던 이유는 그곳에 갇혀 있는 가장 흉악한 죄수조차 사랑했기 때문이다. 그녀는 이 끔찍한 장소에 익숙한 사람이 되었고 모두가 기다리는 손님이었다. 죄수들은 물론 간수들도 그녀를 존경했다.

그녀는 1970년 사업을 정리했다. 2년 후 칼은 그녀를 떠났고 몇 달 후 그들은 이혼했다. 또다시 결혼에 실패한 메리는 진정한 삶의 목적을 찾게 도와달라고 기도했다. 자식들 중 5명은 다 자라서 독립했다. 그녀는 아직 어린 2명을 데리고 샌디에고로 이사했는데, 샌디에고는 티후아나와 라 메사에서 가까웠다.

그녀는 자신의 소명이 종교에 귀의하는 것임을 깨달았다. 그녀는 메리놀 수녀가 되길 원했지만 그들은 35세 미만의 여성만 받아들였다. 메리는 쉰을 바라보는 나이였다. 중년의 견습 수녀를 기꺼이 받아들여주는 종교 단체는 없었다. 그러나 그녀는 신의 뜻에 따라 반드시 성직 생활을 해야 한다고 생각했으며 자식들도 그 점을 이해하여 반대하지 않았다. 1977년 무렵, 어떤 단체도 받아주지 않았지만 주교의 허락을 받은 메리는 수녀복을 입고 이름을 안토니아 수녀로 바꾸었다. 친구이자 영감의 원천이었던 앤서니 브루워스 신부를 기리기 위한 이름이었다. 그리고 나서 무소속 수녀 자격으로 티후아나로 갔다. 라 메사 문 앞에 선 그녀는 교도소장과 이야기하게 해달라고 부탁했다. 그녀는 하나님의 자녀들을 인도하는 자비로운 수녀로 교도소에서 살고 싶다고 말했다.

그녀는 처음에 다른 여자들과 감방을 같이 썼다. 그러나 곧 교도소장은 그녀에게 작은 독방을 내주었다. 여기서 그녀는 28년 동안 지냈다. 그녀는 "여기 있으면서 단 하루도 우울하거나 절망한 적이 없다"고 말했다. 라 메사의 절도범, 마약왕, 살인자, 간수들은 모두 안토니아 수녀를 사랑하고 존경했다. 그녀 또한 상상할 수 없는 끔찍한 죄를 저지르고 잔인한 삶을 살아온 사람과 아픈 자들, 난폭하고 희망 없는 사람들을 모두 사랑했다. 그들도 그녀의 사랑을 느꼈다.

라 메사의 많은 죄수들에게 안토니아 수녀는 인생에서 유일한 즐거움이었다. 그녀가 준 가장 큰 사랑의 선물은 인생에서 목적과 행복을 찾을 수 있도록 힘을 주는 희망이었다. 그녀는 그들이 아플 때 간호해 주고, 헐벗었을 때 옷을 주고, 배고플 때 음식을 주고, 이가 썩어 고통스러울 때 치과의사를 구해주고, 추위에 떨 때 담요를 주었다. 그녀는 그들의 뺨에 키스하고 안아주었다. 그녀는 두려워하지 않았다. 다른 죄수들에게 괴롭힘 당하는 사람을 보호하고 칼부림 현장에 끼어들거나 간수들이 죄수를 학대하지 못하게 했다. 아무도 그녀의 면전에서 거역하지 못했다. 그녀는 무고하게 잡혀 있는 사람이 자유를 얻을 수 있도록 애썼고 교도소 당국에 개혁을 요구했다. 죄수들이 석방되면 직업을 찾는 일도 도왔다. 그녀는 마음이 굳어버린 범죄자들에게 죄를 고백하고 참회하여 더 나은 삶을 살라고 설득했다.

"자신의 잘못을 인정해야 합니다. 그들은 고뇌해야 합니다. 하지만 저는 그들을 깊이 사랑합니다."

그녀는 나이가 많이 들어 허약해져서 걸음이 느렸지만, 쉬지 않고 움직였다. 아무리 피곤하고 몸이 안 좋아도 항상 쾌활했고 바쁘게 할 일을 했다. 그녀는 수감자든 간수든 간에 모두 아들처럼 생각했고 '미 아모레(내 사랑이란 뜻)'라 불렀다. 그녀는 그들의 삶을 바꾸어놓았다.

그녀는 티후아나에 새로운 단체를 만들었다. '11시의 자매들'이라는 이 단체는 신의 이름으로 손길이 필요한 자녀를 돕기 원하는 나이든 여자들을 위한 곳이다. 즉 안토니아 수녀가 그랬듯이 뒤늦게 '제2의 인생'을 살려는 여자들에게 개방된 단체다. 안토니아 수녀는 이 단체가 계속 성장하여 자신이 죽은 후에도 계속 활동할 수 있길 바랐다. 그녀는 교도소 밖에서도 동료 수녀들과 일하며 여러 가지 좋은 일을 하고 있는데, 예를 들면 부랑자 보호소라든가 에이즈에 걸린 여성과 아이들을 위한 호스피스 단체를 운영한다. 그러나 밤이면 항상 라 메사의 작은 분홍색 방으로 돌아온다. 그리고 밤늦게까지 그녀를 필요로 하는 사람들을 위로하고 잠이 든다.

테레사 수녀가 그녀를 만나서 존경을 표한 적이 있고 레이건 전 대통령은 '평범하지 않은 소명에 헌신하는' 그녀를 칭찬하는 편지를 보내왔다. 그의 말은 정말 옳았다. 그녀를 존경하는 한 신부는 이렇게 말했다. "그녀와 함께 있어 보면 마치 다른 세상에 와 있는 것 같을 겁니다. 그녀는 하나님과 일대일 관계를 맺고 있어요."

1994년 할로윈 날 밤이었다. 라 메사를 지옥으로 만든 불의와 고통이 폭력 사태로 폭발했다. 처참하기 이를 데 없는 고문실에 갇혀 있던 죄수들이 간수 몇 명을 인질로 잡았다. 그들은 무기를 빼앗고 매트리스에 불을 질렀으며 창문에서 총을 쏘기 시작했다. 경찰 특공대가 소집되었다. 그들은 감옥 안으로 돌격할 준비를 서둘렀다. 폭동을 일으킨 죄수들의 가족이 라 메사 문 앞에 모여 있었다. 경찰은 곧 죄수들에게 무력을 행사하고 사살할 것이었다. 가족들은 누가 불쌍한 아들들을 구해주기만을 간절히 바라며 울고 있었다. 안토니아 수녀는 여자들을 위로하며 울지 말고 기도하자고 말했다. 그리고 미소를 띤 채 흥겨운 곡조를 흥얼거리며 교도소 안으로 들어갔다. 교도소장이 그녀를 제지하려고 했지만 그녀는 무시했다. 그녀는 폭동이 시작된 후 전기가 끊긴 어두운 건물 안으로 들어갔다. 그리고 아들들이 있는 층계로 올라갔다. 그녀를 본 죄수들은 어서 나가라고 애원했다. 그들은 죽을 각오가 되어 있으며 그녀를 해치고 싶지 않다고 말했다. 그녀는 말을 듣지 않았다. 그리고 그들을 용서해 달라고 신께 기도를 드렸다. 라 메사에서 고통받고 있는 모든 사람을 위해 기도를 드렸다. 그녀는 무기를 내려놓고 자기를 따라 교도소 마당으로 나오라고 말했다. 아무도 그녀를 거역하지 못했다.

근 30년 동안 그녀는 폭력과 잔인함과 고난의 현장에서 행복하게 살았다. 친구가 살해당하는 것도 보았고, 변했다고 생각한 죄수가 다시 범죄와 타락에 빠지는 모습을 보고 슬퍼하기도 했다. 최악의 비인간적인 대우를 경험하기도 했다. 그러나 그녀는 인생의 의미를 찾은 데 만족했고 기쁜 마음으로 봉사했다. 그녀는 인생의 후반기에 진정한 소명인 자비를 깨우쳤다. 그녀는 인생의 마지막을 최고로 장식하게 해준 신에게 형용할 수 없는 감사를 돌렸다.

그녀는 지금 아마 작은 감방의 딱딱한 침대 위에서 쉬고 있을 것이다. 또는 아이들의 사진을 보고 있거나 죄수를 괴롭히려는 간수에게 조금만 자비를 보여달라고 설득하고 있을 것이다. 아니면 오래 전에 사랑의 희망을 포기한 사람에게 몇 마디 격려의 말을 건네고 있을 것이다. 이제 그

녀는 여든이 다 되었다. 우리 모두에게 닥치는 인생의 끝이 다가오고 있
다. 그러나 우리 중에 그녀보다 생의 마지막을 잘 준비한 사람이 있을까?
그녀의 인생에서 마지막 30년은 편안함과는 거리가 멀었다. 그러나 그녀
가 행복하지 않았다고 말할 사람은 아무도 없다. 비벌리 힐스의 아리따
운 아가씨였던 안토니아 수녀는 지금도 여전히 아름답지만, 이제 자비의
천사가 되었다. 그녀는 세계에서 가장 행복한 사람이다.

로메오 달레르 Romeo Dallaire, 1946~

캐나다 출생, UN평화군 지휘 사령관. 르완다 대학살을 막기 위해
국제사회의 무관심에도 불구하고 현장에 남아 끝까지 투쟁했다.

인류애

___

고통 받은 이들을 위해 세상의 무관심에 맞서다

그리 오래 전 일도 아니다. 대부분의 사람들이 들어본 적도 없는, 르완다라는 아주 먼 나라에서 100일 남짓한 짧은 기간에 후투족이 투치족 80만 명을 학살했다. 문명세계는 그 사실을 알면서도 팔짱만 끼고 있었다. 물론 미국을 비롯한 전세계에서 그들의 시련에 무관심하기만 하지는 않았다. 1993년 대립을 일삼던 두 부족이 결국 권력을 나눠 갖기로 합의했을 때, 르완다에 평화유지군 2500명이 파견되었다. 그들은 무기와 보급 물자가 부족한 허술한 군대였다. 1994년 4월 후투족은 투치 반군을 후투족장 살해 혐의로 기소했다. 그리고 후투족 정부와 정부군, 민병대는 투치족을 대량학살하기 시작했다. 수개월 동안 계획된 학살은 수도 키갈리에서 시작하여 점점 외곽으로 번져나갔다.

후투군은 학살의 서막을 열며 벨기에 평화유지군 10명을 죽였다. 그들은 르완다 수상이자 투치족 출신인 아가테 우윌링기이마나 여사를 보호하고 있었다. 후투군은 수상도 죽였다. 며칠 후 유럽 각국의 군대가 르완다에 도착했다. 학살을 저지하기 위해서가 아니라 르완다에서 일하고 있던 유럽인을 구출하기 위해서였다. 미국도 자국민을 구출했다. 벨기에 정부는 르완다에 남아 있는 군인 500여 명에게 철수를 명령했다. 그들은 유엔 평화유지군 중에서 가장 규모가 크고 장비를 잘 갖춘 정예 부대였다. 벨기에 군인들은 철수하면서 키갈리 공항 활주로에 청색 유엔 베레모를 던졌다. 그것은 역겨운 정부와 헛된 임무에 대한 반감의 표시였다. 미국 정부를 위시하여 유엔은 평화유지군 몇 백 명만 남겨둔 채 모든 인력의 철수를 명했다. 르완다는 버려졌다.

평화유지군에 남은 사람들은 대개 아프리카인이었다. 그런데 이 혼란의 와중에 그들과 함께 남은 백인이 있었다. 프랑스계 캐나다인 로메오 달레르 소장은 르완다를 떠나지 않았다.

비통한 대학살이 있은 지 10년도 넘게 지났고 캐나다 군대에서 면직까지 당했지만, 로메오 달레르는 여전히 할리우드 영화에 나오는 당당한 군인의 모습이다. 그는 20세기의 가장 반인륜적인 범죄 현장을 목격했고 그 상흔으로 지금도 고통받고 있다. 그는 군인 모델이라도 되는 듯, 항상 어깨를 펴고 고개를 바로 세운 자세를 취했다. 마치 자신을 엄습한 끔찍한 기억에 저항하는 것 같았다. 반듯한 자세, 넓은 어깨와 가슴, 네모진 턱, 빽빽한 콧수염은 우아한 군인의 전형이었다. 내면의 고뇌가 담긴, 꿰뚫어 보는 듯한 푸른 눈은 위엄을 자아냈다.

그는 늘 군인을 꿈꿨고 군대를 좋아했다. 군인은 싸우기 위해 훈련을

하는데, 캐나다는 달레르가 군복을 입기 오래 전부터 전쟁을 하지 않았
다. 그래서 로메오 달레르는 평화유지군에 지원했다. 캐나다 육군은 캄
보디아와 보스니아에서 활동하는 유엔 평화유지군에 그를 배정했다. 그
는 르완다에서 군대를 지휘할 수 있는 기회를 얻었다. 그의 군 경력에서
가장 굵직한 기회였다. 달레르의 표현에 따르자면, 직업의 기회라고 생
각했던 일이 악마와 만나는 계기가 될 줄은 몰랐다고 한다. 그는 자신이
임무에 실패했다 생각했고 부끄러웠다.

100일여의 야만적인 상태, 즐비한 시체와 공포, 완벽한 절망, 양심의
몰락, 문명세계 정부들의 기만과 무관심. 이러한 아비규환 속에서도 르
완다 사람들은 용기를 잃지 않고 침착했다. 끔찍하지만 막을 수 있었던
고통과 변명할 수 없는 도덕적 해이의 시대에, 몇 안 되는 강직한 사람들
중에 로메오 달레르도 있었다. 그는 우리가 달게 받아야 할 비난을 같이
받을 이유가 없다. 우리는 그가 절실하게 구하고 싶었던 르완다 사람들
을 도울 수 있었는데도 돕지 않았다.

학살이 시작되기 전에, 후투 정부측 정보원이 달레르에게 학살이 임박
했음을 알려주었다. 그는 후투 민병대가 20분마다 투치족 1000명을 죽
일 계획이며, 후투군의 무기가 숨겨져 있는 곳을 안다고 말했다. 달레르
는 이 정보를 유엔 본부에 팩스로 전송하면서 무기 창고를 습격하게 허
락해 달라고 했다. 그는 메시지 말미에 이렇게 적었다.

"뜻이 있는 곳에 길이 있습니다. 같이 가십시다."

그러나 달레르의 메시지를 받은 유엔 관료는 정보를 폐기하고 그에게
아무 행동도 하지 말라고 명령했다. 내전에 군사 개입을 해서는 안 되며
또 다른 소말리아 사태는 원치 않는다고 경고했다. 달레르는 자기 휘하

의 군대를 보호하기 위해서만 무력을 사용할 수 있었을 뿐, 르완다 사람이 르완다 사람을 죽이는 데 끼어들 권한은 없었다. 달레르의 정보원은 정보 제공에 대한 대가로 자기 아내와 아이들을 보호해 달라고 부탁했다. 그러나 달레르의 정보를 무시했던 유엔 관료는 도리어 후투 정부 대통령에게 정보원의 존재를 밀고했다.

학살이 시작된 후 달레르는 유엔에 군대를 요청했다. 아니 간청했다. 그는 병력 5000명만 있으면 학살을 중지시킬 수 있다고 주장했다. 그가 르완다 축구 경기장에 투치인을 모을 수 있다면 적은 병력으로도 보호가 가능했다. 그러나 요청은 거부되었다. 달레르의 보좌관이 전하는 바에 따르면, 거만한 유엔 관료들은 달레르를 미숙하고 순진한 자선사업가 취급을 하며 이렇게 말했다고 한다.

"닥치게나. 자넨 군인일 뿐이야. 전문가가 알아서 처리할 걸세."

군대 요청이 거부되었을 뿐 아니라, 설상가상으로 미국 정부는 유엔 안전보장이사회 국가들에게 르완다 내 모든 평화유지군을 철수시키도록 종용했다. 유엔 평화유지군이 공격당하면 군사 개입이 불가피해진다고 판단했기 때문이다. 그들의 관심사는 그것뿐이었다. 평화유지군을 철수시키면 미국이 어떻게든 반드시 조치를 취해야 하는 명분이 사라진다고 생각했다. 계속 정부를 설득했지만 달레르의 군대는 가련할 정도로 대폭 축소되었다. 유럽과 미국은 서둘러 르완다에서 사람들을 피신시켰다. 르완다를 돕지 않았다는 것만으로도 충분히 수치스럽거늘, 돕겠다는 사람마저 그러지 못하게 막았다. 결코 용서받을 수 없는 잘못이다.

학살자들은 자신들이 학살을 자행하는 동안 온 세계가 딴청을 피우고 있길 바랐고, 그 바람은 이루어졌다. 그들은 우리의 도덕적 무관심에 대한 보답으로 열정적으로 학살의 강도를 높였다. 로메오 달레르는 딴청을 피우지 않았다. 고국으로 돌아가지도 않았다. 그곳에 남아 우리의 무관심이 어떤 결과를 낳는지 지켜보았다. 그러나 그냥 지켜보기만 하지는 않았다. 양심의 소리에 귀를 기울이고 그 소리에 순종하기 위해 최선을 다했다. 그는 얼마 남지 않은 부하들과 함께 한 사람의 목숨이라도 더 구하려고 애를 썼다.

1948년 미국과 세계 여러 나라들은 대량학살을 금지하는 국제 조약에 서명했다. 대량학살이란 특정 인종 집단 전체를 말살하려는 시도다. 독일의 나치가 유대인 600만 명을 학살한 것, 르완다의 후투족이 투치족을 학살한 것이 모두 같은 맥락이다. 대량학살 조약에 따르면 한 인종이 다른 인종을 말살하려고 하는 경우, 미국은 물론 조인국들이 개입하도록 되어 있다. 달레르, 투치족, 언론, 관심 있는 여러 관찰자들이 모두 이 사건을 대량학살이라 불렀다. 그런데 유독 미국 정부, 미국의 동맹국, 유엔만은 이상하고도 우스꽝스럽게 꽁무니를 빼면서 그 단어를 입에 올리려들지 않았다. 대량학살을 인정하고 나면 조치를 취해야 함을 알고 있었기 때문이다. 미국의 국회의원들은 르완다 사태를 제3세계의 내전으로만 간주했기 때문에 우리는 이 문제에서 착한 편과 나쁜 편을 구분할 수 없었다. 우리는 로메오 달레르의 말을 들었어야 했다. 그러나 하늘만이 그가 열심히 외치는 소리를 들었다.

달레르가 구한 르완다 주민은 대략 2만 5000명, 분명 엄청난 숫자다. 그러나 슬프게도 학살된 숫자에 비하면 턱없이 적었다. 최소한으로 추산한 사망자 수가 80만 명이다. 사실은 100만 명이 넘었을 거라고 생각하는 사람이 대다수다. 로메오 달레르는 뭔가 할 수 있는 일이 있으리라는 생각을 버리지 않았다. 그는 자기 군대를 이용해 될 수 있는 한 많은 투치인을 보호하려고 했다. 곳곳에 대피소를 마련하고 부하들을 파수꾼으로 세웠다. 대피소에는 몇 십 명부터 많게는 천여 명에 이르는 투치인들이 몸을 숨겼다. 밖에서는 수천 명의 후투인들이 총칼을 들고 혈안이 되어 돌아다녔다. 날이 가고 달이 가고 3개월이 넘는 시간 동안, 점점 많은 남자와 여자, 그리고 아이들이 증오에 눈먼 폭도들에게 희생되었다. 로메오 달레르는 할 수 있는 대로 계속 사람들을 구하고, 할 수 없는 일에는 절망하면서 묵묵히 버텼다. 그리고 끊임없이 유엔과 세계를 향해 군대를 보내주든지 어쩌든지 제발 도와달라고 애원했다.

르완다에는 용감한 사람들이 또 있었다. 그들도 무고한 생명을 구하기 위해 최선을 다했는데, 폴 루세사바기나는 키갈리에 있는 밀 콜린 호텔의 지배인이었다. 그는 투치인과 결혼한 후투인이었다. 그는 용감하게도 1000여 명의 투치인을 호텔에 피신시켰다. 자기 생명을 걸고 한 일이었다. 밀 콜린 호텔을 도살장으로 사용하려는 후투인들을 저지해야 했기 때문이다. 후투인 수천 명이 호텔 주변을 어슬렁거렸다. 달레르의 부하 몇 명이 무장도 하지 않은 채 주민을 보호하는 척하면서 호텔 앞을 지켰다. 목숨을 내놓은 위험천만한 행동이었다.

어느 한 사람이 해내기에는 너무 부담이 막중했다. 아무리 정의로운 사람이라도 목을 짓누르는 공포감이 없었을 리 없다. 달레르는 앞장서서 르완다의 비극이 우리 모두의 책임이라고 주장했다. 자신은 자기 몫의 책임을 지고도 남았는데 말이다. 달레르의 말에 의하면, 그의 임무는 평화 유지였다. 그러나 상상할 수 없는 폭력이 평화를 파괴시켰고 수천 명이 죽었다. 그는 임무 완수에 실패했다. 그는 미국을 비롯한 강대국에 도와달라고 애원했지만 결과는 실패였다. 그는 대량학살을 멈추라고 세계를 향해 외쳤지만 또 실패했다. 학살을 막아야 할 책임이 있는 수많은 사람들이 딴 곳을 보는 동안, 그러면서도 의심하거나 회의하지 않고 단잠을 자는 동안, 로메오 달레르는 자신이 실패했음을 심각하게 반성했다. 정의로운 사람은 비록 자신에게 죄가 없더라도 인류의 실패에 깊은 책임감을 느낀다.

대량학살이 끝나기 전 마지막 몇 주일 동안, 로메오 달레르는 종종 미친 사람처럼 키갈리 거리로 뛰쳐나갔다. 무장도 하지 않고 자신을 노출시킨 것이다. 그는 자신의 실패로 받아들인 인류의 실패로부터 명예롭게 벗어나려면, 죽음밖에는 도리가 없지 않을까 생각했다. 그는 밤마다 제대로 잠을 이루지 못했다. 꿈속에서 도망칠 수 없는 서글픈 참상과 이루 말로 할 수 없는 잔혹함을 생생하게 느꼈기 때문이다. 말하자면 목격자의 외로운 책임이었다. 그는 어떻게든 대량살상을 막아야 한다고 용감하게 결심했다.

미국과 동맹국이 르완다에 개입하기로 결정을 내린 시기는 학살이 거의 끝난 뒤였다. 학살이 중단된 것은 후투 정부군이나 민병대보다 수적으로 훨씬 열세인 투치 반군이 싸움에서 이기고 르완다를 장악했기 때문이다. 테러를 자행한 주동 세력은 대단히 용맹스럽거나 유능한 군인들이 아니었다. 그들은 무장하지 않은 무고한 주민을 죽일 수 있는 정도의 능력과 용기가 있었을 뿐이다. 서방세계에서 마침내 르완다에 군사를 보냈을 때는 학살에 가담한 후투인들이 이미 다 도망친 후였다. 그들은 마지막까지 우리가 가장 중요한 미덕이라고 주장하는 도덕적 책임감과 자부심을 조롱했다. 비극을 멈춘 주역은 투치 반군, 몇몇 양심적인 후투인들,

다른 나라에서 온 적십자 요원 등 일부 용감한 사람들, 헌신적인 언론인, 평화유지군 500명, 그들의 고결하고 위대한 사령관 로메오 달레르가 전부였다. 그 외 나머지는 아무 것도 한 일이 없다.

이윽고 학살은 끝났으며 세계는 정신을 차렸다. 그리고 로메오 달레르는 고국으로 돌아갔다.

로메오 달레르는 이후에도 르완다를 생각하면 마음이 편치 않았다. 자신이 얼마나 무력한 존재였는지 잊을 수 없었다. 그는 몸 바쳤던 군대에서 면직되었다. 세상이 어떻게 르완다를 버렸는지 잊으려 하지 않았기 때문이다. 그는 후투인들에 대한 재판에서 증언을 했다. 한 재판에서 달레르는 학살이 시작되었을 때 여러 나라들이 얼마나 비양심적으로 르완다를 포기했는지, 그리고 그와 그의 작은 군대를 어떻게 방치했는지 정직하고 담담하게 묘사했다. 피고측 변호사가 후회하느냐고 묻자 그는 이렇게 대답했다.

"당신은 상상도 못할 겁니다."

그는 잠을 이루지 못했다. 그는 정신적 외상 때문에 약을 복용했고 술을 많이 마셨다. 그는 캐나다에 돌아온 후 몇 해가 지난 어느 날 밤, 퀘벡 주 헐 시의 공원 벤치에서 의식을 잃은 채 발견되었다.

그는 책을 썼고 르완다로 돌아갔다. 그는 언제나 르완다의 일부라고 느꼈다. 그가 전쟁터를 떠나 고국으로 돌아가서 보낸 몇 년의 시간에 비하면, 지금은 훨씬 잘 지낸다고 한다. 이제 세상은 르완다에 얼마나 몹쓸 짓을 했는지 깨우치고 있다. 문명세계의 정부들은 앞으로 아프리카든 어디서든 다시는 대량학살을 용납하지 않겠다고 엄숙히 약속했다. 우리가 양심적으로 그 약속을 지킬지는 시간이 증명할 것이다. 지금 우리는 작고 가난한 아프리카 나라의 고통을 외면한 우리의 무관심이 얼마나 수치스러운 행동이었는지 인정한다. 그러나 그것은 얼마나 값싼 인정인가. 그 때문에 잠을 설치는 사람은 없다. 더 나은 세상이라면, 우리는 악몽을 꿔도 모자라야 한다. 그리고 그런 세상이라면 로메오 달레르 같은 사람이 온 밤 내내 달디 단 잠을 잘 수 있어야 한다.

오시올라 맥카티 Oseola McCarty , 1908~1999

미국 출생, 세탁 청소부. 미시시피에 있는 가난한 학생을 위해
전재산을 장학금으로 기부, 미국의 기부 운동에 큰 반향을 일으켰다.

선 행

그녀는 필요한 것과 원하는 것의 차이를 알았다. 그녀는 무려 75년 동안 아침 일찍부터 밤 10시, 11시까지 남의 옷을 빨거나 다리는 일을 했다. 세탁 일은 보수가 그리 많지 않았지만 그녀는 외상으로 돈을 쓴 적이 한 번도 없었다. 그럴 필요를 못 느꼈기 때문이다.

"저는 돈이 없으면 안 쓰려고 해요. 형편이 안 되면 사지 않을 뿐이에요."

그녀는 별로 많은 것을 필요로 하지 않았다. 생존에 필요한 음식, 검소한 옷, 일요일마다 헌금함에 넣을 약간의 돈만 있으면 되었고 그럴 만큼은 벌었다. 그녀는 미시시피 주 하티스버그의 작은 나무 집에 살았고, 낡은 흑백 텔레비전과 라디오, 그리고 여기저기 해진 낡은 성경을 가지고 있었다. 그녀는 차도 없고 운전할 줄도 몰랐다. 일주일에 한 번 걸어서

장을 보러 갔고, 교회까지 3킬로미터를 넘게 걸어서 다녔다. 그녀는 아주 어릴 때부터 주일 예배에 빠지지 않았다. 하티스버그의 여름은 꽤 더웠지만 그녀는 개의치 않았다. 얼마 전까지만 해도 에어컨 없이 살았다. 지금은 사람들이 하도 성화를 해서 할 수 없이 장만했다. 그녀는 더 이상 필요한 것이 없었고, 필요한 것은 살 수 있을 만큼 돈을 벌었다.

그녀는 원하는 것을 할 수 있는 돈도 있었다. 그녀는 다른 사람을 돕길 원했다. 그래서 저금한 돈을 거의 모두 기부했다. 그녀는 다른 사람들의 꿈이 자신의 꿈보다 크다는 것을 알았고, 꿈을 이루기 위해 도움이 필요한 사람들을 도와주고 싶었다. 그녀는 재산의 일부를 교회에 헌금하거나 친척들에게 주었다. 상당 부분은 서든미시시피 대학교에 기부해, 돈이 없어 대학에 가지 못하는 학생들을 위해 장학금으로 써달라고 부탁했다. 대학교는 그녀의 집에서 5킬로미터도 안 되었지만, 그녀는 그곳에 가본 적이 없었다. 대학교에 있는 사람이 그녀에게 뭔가 해준 적도 없었다. 그녀는 누가 자기를 도와주었기 때문에 보답을 하는 것이 아니었다. 단지 몇몇 사람이 대학에 갈 수 있도록 돕고 싶었을 뿐이다. 그것뿐이다.

친구와 가족들이 '미스 올라'로 불렀던 오시올라 맥카티는 세탁 일을 그만두게 되었을 때, 유언장을 작성하기로 마음먹었다. 그녀는 관절염이 너무 심해져서 더 이상 일할 수 없었고 슬슬 주변을 정리해야 할 것 같았다. 그래서 그녀는 은행에 찾아갔다. 그리고 자신이 죽으면 25만 달러로 뭔가 하고 싶다고 말했다. 그 중 가장 큰 몫인 15만 달러를 장학금으로 책정했는데, 이것은 상당한 액수의 기부금이었다. 요즘 같은 억만장자의 시대에는 별 의미 없는 돈인지도 모르지만, 생계를 위해 옷을 빨고 다림질을 하며 살아 온 늙은 여자에게는 눈이 돌아갈 만큼 큰 돈이었다. 그녀는 75년 동안 한 번에 몇 달러씩 차곡차곡 저금해 왔다. 그리고 이제 그것을 남에게 주려고 했다.

"전 그냥 그 돈이 필요하고 배우고 싶어하는 사람들에게 돌아가길 바랄 뿐이에요. 저는 늙었고 천년 만년 살 수 없어요."

사람들은 그녀의 검소함을 진심으로 예찬했다. 그러나 검소한 사람들이 모두 그녀처럼 너그럽지는 않다.

올라는 1908년 미시시피 주 셔버타에서 태어났다. 흑인을 차별하는 남부의 심장부였다. 그녀의 아버지와 어머니는 결혼한 사이가 아니었다. 그녀는 아버지가 누군지 알고 있었지만, 그리 좋은 사람이 아니었다. 그는 올라와 올라 어머니를 전혀 신경 쓰지 않았다. 그리고 올라 모녀도 그와 얽히고 싶지 않았다.

노예의 딸인 할머니가 올라를 키웠는데, 그녀는 과부였다. 할아버지는 올라의 엄마가 아주 어릴 때 돌아가셨다. 그는 제재소에서 나무를 잘라 나르다가 허리가 부러져 죽었다. 할머니는 자식 5명과 외손녀 올라를 키웠다. 올라는 8500평 남짓 되는 농장에서 자랐다. 올라는 그때 일을 기억한다.

"할머니는 과부였기 때문에 다른 여자들처럼 집에만 계실 수 없었어요. 할머니는 일을 하고 자식을 키우셨어요. 먹이고 입히고 학교에도 보내야 했죠. 할머니의 자식들은 교육을 많이 받지 못했지만 최소한은 가르치려고 노력하셨기 때문에 모두 읽고 쓸 수 있었어요."

그녀는 할머니를 '마마'라고 부르고 엄마는 '마마 루시'라고 불렀다. 올라의 엄마는 결혼을 했는데, 남편과 여기저기 이사를 다녔다. 그래서 올라는 할머니와 함께 지냈다. 어린 올라는 할머니, 엄마, 이모, 삼촌들이 농장에서 생계를 꾸려나가기 위해 얼마나 열심히 일하는지 두 눈으로 보며 자랐다. 그러나 올라는 행복했다. 할머니의 사랑을 듬뿍 받았고 그녀도 할머니를 사랑했다. 올라가 여덟 살 때 가족들은 농장을 떠나 하티스버그로 이사했다. 여기서 할머니와 이모는 세탁 일을 시작하게 되었다. 1927년 대홍수 때 의붓아버지가 물에 빠져죽었다. 올라의 엄마는 남편이 죽은 후 짐을 싸들고, 올라가 사는 곳으로 와서 세탁 일을 돕기 시작했다. 그들에겐 세탁기가 없어서 빨래판을 사용하고 장작불을 피워 낡은 통 속에 빨래를 삶아 손으로 빨래를 짜서 줄에 널었다. 올라도 일을 거들었다. 올라는 하티스버그에 있는 유레카 초등학교를 6학년까지 다녔다. 학교가 파하면 집에 와서 잠들 때까지 할머니와 이모를 도왔다. 할머니가 빨래와 다림질하는 모습을 보았기 때문에 방법을 잘 알았고 그대로 했다.

"할머니께서는 무슨 일을 하시든지 제게 방법을 가르쳐주셨어요. 저는 할머니를 죽도록 사랑했어요. 그리고 할머니께서 하시는 일은 다 따라하려고 노력했죠."

이모가 병에 걸려 수술을 받아야 했다. 올라는 학교를 그만두고 이모를 간호했다. 그리고 가족의 세탁 공장에서 일했다. 그녀는 한때 간호사를 꿈꾸었다. 빳빳하게 풀 먹인 흰 모자와 유니폼을 입고 싶었다. 그녀는 그것이 세상에서 가장 아름다운 복장이라고 생각했다. 그녀는 학교를 계속 다녀서 간호사가 되고 싶었다. 지적으로 보이는 유니폼을 입고 사람들을 돕고 싶었다. 하지만 그녀는 간호사 대신 평생 동안 힘든 노동을 계속했다.

"가족들은 하나 둘 자기 일을 하고 결혼해서 집을 떠났어요. 모든 일이

할머니 몫이 되었죠. 그래서 저는 할머니를 도와야 했어요."

그들은 누구에게서든 한 푼도 받은 일이 없다. 악명 높은 대공황 시기에는 상황이 매우 안 좋았고 돈을 벌기 어려웠다. 정부의 도움도 받은 적이 없었다. 그러나 그들은 불평하지 않고 가난한 삶을 슬프게 생각하지도 않고 묵묵히 헤쳐나갔다. 그들에겐 서로가 있었고, 식탁에 차려놓을 음식과 비를 피할 지붕이 있었으며 그들은 충분히 행복했다.

"우리는 일하는 걸 좋아했어요. 우리 가족은 모두 노동자예요. 저 또한 제가 할 수 있는 한 계속 일했죠. 밤이고 낮이고 쉬지 않고 일했어요. 필요한 게 있으면 일을 했고 돈을 내고 샀어요. 저는 누구에게도 빚진 적이 없어요. 한 번도요."

올라는 학교를 다닐 때, 그 동안 모은 몇 달러를 들고 퍼스트 미시시피 내셔널 은행을 찾아갔다. 돈을 보관하고 싶었기 때문이다. 하지만 복리가 뭔지, 투자가 뭔지도 몰랐던 올라는 수표 계좌에 돈을 넣었다. 수표로 돈을 찾아 쓸 일도 없는데 말이다. 나중에 은행 직원은 예금 계좌를 개설하라고 알려주었다. 이 계좌에 돈을 넣어두면 이자가 붙었는데, 올라는 그날부터 관절염 때문에 일을 그만두게 되는 1994년까지 매월 쓰지 않을 돈을 모조리 은행에 집어넣었다. 그렇게 저금을 하기 시작했다.

그녀와 할머니는 서로에게 헌신했다. 할머니의 건강이 악화되기 시작하자, 올라는 할머니를 극진하게 간호했다. 남자를 만날 시간 같은 건 없었고 결혼을 하지 못했지만 그녀는 상관하지 않았다. 그녀는 할머니에게 자기가 필요하다는 사실이 좋았다. 할머니는 풍을 맞아서 턱을 움직일 수 없었다. 할머니의 입을 벌릴 수 있는 사람은 올라뿐이었다. 할머니는 다른 사람의 도움을 받고 싶어하지 않으셨다. 올라도 할머니 말고 다른 사람에게 쓸모 있는 존재가 되고 싶지 않았다. 올라와 할머니, 엄마, 이모가 하티스버그의 작은 집에서 복닥거리며 행복한 삶을 살았다.

1944년 할머니가 중풍으로 돌아가셨고 그녀는 어머니, 이모와 함께 하던 일을 계속했다. 하티스버그에 사는 사람들의 빨래를 하며 밤늦게까지 일하고, 일요일마다 교회에 갔고, 가족들과 재미나게 지냈으며, 열심히 돈을 모았다. 올라의 어머니는 1964년 유방암으로 세상을 떴다. 이모도 3년 후 그 뒤를 따랐다. 그들은 올라에게 약간의 돈을 남겼고, 올라는 그 돈도 저금했다. 두 사람의 죽음 역시 올라에게 힘든 일이었다. 올라는 이제 혼자였다. 아무도 곁에 없었다. 조용하고 내향적인 그녀는 거의 사람들을 만나지 않았다. 일하지 않을 때 낡은 성경을 읽거나 작은 텔레비전을 보거나 라디오를 들었다. 장을 보러 가거나 교회에 갈 때를 제외하고 거의 집을 떠나지 않았다. 그러나 그녀는 봄을 너무 좋아해서 종종 꽃을 보며 혼자 산책했다. 사람들은 계속 그녀에게 빨랫감을 가지고 왔다. 그녀는 삼 대째 옷을 빨고 다렸는데, 항상 감사하며 이 일을 즐겼다.

"노동은 삶에 의미를 줍니다. 사람이 자신에게 만족하려면 열심히 일해야 해요. 할 일을 제대로 해낼 수 있다면 하루하루가 만족스럽지요."

그녀는 이모가 죽은 후에도 27년을 더 일했다. 이 무렵 그녀는 하티스버그의 여러 은행에 돈을 맡기고 있었다. 그녀가 마지막으로 거래를 튼 트러스트마크 은행은 그녀에게 적금 상품과 금리연동제 상품을 권했다. 재산을 보통 예금으로 묶어두는 것보다 이자가 훨씬 빨리 불어날 수 있었다. 이 은행에서 일하는 친절한 두 사원, 즉 낸시 오돔과 엘렌 빈잔트는 투자에 대한 충고만 해준 게 아니었다. 그들은 그녀가 언젠가 일할 수 없을 때를 대비해서 돌봐줄 사람이 있어야 한다고 걱정했다. 올라에게 에어컨을 사라고 설득한 사람도 이들이다. 그러나 미시시피의 열기에 익숙한 올라는 에어컨의 필요성을 못 느꼈다.

올라는 친구들의 말을 듣고 25만 달러를 가지고 무엇을 할지 생각하기 시작했다. 그녀는 일을 그만둔 후의 생활을 생각해 보지 않았다. 그녀는 여행을 별로 하지 않았고 그럴 필요도 없었다. 미시시피 주에서 벗어나 본 적은 평생 동안 딱 한 번이었다. 나이아가라 폭포를 구경하러 갔었는데, 그녀 인생에서 관광은 그 한 번으로 족했다. 그녀는 사촌 몇 명에게 재산을 약간 물려줄 생각이었고, 우정 침례교회에도 얼마의 돈을 기부할 계획이었다. 그러나 나머지에 대해서는 어떻게 써야 할지 몰랐다.

그녀에게는 젊은 사촌이 있었다. 앨버트는 대학에 가고 싶었지만 학비가 없었다. 앨버트의 아버지는 그가 매우 어릴 때 죽었고 어머니는 먹고 사느라 아등바등했다. 올라는 그의 대학 등록금을 대주었다. 그래서 앨버트는 서든미시시피 대학교에 다닐 수 있게 되었다. 올라는 그런 선물을 하고 나서 마음이 뿌듯했다. 그녀 자신은 받아본 적 없는 교육을 다른 사람이 받을 수 있도록 돕는 것이 옳은 일처럼 느껴졌다. 마침내 올라는 친구 낸시와 엘렌에게 자신의 재산을 학교에 기부하기로 결정했다고 털어놓았다. 그러자 그들은 은행의 신탁 담당자 폴 래플린과의 만남을 주선해 주었다. 래플린은 올라를 처음 만났을 때를 기억했다.

"그녀는 그 많은 돈을 서든미시시피 대학교에 기부하고 싶다고 말했어요. 그리고 누구든 자기 마음을 바꾸려 들지 않았으면 좋겠다고 말했습니다."

래플린은 올라의 세탁소 고객 중 한 사람인 변호사에게 전화를 걸었다. 그는 기부 계획이 그녀 자신의 생각이냐고 물었다. 올라는 그렇다고 대답했고 그들은 일을 진행시켰다. 올라는 "제가 모든 일을 할 순 없어요. 하지만 몇몇 사람을 돕기 위해 뭔가 할 수는 있겠죠. 그래서 제가 할 수 있는 일을 하려고요. 더 많은 일을 할 수 있으면 좋겠지만요"라고 말했다.

서든미시시피 대학교는 올라의 선행을 발표했고, 이 소식은 하티스버그 구석구석까지 널리 퍼졌다. 그리고 온 나라의 관심이 그녀에게 쏠렸다. 텔레비전 방송국에서는 이 특별한 여성의 놀라운 선행을 보도하기 위해 하티스버그로 카메라를 보냈다. 「뉴욕 타임즈」는 이 일을 머리기사로 내보냈다. 미국 전역의 신문들이 너도나도 비슷한 기사를 발표했다. 「타임」지는 올라의 인생을 요약해서 실었다. 「뉴스위크」, 「라이프」, 「피플」지도 비슷했다. 심지어 외국 언론들도 이를 보도했다. 올라는 유명인사가 되었다. 그녀는 천성적으로 수줍음이 많았지만, 이런 일이 싫지는 않은 듯했다. 전세계 사람들이 그녀의 선행에 감동받았다는 편지를 보내왔고 사람들은 그녀가 시작한 장학 기금에 기부금을 보탰다. CNN 뉴스의 설립자인 테드 터너는 유엔에 10억 달러를 기부하겠다고 약속하면서, 올라 맥카티의 모범적인 행동에 감동받았기 때문이라고 밝혔다.

오시올라 맥카티는 수줍음 많고 겸손한 세탁부였다. 그러나 알뜰히 돈을 모아 남에게 베푼 그녀의 단순한 덕은 사람들의 마음에 깊은 울림을 주었다. 우리가 돈을 벌기 위해 애를 쓰고 보란 듯이 소비하고 필요하지도 않은 온갖 물건을 사 모으고 빚을 지고 있을 때, 그녀는 행복이 가격표가 붙은 상품이 아님을 가르쳐주었다. 아무리 큰 집에서 살고 멋진 차를 몰고 시간을 때울 물건이 많고 인생이 잘 풀리는 듯해도, 이기심만으로는 결코 행복해질 수 없다. 행복해지려면 자꾸 나눠주어야 한다. 물건

뿐 아니라 자기 자신을 나눠주어야 한다. 오시올라 맥카티는 단순한 삶을 살았다. 그녀는 그 삶을 위해 열심히 일했고 자기가 가지고 있던 모든 것을 나눠주었다. 어떤 면에서 그녀는 자기가 이룬 모든 것과 평생의 삶을 남에게 주었다고 말할 수 있다. 사람들은 그런 사람을 만나 조금이라도 행복을 얻어가고 싶어한다.

클린턴 대통령은 그녀를 백악관으로 초대해 메달을 수여했고, 하버드 대학교는 그녀에게 명예 학위를 주었다. 유엔도 상을 주기로 결정했다. 그러나 올라는 상을 받으러 파리에 가고 싶지 않았기 때문에, 그들이 하티스버그로 왔다. 여기저기서 사람들이 그녀에게 편지, 시, 새 성경, 간호사 모자, 그녀를 기념하기 위해 만든 작은 물건들을 보내왔다. 뉴저지의 한 예술가는 그녀의 초상화를 직접 그려 보냈다. 그녀는 평생 처음으로 비행기를 탔다. 하티스버그는 오시올라 맥카티의 날을 지정했다. 그녀의 말년은 지난 86년이 고단했던 것 못지않게 매우 흥미진진했다. 수많은 사람들이 그녀와 친구가 되길 원했고 한번이라도 그녀를 만나고 싶어서 난리였다. 그녀는 이런 변화를 즐겼지만 그녀가 돈을 기부한 것을 두고 왜 이 난리가 벌어졌는지 이해하지 못했다.

"그건 어려운 일이 아니었어요. 나는 필요하지 않은 것은 사지 않아요. 하나님은 저를 도우셨고, 여러분도 도와주실 거예요."

그녀는 자신이 '축복받은' 사람이라고 했다.

하티스버그 출신인 스테파니 불록이 처음으로 오시올라 맥카티 장학금을 받았다. 그녀는 올라를 존경하는 할머니라고 불렀다.

올라는 1999년에 세상을 떠났다. 선행이 세상에 알려진 지 4년 후였다. 그녀는 죽기 전 마지막 몇 주일을 자신의 소박한 집에서 보냈다. 그러길 원했기 때문이다. 그녀를 만나본 적도 없는 수많은 사람들이 그녀를 추모했다. 그리고 자기 것을 남에게 베푸는 삶을 본받아 앞으로 좀더 풍요로운 인생을 살겠다고 약속했다. 그들은 자신들이 알지 못하는 것을 올라가 알고 있다고 생각했다. 그들이 단지 생활을 위해 일하기 시작하면서 오래 전에 잊어버렸던 어떤 것을 올라는 알고 있었다.

올라가 말하는 좋은 인생이란 스스로 자랑스러울 수 있는 삶이었다. "요즘은 많은 사람들이 자기 존중에 대해 말합니다만 저에게는 그게 아주 간단한 문제랍니다. 스스로 자랑스럽기를 원한다면, 자랑스러울 만한 일을 하면 돼요. 감정은 행동을 따라갑니다."

오시올라 맥카티는 검소한 삶을 살았다. 그러나 그녀는 몇 가지 중요한 사실을 알고 있었다. 그녀보다 더 훌륭한 사람들도 절대 모르는 것이었다. 그녀는 자기 존중이 부나 명성보다 훨씬 가치 있다는 사실을 알았다. 수고하지 않는 한가한 인생보다 고된 노동이 훨씬 만족스럽다는 것을 알았다. 불필요한 소유보다 선행이 훨씬 큰 행복임을 알았고 이를 실천하며 살았다. 그리고 자부심이 강한 행복한 여성으로 생을 마쳤다.

용기

—

영국인 간호사가 손님에게 물었다.

"그들이 저에게 시간을 얼마나 줄까요?"

"안타깝지만 내일 아침까지요."

손님이 대답했다.

그녀는 충실하고 성스럽게 절제된 삶을 살아오면서 이 순간을 준비했
다. 루터파 목사인 르 쇠르는 그녀에게 잔인한 소식을 전해주었다. 비밀
리에 그리고 서둘러 유죄를 판결한 독일 군사 법원이 그녀를 처형하기로
결정했다는 것이다. 그녀는 운명에 따르기로 한 듯 보였고 담담했다. 그
녀는 시간이 얼마나 있냐고 물었을 때 이미 사형을 예상했다. 죽음이 임
박했다는 사실에 매우 놀랐겠지만 워낙 자제력이 강한 사람인지라 겉보

기에는 절망한 기색을 찾아볼 수 없었다. 르 쇠르는 이렇게 전했다.

"그녀의 뺨은 홍조를 띠었고 눈가에 물기가 엿보였습니다. 그러나 아주 잠깐 동안이었어요."

이디스 카벨은 아무리 봐도 독일이란 나라의 적으로 보이지 않았다. 잘 웃지 않는 얇은 입술, 회색 머리칼, 꿰뚫어보는 듯한 회색 눈을 가진 그녀는 작고 여린 49세의 여성이었다. 그녀는 20년 동안 한결같이 간호사 제복을 입었다. 이디스를 아는 많은 사람들은 그녀를 성실하고 유능하며 헌신적인 간호사라고 평가했다. 엄격하고 검소하며 무미건조한 여성이라고도 생각했다. 확실히 그녀는 책임감이 매우 강했다. 그러나 간호사 일을 할 때 딱딱하고 냉철하며 때로는 혹독한 면모를 보였다고 해서, 그녀의 인격도 차갑고 냉정한 것은 아니다. 겉으로 보이는 성격이 열정의 증거는 아니며, 열정이 없다는 증거도 될 수 없다. 한 사람이 다른 사람에 대한 의무감으로 위험을 무릅쓰고 모든 것을 포기하는 것보다 더 열정적인 사랑을 베풀 수 있을까? 아무리 깊이 감춰져 있더라도 그러한 열정은 순수하고 용감하며 흔치 않다. 이디스 카벨은 그런 열정을 가진 사람이었다.

그녀는 1865년 스와드스턴의 노포크 마을에서 4형제 중 맏이로 태어났다. 아버지는 영국 국교인 성공회 목사였다. 진지한 아버지는 아이들을 엄격하게 키웠지만, 가족 결속력은 대단했다. 그들에게는 안락한 집과 아름답고 넓은 정원이 있었다. 그러나 돈은 별로 많지 않아서 검소하게 생활했다. 가정교사를 둘 형편이 아니었기 때문에 일찍부터 카벨 목사가 직접 아이들의 교육을 맡았다. 그는 엄하고 깐깐한 아버지였지만 정이 많았고, 언행을 통해 타인에 대한 의무감의 중요성을 일깨워주었다. 아이들은 아버지를 사랑하고 존경했다. 일요일이 되면 아이들은 일체 오락 활동이 금지되었고 독서조차 할 수 없었다. 그리고 오전과 오후 예배에 참석하여, 덕스러운 삶에 필요한 자기희생과 경건함을 주제로 하는 아버지의 설교를 열심히 경청해야 했다. 이디스는 아버지의 설교가 너무 길고 지루하다고 친구에게 말한 적이 있지만, 설교가 주는 교훈에서 많은 영향을 받았다. 아버지의 모범적인 행동을 본받은 것은 물론이다. 카벨 가족은 일요일 저녁 식탁에 앉기 전에, 항상 음식을 조금 덜어 교구의 가난한 가정에 갖다 주었다.

아버지에게 부족한 따뜻함과 유머 감각은 자애롭고 너그러운 어머니가 보충해 주었다. 이디스는 어머니를 닮아 그림과 스케치에 재능이 있었고 자연과 아이들을 좋아했다. 이디스는 평생 어머니에게 헌신했다. 독신이었던 이디스는 훗날 친구에게 이런 말을 한 적이 있다.

"돌봐드릴 어머니와 사랑하는 일이 있는 나는 세상에서 제일 행복한 노처녀야. 사람들이 그게 어떤 건지 알면 모두 나를 부러워할걸."

목사 아버지 덕에 엄격한 생활을 해야 했지만 이디스의 어린 시절은 행복했다. 일요일을 제외하면, 항상 웃고 떠드는 즐거운 가정이었다. 아이들은 사계절 내내 밖에서 뛰놀았다. 겨울에는 스케이트를 타고 여름에는 테니스를 쳤다. 그녀는 항상 그 시절을 그리워했다.

이디스는 십대 시절 아버지의 권유에 이끌려 윤리 교육을 강조하는 학교에 다녔다. 이디스는 정숙함과 뛰어난 그림 솜씨, 불어 실력으로 두각을 나타냈다. 졸업 후에는 여러 집에서 가정교사 노릇을 했다. 그러던 중 1890년 이디스에게 브뤼셀에서 일할 수 있는 기회가 생겼다. 세상 경험을 하고 싶었고 불어를 더 잘하고 싶었던 이디스는 이 제안을 수락했다. 그녀는 벨기에 사람인 프랑스와 씨 집에서 네 아이를 가르쳤다. 프랑스와 가족은 이디스를 좋아했다. 그녀는 아이들을 교육해야 하는 책임감을 매우 진지하게 의식하고 있었지만, 역시 프랑스와 가족을 무척 좋아했다. 그녀의 진지하고 엄격한 훈육 방식은 아이들에 대한 사랑과 충분히 균형을 이루었다.

1895년 이디스는 프랑스와 가족과의 생활을 정리하고 중병에 걸린 아버지를 간호하기 위해 집으로 돌아왔다. 이 경험은 이디스가 직업을 바꾸는 동기로 작용했다. 자라면서 항상 다른 사람에 대한 도덕적 의무를 다하라는 가르침을 받은 그녀는 직업 간호사가 되기로 결심했다. 이디스는 런던에 가서 교육을 받았고 한동안 개인 간병인으로 일하거나 빈민 병원에서 일했다. 1906년에는 맨체스터의 한 병원의 수간호사가 되었다. 이 병원의 환자들은 물론 함께 일했던 의사들까지도 그녀의 헌신적인 성격과 유능함을 크게 칭찬했다. 역사적으로 간호는 종교적인 부름을 받은 여성들이 하는 일로 여겨졌다. 공식적인 교육체계도 거의 전무했다. 단, 영국에서는 플로렌스 나이팅게일 이후에 상황이 완전히 바뀌었다. 부상당한 영국군을 놀라운 솜씨로 돌보았던 나이팅게일의 영향으로, 간호사를 전문적으로 훈련시켜야 한다는 운동이 촉발되었다. 그러나 대부분의 유럽 지역에서는 여전히 수녀들이 간호사 역할을 담당했다. 벨기에의 외과의사 앙트완 드파지는 멀리 볼 줄 아는 사람이었다. 브뤼셀 외곽에 병원을 세운 드파지 박사는 신설 병원에서 간호사 양성 학교를 운영할 사람을 찾고 있었다. 마침 프랑스와 씨의 딸 중 하나가 자라서 영향력 있는 여성이 되었는데, 그녀가 이디스를 드파지 박사에게 추천했다. 1907년 이디스는 그 일을 맡기로 결정했다.

이디스는 누가 보더라도 재능 있고 공정한 선생이자 관리자였다. 그녀에게 배우는 간호사들은 그녀를 다소 엄격하고 깐깐한 선생님으로 기억했다. 그녀 밑에 있는 간호사들은 항상 장시간 고된 일을 해야 했다. 특히 이디스는 청결과 시간 엄수를 강조했는데, 만약 한 간호사가 2분 지각하면 2시간 초과 근무를 해야 했다. 또 윤리 기준과 다른 사람에 대한 의무감을 철저히 지키도록 요구했다. 그녀가 냉정하고 엄하다는 평판을 듣게 된 것은 모두 이 학교에서였다. 그러나 그녀가 궁핍한 사람들에게 베풀었던 친절함을 생각한다면 그러한 평가가 얼마나 얕은 생각인지 알 수 있을 것이다. 설사 간호사들이 엄격한 규율 때문에 시달렸다고 해도, 그것은 모두 그들을 위해서였다. 이디스의 지도를 받은 간호사들은 유능한 전문가가 되었다. 처음에는 벨기에 교회와 사회 곳곳에서 세속의 여성이 간호사 일을 한다는 것에 대한 이의를 끊임없이 제기했다. 간호 일은 언제나 교회의 몫이었기 때문이다. 그러나 이디스가 훈련시킨 전문 간호사들의 훌륭한 간호 덕분에 사람들의 생각도 변했다. 간호사 양성 학교는 큰 성공을 거두었고, 벨기에 병원의 운영 방식과 환자 치료 방식에도 많은 영향을 미쳤다.

드파지 박사는 자신이 고용한 수간호사가 몹시 헌신적이고 유능하다는 것을 잘 알고 있었지만, 학교운영 및 교과과정과 관련된 결정을 내릴 때 종종 이디스와 충돌하곤 했다. 그는 총명하고 강압적이며 변덕스러운 사람이었다. 마찬가지로 자기주장과 의지력이 강하고 매우 독립적인 이디스는 드파지 박사가 틀렸다고 생각하면 굽히는 법이 없었다. 당시 그녀는 간호사들뿐 아니라 학생 의사들에게도 강의를 하고 있었다. 그녀는 자신의 지식과 능력에 대한 자부심이 컸다. 두 사람이 대립할 때마다, 드파지 박사의 부인 마리아는 성난 남편을 진정시키곤 했다. 그녀는 이디스를 좋아했기에 남편이 이디스의 입장에 동의하지 않을 때면, 순순히 받아들이라고 열심히 설득했다. 이디스 역시 마리아 드파지를 매우 존경했고 진심으로 좋아했다.

1914년 8월 혼자 된 어머니와 노포크 노리치에서 휴가를 보내던 이디스는 제1차 세계대전이 발발했다는 소식을 들었다. 벨기에는 전쟁터가 되었다. 이디스의 어머니는 딸이 영국에 안전하게 남아 있길 바랐지만, 딸은 막무가내였다. 그녀는 브뤼셀로 돌아갈 생각이었다.

"지금이야말로 제가 가장 필요한 때예요."

브뤼셀에서는 격렬한 전쟁이 한창이었다. 이디스는 국적과 상관없이 모든 부상병을 치료해야 한다고 병원측을 설득했다. 훗날 이곳은 적십자 병원이 되었다. 숙련된 간호사들이 벨기에, 프랑스, 독일 병사들을 가리지 않고 모두 돌보았다. 브뤼셀이 독일군에 항복한 후, 독일 당국은 부상병들을 자국의 병원으로 옮기고 외국인 간호사들은 본국으로 돌아가라고 명령했다. 이유는 알 수 없지만 이디스는 남아도 좋다는 허락을 받았다.

전쟁 첫 해, 독일은 순식간에 벨기에를 쓸어버렸다. 그 여파로 영국, 벨기에, 프랑스 군대는 프랑스 남쪽으로 밀려 내려갔다. 후퇴하던 군인 수백 명이 급속도로 밀려오는 독일군 때문에 자국 군대에서 이탈하게 되었고, 몸을 피할 곳을 찾아 벨기에 시골에 숨었다. 독일군은 그런 군인들을 발견하는 족족 죽어버렸다. 군인들은 숲, 교회, 수녀원, 동정심 많은 벨기에 사람들의 집이나 지하실, 헛간 등에 숨었다. 이디스의 병원도 피난처로 사용되었다. 벨기에 사람들이 위험을 무릅쓰고 연합국의 군인을 숨겨준 행위는 그들의 용기와 애국심을 잘 보여준다. 독일군이 적군을 돕는 사람은 누구든지 총살해 버리겠다고 위협했는데도 그들은 그렇게 했다. 이디스 카벨 역시 강한 용기와 따뜻한 인간애를 보여주었다.

1914년 11월 애국심이 강한 벨기에 사람 에르망 카피오는 변장한 영국 군인 2명을 이디스에게로 데려왔다. 다리가 부러진 중령과 하사관이 있는데, 그들을 숨겨달라고 이디스에게 간청했다. 그녀는 주저 없이 그들을 받아들였고, 잠자리와 음식을 마련해주었다. 그리고 두 사람의 상처를 치료했다. 그들이 회복되어 떠날 때가 되자, 이디스는 두 사람을 위해 브뤼셀에 사는 민간인을 붙여주었다. 그들이 영국으로 무사히 돌아갈 수 있게 하기 위해서였다.

카피오는 연합군이 탈출할 수 있도록 도와주는 벨기에 지하 조직의 일원이었다. 그는 지하 조직의 리더이자 벨기에 귀족인 크르와 경 부부에게 이디스가 도와준 사실을 보고했다. 얼마 후 크르와 경은 이디스를 찾아와 다른 군인들도 도와줄 수 있냐고 물었고 이디스는 물론 승낙했다. 그녀는 무려 아홉 달 동안 200명에 달하는 영국, 벨기에, 프랑스 군인들을 병원에 숨겨주고 먹여주고 치료해 주며 탈출을 도왔다. 돈을 주고 가짜 신분증을 만들어주고 벨기에에서 빠져나갈 수 있도록 가이드를 구해주었다. 그들을 다른 곳에 숨기거나 접선 장소로 데려가기 위해 자신이 직접 가이드 역할을 하기도 했다. 그녀는 애국심이 강한 영국인이었다. 그런 위험을 불사한 이유는 말할 것도 없이 애국심 때문이었다. 그러나 더 중요한 것은 그녀가 스스로를 돌볼 수 없는 사람들에 대한 의무감을 평생 느끼며 살았다는 점이다. 그녀는 희생이 자신의 의무라고 생각했다. 그렇기 때문에 환자를 돌보는 일이나 살려고 발버둥치는 군인을 돕는 일을 구분하지 않고 정성을 다했다. 그녀는 매우 인정 많은 여성이었고 심각한 위험 상황에서도 그런 심성을 지킬 수 있는 용기가 있었다.

이디스는 밑에 있는 간호사들을 이런 비밀스러운 임무 수행에 개입시키지 않았다. 자신은 위험에 빠져도 개의치 않았지만 그들까지 위험에 빠뜨릴 수는 없었기 때문이다. 몇 달 후 이디스는 자신이 의심받고 있음을 감지했고 곧 발각될 것 같은 예감이 들었다. 그녀는 육촌이자 연인이었던 에디에게 편지를 썼는데, "자유롭게 될 때까지는 설명할 수 없는 방법으로 영국의 전쟁을 돕고 있다"고 털어놓았다. 사랑하는 어머니에게는 곧 체포될 것 같아 두렵다고 편지를 썼다. 이 편지가 영국에 도착했을 무렵에는 이미 그 예측이 현실이 된 후였다.

이디스가 활동하는 지하 조직의 일원인 브뤼셀 건축가 필리프 보가 먼저 체포되었다. 독일군은 그의 집을 습격하여 여러 문건을 찾아냈는데, 그 중 몇몇에 이디스의 이름이 언급되어 있었다. 크르와 경은 시골 영지에 있다가 동지들에게 위험을 경고하기 위해 브뤼셀로 올라왔다. 그는 이디스를 찾아가 자신은 몸을 숨길 것이니 그녀도 즉시 그렇게 하라고 말했다. 영국으로 돌아갈 수 있도록 힘을 써보겠다고 했다. 항상 독립적이고 완강했던 이디스는 체포의 위험을 인정하면서도 피신하길 거부했다. 친구 마리아 드파지는 원양 정기선 '루시타니아' 호에 탔으나 독일군에게 격추당해 바다 속에 가라앉았다. 그녀는 희생으로써 의무를 다해야 한다는 확신을 굽히지 않았다. 절대 물러나지 말고 자신을 의지하는 사람들을 책임져야 한다고 믿었다. 그녀는 "저에게 탈출은 생각할 수도 없을 뿐 아니라 헛된 일입니다"라고 설명했다. 며칠 후 독일 비밀 경찰국장 오토 마이어가 병원으로 와서 이디스를 구류했다. 그들은 사흘 동안 그녀를 심문했지만 전혀 소득이 없었다. 마침내 그들은 이디스의 자백을 유도하기 위해, 이미 동료들이 체포되어 모든 것을 자백했다고 말했다. 그녀는 그 거짓말을 믿었고 마이어에게 자신의 활동에 대한 정보를 모두 털어놓았다. 그 결과 30명이 넘는 동료들이 체포되었고 재판을 받게 되었다. 그 중 두 사람, 필리프 보와 이디스 카벨만 처형되고 나머지는 목숨을 건졌다.

독일군은 10주 동안 이디스를 독방에 감금했다. 그녀의 자백 외에 유죄를 입증하는 유일한 증거는 그녀가 받은 엽서 한 장이었다. 이디스가 탈출을 도와준 영국 군인이 감사하다는 말을 하기 위해 보낸 엽서였다. 그녀는 편지를 주고받아도 좋다고 허락을 받았다. 그녀는 지인들에게 편지를 쓸 때마다 일말의 후회도 내비치지 않고 단순한 근거를 들어 자기 행동을 변호했다.

"제가 돕지 않았다면 그들은 총에 맞았을 거예요."

그녀가 자신의 목숨까지 걸고 희생했던 유일한 이유는 양심이었다. 자신의 목숨이 소중하듯 다른 사람의 목숨도 소중하다고 생각했을 뿐이다. 재판은 이틀간 열렸다. 1915년 10월 11일 아침, 독일 군사 법정은 '독일의 적인 연합군을 도운 죄'로 이디스 카벨에게 사형을 언도했다. 그녀는 법에 따라 총살형을 선고받았다. 즉시 형을 집행할 필요가 없었는데도 독일군은 서둘렀다. 중년의 간호사를 처형하는 데 쓸데없이 국제적인 관심이 쏠릴까 두려웠기 때문이다. 게다가 그 간호사는 이기심도 없고 용감하고 숭고한 사람이었다. 독일군은 다음날 급히 형을 집행했다.

미국과 스페인 대사관은 그녀를 위해 적극적으로 거듭 자비를 호소했지만 독일군은 그 요청을 들은 체도 하지 않았다. 독일군의 군종인 르 쇠르 목사의 방문이 허락되었지만 그녀는 그의 도움을 정중히 거절했다. 그는 독일인인 데다 루터파 목사였고 그녀는 성공회 신자였기 때문이다. 대신 성공회 목사를 알아봐주겠다는 제안은 받아들여 스털링 게헌 목사가 그녀를 찾아왔다. 그러나 독일군은 영국 목사가 사형 집행을 보게 할 수 없다고 고집했기 때문에 르 쇠르 목사가 그녀의 죽음을 지켜볼 수밖에 없었다. 이디스도 결국 그 점을 받아들였다.

게헌 목사는 이디스의 마지막 밤을 함께 했던 경험을 회상하며 매우 감동을 받았다고 전했다. 그가 이디스의 독방에 왔을 때, 그녀는 침대에 누워 있었다.

그녀는 일어나 서둘러 겉옷을 입고 앞섶을 여몄다. 담담하고 체념한 듯한 모습이었다. 이디스는 쫓기듯 바쁘게 살아왔지만 항상 행복하지는 않았다고 말했다. 그래서 사람들을 구하고 조국에 대한 의무를 다할 수 있는 기회가 찾아왔을 때, 몹시 기뻤다고 고백했다. 그리고 "두 달 반 동안 이렇게 조용하게 준비를 할 수 있어서 감사하다"고 말했다. 그녀는 자신에게 내려진 선고를 이해하고 받아들였다.

"여기 사람들은 제게 친절했어요. … 저는 불멸의 존재가 되어서 하나님 앞에 섰을 때를 생각해 보았어요. 그때 깨달았죠. 애국심이 전부가 아니라는 걸요. 누구에게도 증오나 억울함을 가지지 말아야 하는 거였어요."

그녀는 성찬을 받고 게헌 목사와 함께 빅토리아 시대부터 내려오는 찬송가 「나와 함께하소서」를 불렀다.

나와 함께 하소서.
순식간에 땅거미가 깔리고

어둠이 짙어지오니, 나와 함께 하소서.

돕는 자도 쓰러지고 위로받을 곳 없을 때

약한 자를 도우소서.

나와 함께 하소서.

이디스의 독방에는 몇 가지 소지품이 있었다. 간호사들에게 선물 받았지만 이제는 죽어가고 있는 장미가 꽂힌 꽃병 두 개, 성경, 기도서, 토머스 아 켐피스의 책 『그리스도를 본받아(*The Imitation of Christ*)』 등이다. 그녀는 기도서와 책 귀퉁이에 생각들을 메모해 두었다. 그리고 어머니와 친구들, 간호사들과 사랑하는 사람들에게 일일이 편지를 썼다. 모두에게 작별 인사를 하면서 너무 슬퍼하지 말라고 위로했다. 그녀는 죽음을 맞을 준비가 되어 있었다. 그리고 이 세상을 떠나 더 나은 세상으로 가게 될 것이라고 굳게 믿었다.

이디스를 독일의 손아귀에서 구하지 못했던 미국 대사는 그녀가 간호사들에게 쓴 마지막 편지에 실려 있던 감정을 감동적으로 설명했다.

"그녀는 강하고 엄한 교사였고 항상 자제하는 사람이었습니다. 완벽하게 자신을 통제할 수 있었고 자신에게 가장 엄격한 사람이었습니다. 그녀는 자신을 이해하지 못했던 소녀들에게, 가혹한 대우를 받았다고 생각한다면 용서해 달라고 말했습니다. 그녀는 이처럼 감동적인 고백을 하며, 그들이 생각하는 것보다 훨씬 더 많이 사랑한다고 말했습니다."

다음날 아침 동이 트기 전에 르 쇠르 목사가 이디스와 함께 집행 장소로 가기 위해 감방으로 왔다. 그는 이디스가 준비를 마쳤음을 확인할 수 있었다. 그리고 마침내 이디스 카벨과 필리프 보는 형이 집행될 마당으로 끌려갔다. 필리프 보는 독일인 교도관과 악수를 하고 "안 좋은 감정이 없다"고 말했다. 그리고 사형 집행인에게 외쳤다.

"우리는 모두 형제입니다."

르 쇠르 목사는 마지막으로 이디스를 축복했고 그녀는 답례로 그의 손을 꼭 쥐었다.

"게헌 목사님께 부탁 좀 해주세요. 제가 사랑하는 사람들에게 제 말을 전해 달라고요. 제 영혼은 안전하니까 조금도 걱정하지 말고, 저는 조국을 위해 죽는 것이 기쁘다고 말해주세요."

그러고 나서 그들은 그녀의 눈을 가리고 말뚝에 몸을 묶었다. 그리고 잠시 후 일렬로 선 사수 8명이 총을 쏘았다. 그녀의 죽음을 지켜본 사람들은 그녀가 살아 있을 때처럼 사랑 가득한 마음으로 용감하게 생을 마감했다고 한결같이 말한다.

소저너 트루스
Sojourner Truth

레오나르도 다 빈치
Leonardo da Vinci
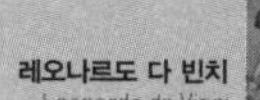

마크 트웨인
Mark Twain
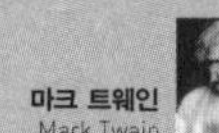

존 우든
John Wooden

character 4_ 불꽃보다 뜨거운 삶

이 상

—

인간의 미래는 인간의 마음에 있다

1850년 회고록을 구술하고 있는 한 사람이 있었다. 불러주는 사람은 예전에 노예였던 나이든 흑인 여성이고, 받아 적는 사람은 노예제 폐지론자인 젊은 백인 여성 올리브 길버트다. 『북부 노예: 소저너 트루스의 회고록(*The Narrative of Sojourner Truth: A Northern Slave*)』은 토머스 제퍼슨이 펜으로 역설했던 자유와 정의를 자기만의 독특한 방식으로 주장했던 한 미국인의 일생을 그린 책이다. 이 장은 많은 부분 회고록을 참고했다.

1797년 이사벨라 바움프리는 뉴욕 주 얼스터 카운티에서 태어났다. 미국이란 나라가 탄생한 지 얼마 되지 않은 때였다. 부모는 흑인 노예인 제임스 바움프리와 벳시 바움프리였다. 노예제는 미국 대부분의 북부 주에서 폐지되었지만 뉴저지와 뉴욕에는 여전히 남아 있었다. 남부에서도 엘리 휘트니가 조면기(목화 씨를 빼거나 솜을 트는 기계)를 발명하지 않았더라면, 이 제도가 완전히 폐지되었을지 모른다. 하지만 조면기는 노예를 부려 수확한 목화가 왕이던 시절에 노예제의 수익성을 더욱 높이는 데 기여했다.

제임스와 벳시, 어린 이사벨라는 네덜란드 출신 지주인 아딘버러 대령의 재산이었다. 이사벨라가 태어난 지 얼마 안 되어 대령이 죽자 그의 아들 찰스는 아버지의 재산과 노예를 물려받았다. 이사벨라는 부모님이 찰스를 비교적 친절한 주인으로 묘사했던 것을 기억한다. 그러나 형제자매가 몇 명이었는지는 확실히 기억하지 못했다. 아마도 12명 정도였던 것 같다. 그녀는 끝에서 두번째였다. 이사벨라의 남동생인 막내 피터를 빼고는 모두 아딘버러 대령이 생전에 다른 백인에게 팔아버렸다. 그녀가 태어나기도 전의 일이다.

인간적인 주인을 자처했던 노예 소유자들은 다른 인간의 자유를 빼앗는 행위의 본질적인 잔인함을 변명할 때, 자신을 위로하기 위한 신화를 꾸며내곤 했다. 그 중 하나가 노예는 완전한 인간보다 열등하므로 백인들처럼 자식에게 강한 애착이나 유대감을 느끼지 않는다는 것이었다. 노예 소유자들은 노예 가족이 헤어질 때 두 눈으로 목격한 광경을 부정해야 했다. 그렇게 하지 않으면 자신의 인간성을 의심해야 했기 때문이다.

찰스 아딘버러는 새 집을 짓고 노예들이 지하실에 기거하게 했다. 모든 노예가 어둡고 습기 찬 방에서 부대끼며 생활했다. 그곳에서 이사벨라는 아홉 살이 될 때까지 밥을 먹고 잠을 잤다. 그 후에는 가족 품에서 떨어져 양떼와 함께 새 주인에게 팔렸다. 새 주인은 아딘버러의 집에서 멀지 않은 곳에 살았는데, 도무지 친절하다고 말할 수 없는 사람이었다.

이사벨라는 존 닐리의 집으로 옮기면서 이렇게 말했다.

"이제 전쟁이 시작되었어."

이사벨라는 당시 네덜란드어밖에 할 줄 몰랐지만 닐리는 네덜란드어를 잘하지 못했고, 그의 아내는 아예 하지 못했다. 어린 노예는 영어로 명령하는 주인 내외의 말을 알아들을 수 없었기 때문에 많은 곤경을 겪었다. 닐리 부부는 이사벨라가 고의로 말을 안 듣는 게 아닌 줄 알면서도 이해하려 들지 않았다. 그들은 화를 내고 매질을 했다. 이사벨라가 추상 같은 명령에 제대로 반응하지 못할 때마다 격분해서 가혹한 벌을 내렸다. 마침내 어느 일요일 아침, 닐리는 이사벨라를 헛간으로 데려가 두 손을 묶은 채 불에 달군 회초리로 무자비하게 때렸다. 그러자 살이 깊이 찢어지고 상처에서 피가 줄줄 흘렀다. 상처는 어른이 되어서까지도 없어지지 않았다. 이 모든 것이 어린 이사벨라가 영어를 하지 못해서 생긴 일이었다.

이사벨라는 어떤 언어로도 글을 읽거나 쓰지 못했다. 그러나 부모와 같이 살았던 몇 년 동안, 어머니에게서 자비로운 신에 대한 개념을 배웠다. 어머니는 고통을 참기 어려울 때마다 하늘에 계신 아버지에게 도움을 청하라고 가르쳤다. 이사벨라는 지금 그 아버지에게 자신의 고통을 이야기했다. 도와 달라고 애원하고 큰 소리로 울부짖으며 사람이 이런 대접을 받아도 되는 거냐고 외쳤다.

제임스 바움프리는 주인의 허락을 받고 어린 딸을 만나러 왔다. 그녀는 아버지를 보자마자 닐리가 얼마나 잔인한 짓을 했는지 이야기했다. 그리고 좀더 친절한 주인을 찾아달라고 애원했다. 아버지는 용케도 딸의 새 주인을 구해줄 수 있었다. 아마 아던버러 가족의 도움을 받은 것 같지만, 정확히 어떻게 그런 일이 가능했는지는 알 수 없다. 이후 이사벨라는 다시 선술집을 경영하는 스크리버라는 어부에게 팔렸다. 스크리버 가족과 선술집에 오는 손님들은 거친 사람들이었지만 닐리 가족보다는 훨씬 잘 대해주었다. 몇 년 후 이사벨라가 13살이 되었을 때, 스크리버는 그녀를 존 뒤몽에게 싼 값에 팔아넘겼고 이사벨라는 뒤몽 부부의 집에서 17년 동안 있었다.

존 뒤몽도 존 닐리보다 친절했다. 다른 삶을 몰랐던 어린 문맹 노예에게 '잔인하지 않게 건전한 매질'을 하는 주인은 인자한 사람으로 보였고 뒤몽은 그런 면에서 잔인한 편이 아니었다. 그는 노예들을 도덕적으로 훈계했고 거짓말이나 도둑질을 하지 말라고 가르쳤다. 물론 오늘날의 시각에서 볼 때, 자유를 뺏긴 사람들에게 인격을 논할 만큼 스스로의 덕을 과신하는 사람도 결국 위선자일 뿐이다. 뒤몽 부인은 뒤몽 씨만큼 친절하지 않았다. 그녀는 남편 정도의 인내심과 예의 없이 이사벨라를 다뤘다. 이사벨라는 뒤몽 부인이 진노할 때마다 뒤몽 씨가 몇 번이나 보호해줬던 일을 기억하고서, 비교적 친절한 뒤몽 씨에게 보답하기 위해 몸이 부서져라 일했다. 정직하고 부지런한 태도로 주인을 감동시키려고 노력했다. 그녀는 이 무렵 노예제가 자연스러운 삶의 질서라고 생각했다고 한다. 그녀에게 인생의 행운이란 바로 친절한 주인이었다.

점점 성숙해지는 이사벨라에게 근처에 사는 노예 로버트가 관심을 보이기 시작했다. 로버트는 이사벨라와 결혼하고 싶었지만 그의 주인은 자기 노예가 다른 집 노예랑 결혼하는 것을 좋아하지 않았다. 그래서 그는 로버트에게 다시는 이사벨라를 만나지 말라고 명령했다. 그러나 이사벨라가 병이 나자 걱정이 된 로버트는 주인의 말을 어기고 그녀를 만나러 갔다. 로버트의 주인은 그가 사라진 걸 알았고 아들과 함께 로버트를 잡으러 뒤몽의 집으로 찾아왔다. 그들은 이사벨라가 보는 앞에서 지팡이로 무자비하게 로버트를 후려쳤다. 존 뒤몽이 말리고 나서야 겨우 매질을 멈췄다. 이사벨라는 매질을 멈추게 해준 주인에게 깊이 감사했다. 그러나 로버트는 두번 다시 이사벨라를 만날 수 없었다. 몇 년 후 이사벨라는 다른 노예 토머스와 결혼해서 자식을 5명 낳았다. 이사벨라는 주인의 마음에 들기 위해 쉬지 않고 노력했다. 그러나 자기가 사랑하는 부모 곁을 떠나야 했던 것처럼 언젠가는 자기 자식들도 빼앗길 날이 올 것을 두려워하고 있었다. 그래도 이사벨라는 정직하게 행동하고 열심히 일했다. 자식들을 굶기는 한이 있어도 뒤몽 씨 부엌에서 음식을 훔치지 않았다. 뒤몽 씨는 이사벨라의 아이들에게 온정을 베풀었고 아이들을 돌보고 싶어하는 이사벨라의 마음도 이해해 주었다.

이사벨라는 뒤몽의 집에서 지내는 동안, 노예가 느낄 수 있는 한도 내에서 그럭저럭 자기 팔자에 만족했던 것 같다. 그러나 노예에게 자주 닥치는 불행인 가족과의 이별이 다가오자 마침내 그녀도 자유를 꿈꾸기 시작했다. 뉴욕 의회는 1828년부터 완전한 노예 해방을 약속했다. 뒤몽은 이사벨라가 그때까지 정직하게 열심히 일한다면 1년 일찍 자유를 주겠다고 약속했다. 그녀는 자유를 앞당기기 위해 부지런히 일했지만 약속한 날이 왔을 때, 주인은 오리발을 내밀었다. 이사벨라는 이제 인생을 알게 된 단호한 여인이었다. 그녀는 주인을 믿지 않기로 했다. 어느 날 새벽 동이 트기 전, 이사벨라는 도망쳤다. 어디로 가야겠다는 생각도 없었다. 어떻게 자식들을 데려올 것인지 계획도 없었다. 그녀는 오직 신에게 의논했다. 그렇게 하는 것이 최선 같았다.

이사벨라는 운 좋게도 친절한 네덜란드인 가족을 만났다. 반 바게너 가족은 노예제를 혐오했다. 그들은 이사벨라를 받아들이고 같이 살자고 했다. 존 뒤몽이 그녀를 데려가려고 찾아왔지만, 반 바게너는 노예제 폐지법이 발효될 때까지 남은 기간 동안 이사벨라를 대여하는 조건으로 20달러를 지불했다. 반 바게너 가족은 그녀의 노동에 대가를 지불했다. 그리고 그녀가 자유로운 여성으로서 인생을 준비할 수 있도록 기초적인 교육을 시키려고 애썼다. 그러나 그녀는 읽기와 쓰기를 배우려 들지 않았다.

이사벨라의 인생에서 슬픔은 아직 끝나지 않았다. 뒤몽 부부는 그녀의 아들 피터를 게드니 박사에게 팔았다. 게드니 박사는 피터를 데리고 뉴욕 시로 갔다. 얼마 안 있어 게드니는 피터를 자기 형제에게 팔았고 그는 다시 친척에게 팔았다. 피터의 종착지는 무시무시한 앨라배마 농장주였다. 당시 법률은 주 경계를 넘는 노예 매매를 금지했지만 게드니는 아랑곳하지 않았다. 그는 소년의 어머니가 얼마나 당찬 여성인지 미처 모르고 있었다.

이사벨라는 사태를 파악한 후 아들을 데려오기로 결심했다. 그 과정이 얼마나 험난하든지 간에 한번 먹은 마음은 변하지 않았다. 법은 그녀의 편이었지만 법을 집행하는 사람들은 그녀 편이 아니었다. 흑인 여성을 위해 공정하게 법을 집행하려는 사람은 거의 없었다. 이사벨라는 바게너 가족의 도움으로 노예제를 반대하는 퀘이커교도의 자문을 얻었다. 그들은 이사벨라가 게드니 가족의 불법 노예 매매를 고소할 수 있도록 도와주었고 몇 달 후 이사벨라는 아들을 찾아올 수 있었다. 그녀는 백인을 상대로 한 소송에서 승소한 최초의 흑인 여성이었다. 판사 앞에서 이사벨라와 그녀의 아들이 상봉했을 때, 슬프게도 아들 피터는 그녀를 모른다고 말했다. 잔인한 농장주가 그를 심하게 때리면서 그렇게 하라고 시켰기 때문이다. 그러나 판사는 그가 이사벨라의 아들이 분명하다고 판결하고 그를 엄마 품으로 돌려보냈다.

이사벨라는 피터와 막내딸을 데리고 반 바게너의 집으로 돌아갔다. 그녀는 이 집에 머물면서, 인생을 송두리째 바꿔놓을 비전을 찾게 되었다. 그녀는 어느 날 진노한 신의 환상을 보고 겁에 질렸다. 그녀는 자유와 아들을 찾아주면 신에게 헌신하겠다고 약속한 적이 있었는데, 신은 약속을 지키지 않는 그녀를 꾸짖었다. 그때 갑자기 그리스도의 모습을 띤 성스러운 형상이 그녀 앞에 나타났다. 그리스도는 그녀를 위해 아버지에게 잘 말해보겠다고 약속했다. 이러한 환상을 본 후 그녀는 바로 짐을 쌌다. 바게너 가족에게 감사와 작별 인사를 하고 아이들과 함께 뉴욕 시로 떠났다.

뉴욕에서 이사벨라는 하녀로 일했지만 보수는 형편없었다. 그녀는 남는 시간에 여러 종교단체에서 신앙 공부를 했다. 그녀는 성경을 배우려고 했지만 글을 읽지 못했기 때문에 다른 사람에게 성경 구절을 읽어 달라고 부탁해야 했다. 의미를 제대로 이해하기 위해 두세 번 다시 읽어달라고 할 때도 많았다. 그녀는 사람들이 부탁한 구절만 다시 읽어주지 않고 의미를 설명하려 들면 화를 냈다. 스스로 의미를 해석하고 싶었기 때문이다. 그래서 다음부터는 아이들에게 성경을 읽어달라고 하기로 했다. 아이들은 자기 생각을 말하지 않고 엄마의 부탁을 들어줄 것이기 때문이었다.

1843년, 이사벨라는 46세가 되었고 아이들도 다 자랐다. 이사벨라는 또 다른 계시를 받아 순회 복음 전도사가 되었다. 전국 방방곡곡을 다니며 그리스도의 구원이라는 복음을 전파하는 것이 그녀의 소명이었다. 그녀는 신에게서 새로운 이름을 얻었다. '여행자와 진실'이란 뜻의 소저너 트루스였다. 이렇게 소저너 트루스로 거듭난 이사벨라는 뉴욕에서 출발하여 순회 목회를 시작했다.

소저너 트루스는 당시로서는 눈에 띄게 키가 큰 여성이었다. 거의 180센티미터에 가까웠다. 대부분의 여자나 남자보다 머리 하나가 컸다. 그녀는 아름답진 않았지만 매력적이었다. 실제 나이보다 몇 년 더 늙어 보였지만, 그녀 인생의 질곡을 생각하면 그럴 만한 일이었다. 목소리는 깊고 낮아서 사람들이 남자로 착각하기 쉬웠다. 그녀는 목소리의 특징과 갈고 닦은 성경 지식을 활용하여, 영향력 있는 설교자와 감동적인 성가 가수가 되었다. 그녀는 미국 동부를 순회하며 부흥회에서 설교를 했고 가는 곳마다 사람들이 구름처럼 모여들었다. 그들은 이 늙고 낯선 흑인 여성에게 매혹되었다. 그녀의 설교는 투박하지만 열정적이고 선동적이었으며 그녀의 성가는 너무나 아름답고 힘이 있어서 사람들은 그녀를 놓아주려 하지 않았다.

마침내 유명한 노예제 폐지론자들이 소저너 트루스를 주목하기 시작했다. 그녀는 매사추세츠의 노예제 반대 공동체인 노샘프턴 협회에 합류했다. 여기서 노예해방운동가 프레드릭 더글라스, 윌리엄 로이드 개리슨 등과 같이 유명한 사람들의 존경을 받았다. 개리슨은 소저너 트루스에게 회고록을 구술하라고 권한 사람이다. 회고록은 전국적으로 많은 사랑을 받았다. 얼마 후 소저너 트루스는 동부와 중서부를 순회하며 복음을 전파하고 노예제 반대 운동을 벌이고 여성 참정권 운동에 동참하기 시작했다. 그녀는 노예제와 마찬가지로 여성의 불평등한 지위도 기독교 신앙이 허용하지 않는 부당한 관습이라고 주장했다.

1851년 소저너 트루스는 오하이오 주 애크론에서 열린 여성권리대회에 초청받았다. 여기서 그녀는 신의 모든 자녀가 공통적으로 가지고 있는 인간성에 대해 단순하면서도 감동적인 증거를 제시했다. 만인에게 평등한 정의와 이상적인 자유의 근간을 이루는 신앙이었다.

대회장 분위기는 소란스러웠다. 청중 가운데 성직자들을 포함한 대다수의 남자들은 여성의 참정권이란 주제에 호의적이지 않았다. 게다가 그들 중 일부는 노예제 폐지도 원하지 않았다. 여성 연사들이 연설을 마칠 때마다 조롱과 손가락질을 받았다. 거만한 성직자들은 설교와 훈계를 늘어놓으며 이 운동이 신이 정해놓은 남녀 간의 질서에 도전하는 것이라고 비난했다. 어떤 남자는 여성 참정권을 주장하는 사람들에게 이브가 아담을 유혹해 선악과를 먹게 했다는 사실을 일깨워주었다. 주장의 요지는 여자 때문에 이 세상에 원죄가 생겼다는 것이다. 여성이 지적으로 열등하므로 남녀 간의 지위 차이는 불가피하다고 주장하는 남자도 있었다. 여성은 육체적으로 약하므로 남자의 보호가 필요하고, 자유의 책임을 행사할 수 있는 능력이 없다고 주장하는 사람도 있었다.

대회 진행요원들은 의장인 프랜시스 게이지 여사에게 소저너 트루스의 연설을 생략하자고 건의했다. 소저너 트루스는 게이지 여사가 직접 초청한 연사였지만 노예였던 여자가 연설을 하면, 노예제 폐지에다가 여성 참정권 문제에 대한 반발까지 겹쳐져 막대한 혼란이 야기될 것이 뻔했다. 그러나 게이지 여사는 걱정하지 않았다. 그녀는 소저너 트루스의 연설이 시작된다면, 장내의 동요가 잦아들고 성난 군중이 조용해질 것이라 확신했다.

대회가 진행되는 내내 소저너 트루스는 조용히 앉아 있었다. 격렬한 언사가 오가거나 천박한 사람이 그녀를 똑바로 가리키며 욕해도 눈썹 하나 까딱하지 않았다. 대회 두번째 날, 그녀는 천천히 일어나 연단으로 걸어갔다. 퀘이커교도 스타일로 검소한 검은 옷을 입고 흰 모자를 쓴 그녀는 몸을 곧게 펴고 고개를 바로 든 채 마치 꿈꾸는 사람처럼 허공을 바라보았다. 그러자 장내에 있는 모든 사람들의 시선이 그녀에게 고정되었다. 조롱과 "깜둥이!"라는 외침이 계속 들렸지만, 그녀는 깊고 힘있는 목소리로 소란을 잠재우기 시작했다.

"자, 자, 이게 웬 소란입니까. 뭔가 잘못된 모양이군요. 남부 깜둥이와 북부 여자들 틈에서 백인 남자들이 쩔쩔매는 것 같네요. 그런데 아까 그게 다 무슨 소리랍니까?"

소저너 트루스는 화가 난 목사 한 명을 가리키면서 말했다.

"저기 저 분은, 여자는 마차를 탈 때 도움을 받고 도랑을 건널 때는 안아 올려야 하며 어디서든 제일 좋은 자리에 앉혀야 한다고 말했죠. 그런데 저는 제일 좋은 자리는커녕 도움을 받아본 적도 없습니다. 그럼 전 여자가 아닌가요?"

그녀는 소매를 걷어 올리고 수십 년간 고된 노동으로 근육이 잡힌 팔을 보여주었다.

"여러분, 제 팔 좀 보세요. 저는 밭을 갈고 씨를 뿌리고 작물을 거두어 곳간에 쌓았습니다. 저보다 일 잘하는 남자는 없었습니다. 그럼 전 여자가 아닌가요? 저는 남자만큼 일하고 남자만큼 먹을 수 있습니다. 먹을 게 있기만 하다면요. 그리고 채찍질도 잘 참습니다. 그럼 전 여자가 아닌가요? 저는 제가 낳은 아이가 노예로 팔려가는 걸 지켜보았습니다. 자식을 잃은 슬픔으로 울부짖었지만 하나님 말고는 아무도 제 소리를 듣지 않았습니다. 그럼 전 여자가 아닌가요?"

소저너 트루스가 연설을 마치자, 엄청난 환호와 박수갈채가 쏟아졌다. 그토록 당당하고 말 많던 사람들이 부끄러움에 입을 열지 못했다.

미국의 이상을 역설하는 독립선언서 못지않게 유려하기 이를 데 없는 포크너의 문체도, 소저너 트루스가 반복해서 외쳤던 네 마디보다 힘 있게 우리의 이상을 표현하지는 못했다.

"그럼 전 여자가 아닌가요?"

노예였던 문맹 여성의 지칠 줄 모르는 목소리와 굴하지 않는 영혼이 오늘날 우리에게 진정한 이상을 가르쳐주었다.

레오나르도 다 빈치 Leonardo da Vinci, 1452~1519
이탈리아 르네상스를 대표하는 이탈리아 화가이자 조각가,
발명가, 건축가, 기술자, 해부학자, 식물학자, 도시 계획가.

창조

—

창조한다는 것, 그것은 두 번 사는 것이다

레오나르도는 저명한 아버지의 집에서 자랐지만 겨우 초등교육만 받았
다. 그의 처지를 생각하면 놀랄 일도 아니다. 그는 피렌체 변호사와 하녀
사이에 태어난 서출 아들이었다. 그가 아버지의 집에서 보살핌을 잘 받
았고 어린 시절 내내 아버지의 관심을 놓고 경쟁할 이복 형제자매도 없
었지만, 적자들처럼 도시의 훌륭한 신사로 키워질 가능성은 없었다. 레
오나르도는 읽고 쓸 줄 알았고 산수에 상당한 흥미를 보였다. 그러나 당
시에는 그리스어와 라틴어가 고전적인 교육의 중심이었다. 그것은 진지
한 학자들의 언어였으나 그는 두 언어에 대한 실질적인 지식이 전혀 없
었다. 그는 키가 크고 덩치가 좋고 용모는 준수했으며 노래할 때 목소리
는 우아했고 악기를 다루는 솜씨가 뛰어났다. 그러나 그에게는 생기 넘

치는 지성이나 신체적 매력, 음악가로서의 자질 외에 훨씬 더 비범한 재능이 있었다. 즉 그는 다른 사람이 보지 못하는 것을 볼 줄 알았다. 남보다 훨씬 탐구적으로 집중하여 사물을 분별했기 때문이다. 레오나르도는 어떻게 하면 그럴 수 있는지 알고 있었다. 그는 타의 추종을 불허하는 집중력을 발휘하여 스스로 깨친 형태와 기능에 대한 지식을 가지고, 손을 자유자재로 놀리면서 그림을 그렸다. 그는 후세의 예술 비평가들이 말하듯이 '천사처럼' 그림을 그렸다.

그래서 그가 14살 때 그의 아버지는 안드레아 델 베로키오에게 그를 데려갔다. 그는 최고의 화가 겸 조각가이자 금세공인인 베로키오 밑에서 도제 생활을 하게 되었다. 베로키오는 초기 르네상스 발원지인 피렌체의 지배계급 메디치 가문의 후원을 받는 사람으로, 뛰어난 창의력과 정교한 기술을 가진 예술가였다. 베로키오는 조각가로서 명성을 드날리기에 부족함 없는 기량, 주제의 생명력과 감정을 이해할 줄 아는 심미안, 그리고 청동이나 물감으로 작업할 때 발휘하는 고도의 세심함 덕분에 당대 피렌체에서 가장 영향력 있는 예술가로 알려져 있었다. 르네상스기의 위대한 몇몇 예술가는 베로키오의 천재성을 차용하기도 했다. 예를 들어 보티첼리가 대표적이고 미켈란젤로도 간접적이긴 하지만 많은 걸작이 베로키오의 영향을 받았다.

소년 레오나르도에게 더 나은 스승이란 있을 수 없었지만, 사실 더 위대한 스승은 경험이었다. 레오나르도는 직접 눈으로 관찰했고, 관찰한 결과를 목탄·분필·연필·물감으로 성실하고 훌륭하게 그려냈다. 다른 사람의 경험에 의존할 필요가 없었다. 또한 그리스와 로마 시대의 고전적인 예술 작품을 최고의 미학적 업적으로 존경하라는 교육을 받지 않았다. 르네상스는 그러한 미학을 재발견하고 재탄생시켰다. 그는 직접 관찰한 그대로 삶을 그리고 칠하고 조각했다. 인간의 눈으로 볼 수 있는 그대로의 삶이었다. 그는 과거 시대의 표현 기준을 자신의 예술이나 관찰에 강요하거나 타협하지 않았다.

　1473년경 베로키오는 그림 작업 하나를 맡았다. 피렌체 산 살비 수도원을 위해 그려진 이 그림은 「그리스도의 세례」다. 유성물감으로 작업을 했는데, 이는 당시 피렌체에서 거의 사용하지 않던 재료였다. 구성이나 인물 묘사 면에서도 혁신적이었다. 예를 들자면 세례 요한의 날카로운 골격은 매우 특이하다. 이 그림은 뻣뻣하고 우아하지 못하며 모서리 주변이 약간 거칠다는 평가를 받는다. 인물들의 자세는 얼어붙은 듯 보인다. 그러나 이 그림은 두 가지 면에서 특별하다. 우선 그림 배경에 자리한 먼 경치의 깊은 원근법이 전경의 인물들과 섬세하게 조화를 이루고 있다. 이와 함께 정교한 색채들이 어우러져 있다. 둘째로 그림 왼쪽 구석에 무릎을 꿇고 있는 두 천사 중에 그리스도의 옷을 잡고 있는 천사의 모습이 매우 이색적이다. 맨 왼쪽에 있는 금발의 천사는 그림의 구성에서 가장 눈에 띄는 인물이다. 그림 속에서 벌어지는 장면으로부터 고개를 돌리고 어딘가를 보고 있는 오른쪽의 천사와는 다르다. 오른쪽 천사는 무관심해 보이거나 수수께끼 같은 명상에 깊이 빠져 있는 것 같다. 그러나 왼쪽에 있는 금발의 천사는 세례에 열중하고 있다. 근심하는 것 같지도 않고 딴 데 정신을 파는 듯하지도 않다. 자연스러운 동시에 숭고해 보인다. 무릎을 꿇고 존경심을 보이고는 있지만 이 천사는 수동적인 인물이 아니다. 대신 곱슬머리, 돌린 어깨, 자세의 곡선 등에서 에너지가 뿜어져나온다. 아주 자연스러운 인간의 움직임을 보여주는 몸이다. 이 그림이 특별한 이유는 바로 이 천사 때문이다. 그는 흔치 않은 표현력과 울림을 가진 인물이다. 이것이 거장의 작품이라는 데는 의심의 여지가 없다. 그러나 놀랍게도 베로키오의 손을 거친 그림이 아니다. 베로키오는 당시 20살, 혹은 21살이었던 어린 도제에게 이 천사와 뒤의 경치를 그리라고 시켰다. 그들이 협력하여 그린 「그리스도의 세례」는 청출어람의 산 증거다. 분명 베로키오는 당대의 많은 존경을 받고 영향력을 떨치는 예술가였지만, 젊은 레오나르도 다 빈치의 관점과 재능은 형용할 수 없을 만큼 월등했다. 그는 르네상스 시대, 아니 온 시대를 통틀어 가장 영향력 있는 예술가가 될 운명이었다.

역사가 인정하는 천재들 중에서도 동류와 묶이지 않고 언급되는 사람은 그리 많지 않다. 레오나르도는 그런 극소수 중에 한 사람이었다. 그는 그림을 고작 17편 남겼고 그 중 몇몇은 끝내지도 못했지만, 모든 작품이 오늘날 현대인의 감탄을 자아낸다. 그가 유일하게 구별되는 천재로 불릴 자격이 있다는 것에 이의를 제기할 미술 역사가는 거의 없을 것이다. 흔히 그의 최고 역작으로 일컬어지는 「최후의 만찬」은 영광스런 원본의 잔해만 남아 있다. 우리에게 남겨진 그림은 많지 않다. 그러나 놀랄 만큼 정확하고 명료하며 표현력이 풍부한 연필 스케치 및 펜 스케치 수백 장과 그의 광범위한 지적 호기심이 다양하게 표출된 메모가 수천 페이지 남아 있다.

레오나르도의 포부는 당대의 위대한 화가 또는 예술가가 되려는 데 그치지 않았다. 그것은 천재성이 부족한 이들이나 품는 생각이다. 그의 야망은 사방을 향해 있었다. 그는 스케치·회화·조각을 통해 자연을 관찰하고 이해하며 설명하고자 했다. 인간 몸의 움직임 같은 자연의 일부가 아니라, 그는 전부를 원했다. 사물을 꿰뚫어보는 눈과 남다르게 훈련된 관찰력으로 분별할 수 있는 모든 것을 이해하길 원했다. 그런 완벽한 지식을 얻을 수 있는 사람은 없다. 레오나르도 다 빈치도 마찬가지였다. 그는 인생 후반부에 이렇게 탄식했다.

"나는 내 작품이 마땅히 도달해야 할 수준에 가지 못했기 때문에 신과 인류를 모욕했다."

그러나 그는 노력했고 그 과정에서 이전이나 이후의 누구도 이루지 못한 폭넓은 업적을 성취했다. 모든 인간은 그의 천재성에서 만족을 느낄 수 있을 것이다. 그런 업적이 신의 지성으로 인해 발현된 것이 아니라 우리와 같은 인간적인 특징에서 나왔기 때문이다.

실제로 레오나르도가 의문을 품지 않은 분야는 없었다. 그는 모든 분야를 다루는 과학자였고 모든 재료를 사용하는 예술가였다. 게다가 해부학자, 식물학자, 생물학자, 물리학자, 기상학자, 점성학자, 고생물학자, 기계공, 화가, 조각가, 건축가, 공학자, 지도제작자, 전시회 기획자였다. 그는 1482년 30세가 되었을 때 그림 두 편을 완성하지 않은 채 피렌체를 떠났다. 사실 그는 미완성으로 남겨둔 작품이 많다. 이는 그의 관심사가 다양하기 때문인데 그는 작업을 하다가 딴 데로 빠지기 일쑤였다. 또한 완벽에 대한 열망이 커서 그림 하나를 완성하는 데 몇 년씩 걸리기도 했다. 그는 밀라노 공작 루도비코 스포자에게 편지로 일자리를 간청했는데, 군사 공학자로서의 능력을 선전하고 움직이는 다리, 대포, 박격포, 흔히 쓰이는 것과는 약간 다른 매우 아름답고 유용한 모양의 가벼운 무기, 투석기, 성벽을 파괴하기 위한 대형 망치, 성곽을 공격하기 위한 사다리, 오늘날 모자(母子) 폭탄이라고 부르는 무기, 화재와 포격에 견딜 수 있는 배 등에 대한 계획을 설명했다. 그는 강의 물길을 바꾸고 적의 요새 아래 터널을 뚫고 기갑 탱크를 제작하는 계획을 세우기도 했다.

그의 지나치게 활발한 머리에서 나온 이 모든 발명품은 그가 혐오하는 전쟁을 위한 것이었다. 훗날 그는 잠수함 설계도를 그렸으나 다른 사람이 이를 사용해 실제로 인명을 해칠까 두려워 공개하지 않았다. 그는 자기 탐욕을 채우기 위해 살아 있는 생명체를 파괴하는 것을 참을 수 없어 했던 채식주의자였다. 그는 거대한 지식의 금고에 들어 있는 수많은 발명품 중에서 미래의 고용주가 관심 있어 할 만한 몇 가지를 나열했을 뿐이다. 레오나르도는 공작에게 쓸모만 있다면 다른 능력도 보여줄 수 있다고 말했다.

"저는 대리석, 청동, 점토로 조각을 할 수 있고 그림도 곧잘 그립니다. 제 작품은 다른 누구와 견주어도 뒤지지 않을 것입니다."

간단히 말해서 그는 모든 사물이 어떻게 작용하는지에 깊은 관심이 있었으며 공작이나 왕에게 쓸모 있는 사람이었다. 그를 고용하는 사람의 주된 관심사가 전쟁, 예술, 과학, 건축, 전시 등 무엇이든지 간에 레오나르도는 자격이 있었다.

레오나르도는 예술가, 과학자, 기술자 이전에 철학자라고 해도 과언이 아닐 것이다. 그의 천재성의 중심에는 자연의 운행 원리를 파악하고 이해하며 표현하기 위해 과학과 예술을 통해 착상한 지식 이론이 있었다. 시작은 시각이다. 방해를 받지 않고 통찰력을 발휘할 수 있다면, 인식 가능한 모든 것을 시각을 통해 경험할 수 있다. 그 다음으로 손은 특히 쓸모가 많다. 레오나르도의 경우에도 그랬지만 손은 정신의 명령에 매우 충실하게 답한다. 말을 사용하지 않고 지식을 설명하며, 그림으로 전달하고 표현할 수 있다.

많은 사람들이 레오나르도가 쓴 글을 읽었다. 그가 1490년 무렵부터 진지하게 쓰기 시작했던 공책을 보면 그가 재능 있고 매력적인 작가임을 알 수 있다. 그는 공책 오른쪽에서 왼쪽으로 거꾸로 글을 썼다. 과거와 마찬가지로 현대에 와서도 공책에 암호가 들어 있다는 주장이 제기되었다. 즉 암호를 풀면 일종의 비밀 음모나 역사에 알려지지 않은 엄청난 발견이 나올 것이라는 주장이었다. 물론 공책에는 엄청난 발견이 될 만한 내용이 많았다. 하지만 독자가 읽지 못하게 하려고 일부러 그렇게 쓴 것은 아니다. 레오나르도는 왼손잡이였다. 당대에는 흔치 않은 특징이었는데, 그는 흔히 '거울 글쓰기'라고 부르는 방법으로 기록하는 것이 편리하고 능률적이라고 생각했던 것 같다. 이렇게 쓴 글은 거울에 비추면 왼쪽에서 오른쪽으로 읽을 수 있다. 그는 공책의 내용을 숨기려고 한 적이 없다. 그는 죽을 때가 가까워왔을 때, 친한 지인들에게 공책을 출판해 달라고 부탁했지만 사후 수백 년 동안 대부분 출판되지 않았다. 그의 관찰 기록이 당대의 과학적인 의문을 푸는 데 많은 영향을 미치지 못한 것은 그가 의도한 바가 아니다. 내용이 중구난방이고 거의 순서가 맞지 않을 뿐 아니라 정리하기 어려운 상태였고, 여기저기 퍼져 있는 데다가 적당한 위치를 찾을 수 없었기 때문이다.

그는 천재적인 글을 많이 남겼고 상당량의 책을 수집했지만, 문학을 상대적으로 열등한 예술이라 여겼고 교육 매체로서 효용이 떨어진다고 생각했다. 그는 공책에 수만 단어를 사용하여 빽빽하게 글을 썼고, 글과 달리 이상적인 매체라고 생각한 그림을 풍부하게 집어넣었다. 레오나르도는 어디를 가든지 항상 허리띠에 종이 뭉치를 꽂고 다녔다. 언제든지 관찰하거나 발견한 것을 재빨리 스케치하기 위해서였다. 종이와 연필을 가지고 새가 나는 원리를 관찰했고 스케치를 그려 비행의 공기 역학을 연구했다. 그리고 인간을 날 수 있게 해주는 기계를 설계하기도 했다. 그는 한두 번 설계도를 가지고 실험을 해보았지만 소득은 없었다. 그러나 그의 공책을 보면 글라이더나 헬리콥터 등 온갖 종류의 비행 장치들이 그려져 있다. 그 개념은 놀랄 만큼 진보적이어서 당대는 물론 후세 사람들의 상상력도 훨씬 뛰어넘을 정도였다. 레오나르도에게 사물이 움직이는 원리와 원인은 평생 동안 가장 큰 관심사였다. 그는 별의 이동, 강물의 흐름, 사람의 한쪽 팔에서 다른 쪽 팔로 이어지는 움직임 등 어디에서나 기계공학 법칙을 발견했다. 그는 근육의 작용을 알아내기 위해 시체를 해부하러 갔을 때도 공책을 지니고 있었다. 그리고 이 지식을 활용하여 그림 속 인물들에게 자연스러운 힘과 표현력, 품위를 주입했다. 그는 그리스인이나 로마인, 혹은 동시대의 젊은 미켈란젤로처럼 인간의 형태를 이상화할 필요를 못 느꼈다. 그들은 현실을 왜곡하여 아름다움을 신비화하기 위해 믿기 어려운 근육 조직을 표현했는데, 레오나르도는 그러한 '근육 덩어리'를 비웃었다. 그가 관찰하고 이해한 인체는 예술적인 상상력을 신비롭게 발휘하여 개선할 수 있는 것보다 형태나 기능 면에서 훨씬 완벽하고 표현력이 풍부했다. 그는 이렇게 기록했다.

"인간의 발은 공학의 완성품이며 예술 작품이다."

그는 특별한 아름다움뿐 아니라 자연의 기형에도 관심이 많았으며 그러한 현상을 인식하고 있었다. 그리고 신의 찬란한 피조물을 그릴 때와 마찬가지로 그로테스크한 그림에도 세심하게 주의를 기울였다. 또한 피부 아래 있는 부드러운 기계들, 즉 인체 내부의 작용을 연구하면서 특히 눈을 철저하게 관찰했고 시각이 어떻게 작용하는지 이해하고 싶어했다.

그는 피렌체를 벗어나 자주, 그리고 오래 등산을 하는 동안 바위에서 발견한 화석을 그리기도 했다. 그리고 산의 이동과 인간이 출현하기 이전의 지구에 대해 연구하거나, 물의 이동을 관찰하고 그 속성과 능력을 파악했다. 그러한 지식을 활용하여 여러 가지 목적을 가진 수력 기계와 운하를 제안했다. 그가 밀라노에 설계한 운하는 오늘날까지도 사용되고 있다. 우리가 알고 있는 세계에서 그의 눈과 손이 놓친 구석은 거의 없었다.

레오나르도의 공책 여기저기에는 회화에 대한 소론이나 에세이 기록이 있는데, 가까운 제자가 그의 사후에 이를 정리했다. 그는 서론에서 글쓰기를 통해 지식을 기록하려고 하는 학식 있는 자들을 조롱했고, 예술의 중요성을 지식으로 드러내는 태도를 비웃었다.

"그들은 발명하고 발견하는 나를 비웃을 것이다. 그러나 그들은 아무것도 발명하지도 발견하지도 못했다. 그들은 내가 한 작업이 잡스러운 것과 간통하지 않은 간결한 경험에서 나왔다는 것을 알지 못한다. 그 경험이야말로 진정하고 유일한 여인이며, 뮤즈 여신이다. 참과 거짓을 분별하는 데 필요한 것은 오직 경험뿐이다. 모든 사람은 경험을 통해 무지에 빠지지 않고 차분하게 가능한 것을 찾을 수 있다."

그는 책에서는 아무 것도 완전하게 배울 수 없다고 생각했다. 케케묵은 라틴어 책의 주제를 완벽하게 이해하려 애쓰는 것은 그에게 바보짓이나 다름없었다.

"권위에 호소하여 주장을 하는 사람은 자신의 지능을 사용하지 않는다. 그는 단지 기억력을 사용할 뿐이다."

그에게는 스스로 사물을 관찰하고, 좀더 분명하게 관찰하려고 노력하면서 경험을 쌓는 것이 지식을 얻을 수 있는 가장 확실하고 유일한 방법이었다. 자연은 이성으로 시작해서 경험으로 끝나지만, 우리는 그 반대로 해야 한다. 즉 경험으로 시작해서 이성을 조사하기 위해 나아가야 한다.

예술가는 이해하고 설명하기에 가장 좋은 과학자다. 예술가는 예민한 눈이 있으며 사물을 설명하지 않고 표현한다. 눈에 보이는 모든 것은 자연에서 발생했다. 그리고 자연의 자녀인 인간은 회화를 탄생시켰다. 따라서 회화는 자연의 손자 손녀이며 신과 맞닿아 있다고 말할 수 있다. 기하학과 수학은 세계를 특별한 차원으로 축소시킨다. 그러나 똑같은 현실, 아니 그 이상을 재현할 수 있는 것은 회화뿐이다. 회화는 '자연의 작용과 세계의 외관을 아름답게 해주는 사물의 특성'을 다룬다.

이 짧은 장에서 레오나르도의 천재성을 모두 언급하기에는 무리가 따른다. 따라서 독자들이 양해한다면, 서툴지만 그의 위대한 그림 두 편, 「최후의 만찬」과 「모나리자」를 통해 구체적으로 레오나르도를 이해하려고 한다. 세계에서 가장 유명한 그림인 「모나리자」는 피렌체의 유명인사 프란체스코 델 지오콘도의 부인을 그린 작은 초상화다.

예수가 빵과 포도주를 살아 있는 성체로 변화시킨 순간인 최후의 만찬을 묘사하는 것은 시대를 통해 내려온 관습이었다. 생명 없음을 경이로움으로 대체하는 이 장면은 항상 고요하다. 사도들이 구세주가 준 신성한 선물을 엄숙하게 이해하는 모습을 표현하기 위해 그들은 얼어붙은 듯이 묘사된다. 움직임은 없다. 앉아 있는 인물들은 모두 따로 따로, 나란히, 서로 간에 구별되게 그려진다. 그러나 사도들의 성격이나 감정은 서로 간에 혹은 그리스도와 비교해 크게 다르지 않아 보인다.

레오나르도는 이 장면을 다르게 구상했다. 그는 예수가 그날 저녁 한 사람이 자신을 배신할 거라고 발표하는 놀람과 긴장의 순간을 선택했다. 인간에 불과한 사도들은 예언을 실현하기 위한 그 순간의 목적을 이해하지 못하고 경악, 부정, 근심으로 반응했다. 그러한 인간적 속성을 잘 알았던 레오나르도는 순수한 순간을 시각적으로 표현했다. 구성은 탁월하게 독창적이다. 사도들은 그림 가운데 예수를 중심으로 6명씩 두 그룹으로 나눠졌다. 어두운 인물 유다는 은 30냥이 들어 있는 지갑을 꽉 쥐고 있고, 화난 베드로와 절망한 요한이 비난을 퍼붓는 모습을 보며 잠자코 앉아 있다. 사도들은 서로 밀쳐대며 눈을 크게 뜨거나 손짓을 하거나 질문을 하거나 애원하고 있다. 모든 인물이 자신의 성격을 드러내고 있지만 전체로서의 장면은 혼란스럽기 짝이 없다. 사도들이 그리스도의 선언을 이해하는 모습은 예수의 바로 옆에 앉은 사람에서부터 가장 멀리 앉은 사람에 이르기까지 파도타기처럼 전파되어 가면서 한 사람 한 사람 불꽃 튀는 반응을 이끌어내고 있다. 그림 속의 움직임으로 인한 소리가 보는 사람에게까지 들려오는 듯하다. 우리는 사도들이 소리치고 질문하고 부인하는 소리를 들을 수 있다.

"주여, 그가 누구옵니까?"

"주여, 저는 아닙니다."

"주여, 그럴 리가 없사옵니다."

"주여, 누가 그런 짓을 할지 알려 주소서. 저희가 그를 치겠나이다."

예수는 사도들이 고삐 풀린 망아지처럼 흥분하는 가운데 침착하게 조용히 앉아 있다. 그는 사도들의 이런 반응을 예상했다. 그러나 인간의 구원이라는 원대한 구제 사역을 이루어야 할 그는 이러한 동요를 내버려 둘 수밖에 없었다. 예수의 수난이 이제 시작될 참이었다. 그는 인간의 몸을 입고 있었지만 순수하고 확고한 신성을 지니고 있었다. 그는 이 장면을 초월해 있다. 우리는 그에게서 눈을 뗄 수가 없다. 이 그림의 원근법은 자연스럽게 보는 이의 시선을 가운데 있는 예수의 얼굴, 즉 그를 둘러싸고 있는 혼란에 동요되지 않는 얼굴에 고정시킨다.

유다 또한 역동적인 분위기에서 약간 거리가 있다. 그의 특징은 죄책감의 그늘 속에 가려져 있다. 그는 자신의 배반을 의식하느라 동료 사도들의 감정에 동화되지 못하고 있다.

레오나르도는 1495년에 이 그림을 시작했다. 이탈리아 밀라노의 산타 마리아 델레 그라치에 수도원의 식당 벽을 장식할 그림이었는데, 3년 후에야 완성되었다. 가로 8.8미터 세로 4.5미터에 이르는 거대한 그림으로, 습식 회반죽 위에 그림을 그리는 프레스코 벽화였으므로 재빨리 작업을 해야 했다. 항상 완벽을 추구했던 레오나르도는 천천히 신중하게 일을 했다. 그는 프레스코 벽화에 흔히 사용하는 에그 템퓨라(계란 노른자와 증류수를 섞어 만든 물감) 대신 더욱 다양하고 풍부한 유성 물감으로 그림을 그렸다. 그리고 직접 발명한 건식 회반죽 바탕에 그림을 그리는 실험을 했다. 그러나 회반죽 바탕에 습기가 스며들면서 그림이 완성되자마자 조각조각 떨어지기 시작했다. 50년이 채 못 가 완전히 망가질 게 분명했다. 일찌감치 복구하려고 손을 썼지만 득이 되기는커녕 해가 되었다. 다행히 최근에 일부 손상된 부분이 보수되었지만, 보수가 끝났을 때는 그림의 위용이 영원히 사라진 뒤였다. 그러나 레오나르도와 동시대를 살았던 사람들은 이 걸작의 완성도와 독창성에 경외감을 표시했다. 이것은 회화 구성의 새로운 표준이 되었고 지금까지도 역사적인 그림들에 영향을 미치고 있다. 작품의 광휘를 완전히 복구할 수는 없지만 여전히 탁월함, 에너지, 자연스러운 인물 표현, 예수 그리스도의 굳건한 초월성을 확인할 수 있다. 이 작품은 앞으로도 결코 타의 추종을 허락하지 않을 것이다.

「최후의 만찬」에서 사도들의 활기는 동작의 자연스러움으로 표현되었다. 한편 레오나르도의 가장 유명한 그림 「모나리자」의 주인공은 정적이다. 그러나 훨씬 생생하고 자연스러운 활기를 띠고 있다. 「모나리자」는 생각보다 아주 작은 그림으로, 고작 53×76센티미터 크기밖에 되지 않는 젊은 여성의 초상화다. 화가는 그녀의 기품과 신비로움을 완벽하게 포착했다. 「모나리자」에서 제일 처음 느껴지는 것은 화가와 피사체 사이의 특별한 교감이다. 레오나르도는 이 얼굴 하나를 그리기 위해 4년을 보냈다고 한다. 그러한 강렬한 집중의 결과는 그가 작품에 쏟았던 사랑을 의미한다. 레오나르도는 이 그림을 가장 좋아했고 죽기 몇 년 전까지 직접 소중히 보관했다. 이 그림이 내뿜는 활력의 효과는 심오할 정도로 매혹적이어서, 이 그림을 감상하는 특권을 누린 사람들은 모나리자가 정말 살아 있는 것 같다고 말한다. 그들은 단지 이차원적인 나무판에 그려진 평면 이미지를 바라보는 것이 아니라, 레오나르도가 그녀를 관찰하고 그녀가 레오나르도를 관찰했던 것처럼 그녀와 얼굴을 맞대고 있는 것 같은 착각을 일으킨다.

어떻게 이런 효과를 거둘 수 있었을까? 우리는 그가 사용한 기법을 알고 있다. 그러나 기법만으로 최면을 거는 듯한 신비로움을 표현할 수 있었을지는 자신 있게 말하기 어렵다. 모나리자가 감상자에게 반응을 보이는 것처럼 느껴지는 이유는 레오나르도가 완벽하게 터득한 원근법과 선과 분위기의 세련됨 때문이다. 지평선의 경치는 오른쪽보다 왼쪽이 더 높다. 따라서 먼저 한쪽에서 그녀를 보았다가 다음에 반대쪽에서 그녀를 감상하면 표정이 변화하는 듯 보인다. 따라서 그녀의 캐릭터에도 미묘한 변화가 느껴진다. 그러나 초상화를 살아 있게 만드는 가장 중요한 기술은 보는 이의 상상력을 일깨우는 레오나르도의 능력이다. 그는 모나리자가 보는 이를 매혹시키듯 우리를 매혹시킨다. 우리는 그녀가 무슨 생각을 하고 있는지, 어떤 감정을 표현하고 있는지 확신할 수 없다. 그녀의 미소는 활짝 펴지려는 듯도 하고 사라지려는 듯도 하다. 우리의 호기심은 우리 자신과 초상화를 즐겁게 한다. 입과 눈의 가장자리는 초상화에서 가장 많은 것을 표현하는 부분이다. 레오나르도는 스푸마토, 즉 '바림법'이라 불리는 기술을 사용해 능숙하게 이를 표현했다. 입과 눈의 가장자리는 날카로운 윤곽이 보이지 않고 흐리게 표현되었다. 색깔의 미묘한 변화로 형태를 이루고 있다. 덕분에 보는 이를 사로잡아 많은 것을 상상력에 의지하게 만든다. 스푸마토는 옷차림 표현에도 많은 영향을 미쳤다. 옷에서 풍기는 흐릿하게 애매한 느낌은 자연스러워 보인다. 살아 있는 것들이 한눈에 인식되는 것처럼 자연스러운 느낌이다. 보다 관능적으로, 숨을 쉬면서, 살아 움직이는 듯한 느낌이다. 물론 이것은 레오나르도의 천재성으로 인한 것이다. 그는 눈을 그리는 방법에 익숙했을 뿐 아니라, 철저한 해부학 연구로 눈의 작용과 시각의 원리를 알고 있었다. 그는 초상화가 우리를 바라보는 시선과 더불어 우리가 그녀를 바라보는 시선까지 고려하여 그림을 그렸다.

이 초상화에 능숙하게 사용된 또 다른 기법은 키아로스큐로, 즉 '명암배합법'이다. 이 기법 역시 모나리자의 자연스럽고 현실적인 분위기를 조성하는 데 기여했다. 레오나르도는 분명한 윤곽선으로 인물을 표현하는 대신, 빛과 그림자 사이의 대비를 이용했다. 예를 들어 그녀의 손을 보면 다른 내로라하는 예술가들이 그린 초상화의 손들보다 훨씬 풍부하고 섬세한 것을 알 수 있다. 만약 그 손을 만져볼 수 있다면 분명 우리의 손과 마찬가지로 부드럽고 따뜻하게 느껴질 것만 같다. 이러한 환상은 너무나 강렬해서 그녀를 만지면 그녀가 어떤 반응을 보일 듯한 착각을 불러일으킨다. 이 탁월한 초상화의 전체적인 효과는 결국 제 3자의 호기심을 유발하는 화가와 피사체 간의 진실한 애정, 독특한 유대감에 의존하는 듯하다. 마치 그들 사이에 비밀스러운 농담이 오가는 것 같은 느낌이다. 우리가 그 농담을 이해하고 같이 웃으며 즐기느냐 마느냐는 그들의 유희에 달려 있다. 우리 모두, 즉 레오나르도·모나리자·감상자는 창조의 과정에 참여한다. 그것은 과학과 예술의 창조며, 레오나르도의 지식 이론을 가장 위대하게 표현하는 창조다.

레오나르도는 약 16년 동안 밀라노 공작 밑에서 일했고 이 시기에 가장 유명한 작품 몇 점을 작업했다. 여기에는 「최후의 만찬」도 포함된다. 전쟁 때문에 그는 다시 피렌체로 갔고 여기서 「모나리자」를 그렸다. 그 후 베니스와 로마로 갔다가 다시 밀라노로 갔다. 그는 르네상스 시기의 세도가인 메디치와 보르쟈 가문의 후원을 받아 일했다. 또는 다른 공작이나 국왕, 교황의 후원을 받기도 했다. 당대 가장 위대한 예술가로 이름 높았던 그는 여기저기서 일을 떠맡았고 상당 부분 미완성으로 남겼다. 몇몇은 최고 작품의 반열에 오를 만큼 훌륭하지만, 그가 추구했던 완벽한 이상을 실현하자면 연구와 준비만으로도 수년이 필요한 경우가 태반이었다. 그러다 또 다른 작업을 맡으면 다른 발견에 몰두했고, 그러면서 예전 작품들로부터 멀어져갔다.

그는 인생 말년에 프랑스 왕이자 그를 헌신적으로 숭배했던 프랑스와

1세의 후한 지원을 받았는데, 왕은 레오나르도에게 안락한 집을 하사하고 퐁텐블로 성 근처에서 나오는 수입을 지급했다. 당시 레오나르도는 발작을 일으켜 몸이 일부 마비된 상태였다. 그의 손은 머리의 명령을 제대로 따르지 못했다. 그러나 눈만은 변함없이 날카로운 분별력을 자랑했다. 왕은 그의 조언을 귀중하게 여겼다. 그는 1519년 67세를 일기로 세상을 떠났다.

프랑스에 그의 무덤이 있는 교회는 수백 년 후 파괴되었다. 위대한 레오나르도 다 빈치의 유해가 잠든 장소는 이제 알 수 없다. 그의 그림 상당수와 거의 완성하지 못한 조각품은 시간의 파괴와 인간의 부주의로 남아 있지 않다. 우리에게 남겨진 것은 그림 17편과 공책, 그리고 환상적이고 시사하는 바가 큰 수많은 스케치들뿐이다. 그러나 이것만으로는 그의 천재성과 유산을 모두 대표할 수 없다. 그의 무덤과 잃어버린 작품을 찾을 수 없는 것처럼, 안타깝게도 그의 천재성을 발견하지 못할 수도 있다.

그러나 이제 우리는 주위를 둘러보고 우리가 사는 세계를 살펴보아야 한다. 우리는 이제 레오나르도가 상상도 하지 못했던 기술 진보로 인해, 세계를 속속들이 이해할 수 있게 되었다. 따라서 그가 세계에서 놓친 경험이 거의 없고 엄청나게 많은 것들을 분별해 냈다는 사실을 새삼 깨닫게 된다. 어린아이의 미소, 홍수 난 강의 야만적인 아름다움, 덤벼드는 매의 우아한 곡선 동작 등에 표현된 것을 관찰하고 그러한 효과를 거두는 힘의 원천을 이해하다 보면 어느새 그의 천재성을 조금씩 발견하게 될 것이다. 옛날 옛적 아주 오래 전에 레오나르도의 예리한 눈도 똑같은 경험을 관찰했다. 그리고 그는 그 신비를 우리에게 드러내기 위해 부지런히 손을 움직였다.

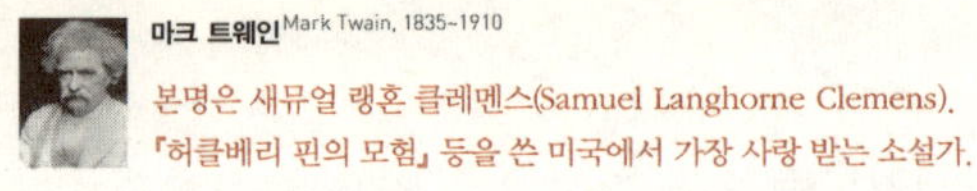

유 머

___

유머는 세상을 행복하게 만드는 밑거름이다

미국이 탄생한 이후 거의 230년 동안 도서관에는 미국인들이 쓴 위대한 소설들이 차례차례 꽂혔다. 그러나 미국을 대표하는 업적이라 할 만한 한 권의 책, 즉 우리의 삶을 요약하고 선악의 형태를 보여주고 인류의 독창적인 특징과 일반적인 특징을 모두 설명해 주는 예술 작품은 아직 나오지 않았다고 주장해야 할지도 모른다. 이것은 많은 사람들을 흥분시키는 야망이며, 특히 미국 문화의 모든 예술가를 자극하는 까다로운 뮤즈 여신과도 같다. 그러나 나는 어떤 사람이 자신보다 낫다는 사실이 엄청나게 실망할 일은 아니라고 생각한다. 내가 말하는 어떤 사람이란, 조금 옛날 사람이다. 그는 7년 동안 간헐적으로 글쓰기를 하다가 1885년 위대한 소설을 발표했다. 바로 『허클베리 핀의 모험(*The Adventure of*

Huckleberry Finn)』이다. 이전에도 이후로도 이만큼 훌륭하거나 이처럼 미국적인 소설은 없었다. 이 소설을 쓴 사람은 27살 때까지 새뮤얼 랭혼 클레멘스로 불렸고, 그 이후에는 마크 트웨인이 되었다.

이 이야기는 다들 잘 알고 있을 것이다. 태평한 성격의 어린 허크는 자식을 학대하는 알코올 중독자 아버지 밑에서 제대로 교육을 받지 못하고 컸다. 그는 짐이란 탈주 노예와 함께 고통스러운 현실에서 도망친다. 두 사람은 함께 뗏목을 타고 늘 변화하는 신비로운 미시시피 강에서 스릴 만점의 여행을 한다. 『허클베리 핀의 모험』의 배경은 전쟁 전 남부의 강가 마을이다. 사회의 도덕 관념상 노예제를 성경에서 허락한 제도로 인정하는 이곳에서는 잔인한 관습에 반대하는 사람들에게 가혹한 응징을 한다. 탈주 노예를 돕는 행위는 중죄였다. 허크는 모험을 하면서 짐을 좋아하게 된다. 짐은 아버지란 이름으로 저주를 받은 허크의 친아버지보다 그에게 훨씬 자상한 아버지 노릇을 해주었다. 그러나 허크는 짐의 탈출을 도운 것 때문에 처벌을 받을까봐 몹시 두려워했다. 이야기의 도덕적 결론으로 작용하는 중심 장면에서, 허크는 오랫동안 양심과 싸운 끝에 이렇게 말한다.

"좋아, 까짓것, 지옥에 가면 되지 뭐."

도전은 마크 트웨인의 구원이었다. 그는 사회의 불의, 인간 본성의 약점, 인생의 잔인한 불행, 마음으로 저지르는 죄에 저항했다. 다른 사람은 그르다고 생각하지만 자기 양심은 옳다고 주장하는 것 사이에서 선택을 해야 할 경우, 반항아는 "좋아, 까짓것, 지옥에 가면 되지 뭐"라고 말한다. 트웨인은 대단한 저항 운동의 지도자도 아니었고 지하 군대에서 활동하지도 않았고 공직에서 일하거나 정당을 지지하지도 않았다. 그에 대한 일반적인 평가는 사람, 장소, 사물을 보는 눈이 특별한 '뛰어난 관찰자'였다는 점이다. 그는 그것들을 묘사하거나 변형한 글을 썼다. 상상력이 허용하는 한 최대한의 유머 감각을 발휘했다. 그의 유머는 전 시대를 통틀어 어느 작가보다도 재미있고 의미가 깊었다. 그는 동시대의 가장 웃기는 사람으로서 재능을 충분히 발휘했다.

"인간에게는 효과적인 무기 하나가 있어요. 그건 바로 웃음입니다."

그는 주로 믿기 어려운 뻥을 치거나 적어도 있을 법하지 않은 이야기들을 했다. 그러나 그의 작품, 특히 『허클베리 핀의 모험』은 놀랄 만큼 현실적이다. 그는 무한한 기억력과 세밀한 묘사에 필요한 안목, 삶의 리듬과 생동감을 들을 수 있는 귀가 있었다. 그래서 아무리 억지스러운 이야기를 하더라도 등장하는 인물이나 장소에 어디 내놓아도 손색없는 진정성을 부여했다. 그는 미국 대륙의 중심부인 지역 출신이다. 그는 그 지역을 사랑했고 그것의 긍정적이고 부정적인 특징을 모두 이해했다. 트웨인 이전의 미국 문학은 모방이었다. 위엄을 뽐내는 산문, 화려한 대화체, 무거운 서술 방식은 유럽, 특히 영국의 소설을 본뜬 것이었지만 트웨인은 독창적이었다.

그는 미국인이었고 그 사실에 감사하고 자부심을 느꼈지만 거만하게 굴지는 않았다. 어디에 사는 인간이든지, 본성은 결함 투성이다. 그는 자기 자신과 다른 사람의 내면을 들여다보며 그러한 결함을 절실하게 느꼈다. 그는 미국이 과거의 찬란했던 문명들보다 더 훌륭한 문명을 건설하는 과정에 있다고 생각했다. 그러나 인간 본성의 어떤 부분은 절대로 변할 수가 없었다. 인간은 분명 선하기도 하지만 그 못지않게 악해지기 쉬운 존재다. 그러나 트웨인은 다른 한 가지도 알았다. 인간은 재미있는 구석이 많은 존재였다. 그것도 아주 배꼽이 빠질 정도로 재미있는 존재 말이다. 새뮤얼 클레멘스와 그가 창조한 위대한 분신에 대해 공정하게 말하자면, 그는 일반적인 의미의 인간을 좋아하지 않았지만 개인적으로는 충분히 사람을 사랑했다고 말해야 할 것이다. 그리고 사람들 또한 그를 좋아했다. 토머스 에디슨은 언젠가 이러한 말을 남긴 적이 있다.

"미국인은 가족을 사랑합니다. 그리고 다른 사람에게 줄 사랑이 남아 있다면 대개 마크 트웨인을 선택할 겁니다."

샘 클레멘스의 가족은 1839년 미주리 주의 한니발로 이사했다. 그의 나이 네 살 때였다. 그의 아버지 존 마셜 클레멘스는 냉혹한 사람이었고 가족에게 소원했다. 그는 인생에서 좌절한 고집 센 실패자였다. 항상 모험을 찾아다니며 성공을 꿈꾸었고 이웃들의 존경도 받았지만, 제대로 성공한 적은 한 번도 없다. 그의 아들은 이렇게 전한다.

"아버지는 아내나 자식에 대한 애정을 전혀 드러내지 않았습니다."

그가 천성적으로 차가운 사람이었는지 아니면 실망감 때문에 그렇게 되었는지는 모른다. 하지만 나이가 들어서나 실패를 겪었을 때도 소년 같은 익살이나 드높은 기상을 절대 잃지 않았던 그의 아들은 아버지의 딱딱한 마음속에 들어가 흉금을 터놓을 길을 영영 찾지 못했다.

개구쟁이 노릇이 숨쉬는 것처럼 자연스러웠던 어린 샘은 기발한 유머로 아버지를 웃겨 보려고 노력했을 것이 분명하다. 그러나 대개 썰렁해지기 일쑤였다. 그나마도 샘이 11살 때 완전히 끝나버렸다. 아버지는 49세에 폐렴으로 죽었는데, 임종의 순간에 샘의 누나인 파멜라에게 안아달라고 했다. 이미 형제 둘을 먼저 저 세상으로 보낸 어린 샘에게는 죽음이 흔한 경험이었지만, 아버지의 죽음은 샘의 성격과 인생관에 깊은 흔적을 남졌다. 자식들에게 따뜻한 미소 한 번 지어주지 않았던 엄격한 남자가 세상에서 보내는 마지막 순간에 했던 행동은 딸에게 포옹을 청하고 안식을 구한 것이었다. '뛰어난 관찰자' 샘은 아버지의 결함을 약간이나마 상쇄하는 예기치 않은 따뜻한 면을 발견했다. 그리고 언젠가 회상하여 유용하게 써먹기 위해, 예리하고 정확한 기억 창고 속에 잘 정리해 두었다.

그의 어머니 제인 램턴 클레멘스는 언제나 생동감 넘치는 사람이었다. 남편보다 애정을 많이 표시했다고 볼 수는 없지만, 그래도 상당히 명랑하고 활발하며 삶의 기쁨과 도전에 열정적으로 뛰어드는 사람이었다. 그녀는 남편과 달리 신앙심이 깊었다. 그녀가 섬기는 신은 한 치의 오차도 없이 정확했고 때로는 앙심을 품기도 했다. 그녀는 신이 인간사에 직접 개입하여 선한 행동에 보상하거나 악한 행동에 벌을 내린다고 믿었다. 그러나 대부분의 다른 활동과 마찬가지로 그녀는 신앙에서도 즐거운 요소들을 찾아냈다. 그녀는 생기 있고 과장된 설교와 열광적인 찬송가를 좋아했다. 행렬, 음악, 춤, 이야기를 좋아했고 특히 이야기에는 꽤 소질이 있었다. 특히 그녀는 눈에 띄는 냉소적인 유머 감각의 소유자였다. 그리고 아들의 말썽으로 골치를 썩으면서도 즐거워했다. 샘은 수영하는 법을 배우기 전에 9번이나 물에 빠져 죽을 뻔했다고 회상한 적이 있다. 제인 클레멘스는 아들이 생명이 위태로울 정도로 심각한 사고를 친 이야기를 들을 때마다 크게 웃으며 말했다.

"목매달려 죽을 팔자는 물 속에선 안전하단다."

그녀는 자애로운 엄마였다. 팔삭둥이로 태어난 샘은 몸집이 작고 병약했다. 어머니가 아들을 치료하기 위해 사용했던 기괴한 민간요법들은 아픈 아들에게 거의 도움이 되지 않았지만, 그래도 그녀는 헌신적으로 아들을 간호했다. 그는 훗날 사람들을 즐겁게 해주기 위해 이런 이야기보따리를 풀어놓곤 했다. 그는 어머니를 사랑하고 깊이 존경했다. 그의 천재성의 씨앗은 어머니에게 물려받은 것이었다. 나머지는 한니발과 미시시피 강에서 자양분을 얻었다.

그는 고향 마을이 소년들의 천국이었다고 회상했다. 물론 영적인 의미의 천국은 아니었다. 확실히 신을 두려워하는 사람들이 모인 흠 없는 공동체는 아니었고 악한 사건이나 더 끔찍한 일이 일어나지 않는 동네도 아니었지만, 모험심과 활기로 가득 찬 맨발의 소년들이 뛰어놀기엔 더없이 좋은 전원적인 마을이었다. 강, 숲, 언덕, 동굴, 그리고 무엇보다 드넓은 황야는 장난꾸러기 소년들에게 이상적인 환경이었다. 이들은 가난했지만 활발한 상상력을 가진 마음의 부자들이었다. 그들은 자연의 풍요로운 선물을 맘껏 누리며 여러 가지 놀이를 했고, 서로 재미있는 이야기나 등골 오싹한 괴담을 들려주며 놀았다. 그리고 은밀하게 아이다운 못된 짓에 탐닉하기도 했다. 물론 담배 피우기나 짓궂은 장난 같은 사소한 것들이었지만 어른들이 보기엔 눈살을 찌푸리기에 충분했다.

증기선이 한니발에 오면 하루 이틀 동안 머물면서 작은 마을 너머 세상 소식을 전해주었다. 소년 샘은 그런 이야기 속에 담긴 인간 본성의 다양한 선한 측면과 악한 측면을 어렴풋이 이해할 수 있었다.

샘 클레멘스는 그 모든 것을 관찰하고 기억했다. 때로는 자신이 유혹에 잘 넘어가는 성격이라는 교훈을 발견하기도 했다. 대개는 그러한 교훈조차 즐겼다. 그의 한니발 시절 친구들 중에는 첫사랑 로라 호킨스라든가 마을 술주정꾼의 자유분방하고 착한 아들 톰 블랭큰십 등이 있었다. 로라는 베키 대처의 모델이고 톰은 허클베리 핀의 모델이 되었다. 이미 짐작하고 있겠지만, 샘 자신은 영리하고 꾀가 많으면서도 순수하고 선한 심성을 간직한 톰 소여의 모델이 되었다. 마크 트웨인의 유명한 작품 『톰 소여의 모험(*The Adventures of Tom Sawyer*)』은 고향 마을의 전원적인 풍경을 강조하고 있다. 『허클베리 핀의 모험』이 다소 어두운 특징을 그려낸 것과 대조적이다. 마크 트웨인은 신중하게 보고 들었다. 한니발에서 들리는 소리와 사람들의 말에 담긴 색채, 마을의 그림 같은 생활을 재창조하는 그의 능력은 소설 속 인물들이 하는 말에 솔직함을 덧입혀주었다. 허크는 자신을 창조한 사람에 대해 이렇게 말했다.

"마크 트웨인 씨는 진실만을 말했습니다."

미주리 주는 접경 지대였다. 백인들은 최남단 지방보다는 노예들에게 인간적인 대우를 하고 있다고 생각했다. 한니발의 백인들은 노예들이 미시시피나 조지아, 사우스캐롤라이나 플랜테이션의 짐승 같은 생활을 면한 것만으로도 대단히 운이 좋은 거라고 생색을 냈다. 대부분의 미주리 사람들은 노예를 부리는 주인이 친절하든, 무관심하든, 잔인하든 간에 그것이 본질적으로 변명의 여지가 없는 비인간적인 제도라는 사실이 양심에 위배된다고 생각지 않는 듯했다. 그러나 샘 클레멘스의 양심은 불편했다. 훗날 샘은 소년 시절에 가졌던 생각을 고백했다.

"나는 그게 왜 문제가 되는지 몰랐어요."

그러나 그는 어린 시절 노예들과 우정을 나누었고 그들에게 애정을 느꼈다. 노예들도 마찬가지였다. 그의 양심은 결국 남부의 문화를 유지하고 있는 거대한 위선을 받아들이지 않는 쪽으로 정해졌다. 그 위선이란 검은 피부를 가진 사람이 백인보다 덜 인간적이라는 통념이었다.

그는 존 퀼스 삼촌의 농장에서 여름을 보냈는데, 그곳은 그가 '한 소년에게 천국과 같았던 곳'이라 부르며 사랑했던 장소다. 그는 이 농장 하면 풍족하고 맛있는 음식, 넓게 트인 공간, 활기 찬 또래 친구들을 떠올렸다. 사촌들 외에 그와 가장 가까웠던 친구는 삼촌의 노예들이었다. 그가 처음으로 '흑인에 대해 강한 애착을 느끼고 그들의 섬세한 특징을 이해하게 된 것'은 바로 이곳에서였다. 그는 존 삼촌이 노예를 학대하는 모습을 본 적이 없다. 아무리 인간적으로 대해도 속박 자체가 제도화된 학대라는 점을 제쳐놓는다면 존 삼촌은 완벽했다. 샘은 노예들의 사회, 그들의 말과 노래, 옛날이야기에 매료되었다. 메리 같은 흑인 아이들이나 제리 퀄스는 샘의 가장 친한 친구가 되었다.

그러나 그가 누구보다도 가장 우러러보았던 사람은 완전히 믿을 수 있는 인격을 지닌 늙은 노예, 엉클 대니얼이었다. 그의 마음은 정직하고 단순했으며 간계를 쓸 줄 몰랐다. 엉클 대니얼은 피부색을 막론하고 농장아이들 모두의 아버지였다. 그는 그들을 돌보고 자연에 대해 가르치고 매력적인 노래를 불러주었다. 그 영향으로 마크 트웨인은 평생 흑인 영가를 사랑했다. 엉클 대니얼은 귀신 이야기나 거짓말 같은 이야기로 아이들의 혼을 빼놓기도 했는데, 아마 다른 경험보다도 특히 그의 이야기가 마크 트웨인의 소설에 많은 영향을 미쳤을 것이다. 엉클 대니얼은 허크가 그를 구하기 위해서라면 지옥에 가도 좋다고 생각한 착한 사람 짐의 모델이 된다. 마크 트웨인은 나이 들어서 엉클 대니얼의 사랑스러운 품성과 함께 했던 즐거운 추억을 회상했다. 그리고 자신이 흑인에게 애정을 갖게 된 것은 퀄스 농장의 노예들과 나누었던 따뜻한 우정과 엉클 대니얼의 훌륭한 인품 때문이었다고 고백했다.

마크 트웨인이 노예에게 가졌던 애정이나 노예제에 대한 가치관이 전

적으로 삼촌 농장에서 겪었던 비교적 행복한 경험 때문에 형성된 것은
아니다. 그는 아버지가 건방지다는 이유로 노예 소녀를 때리는 모습을
본 적이 있다. 집안일을 제대로 못한다며 백인이 노예의 머리에 쇳덩어
리를 던지는 장면을 목격하기도 했다. 또한 남부 노예 시장으로 끌려가
기 전 줄줄이 쇠사슬로 연결되어 있던 흑인 12명의 얼굴에 드리워진 참
담한 표정을 잊지 못했다. 노예 시장에서 팔린 다음에는, 잔인하고 비참
하며 고된 노동이 전부인 플랜테이션의 운명이 기다리고 있었다. 이러한
이미지는 마크 트웨인의 상상력에 들러붙어 떨어지지 않았고, 그의 이야
기에 윤리적인 색채를 더해주었으며, 인간 본성의 약점을 더욱 예리하게
이해할 수 있도록 했다. 19세기의 유머는 대부분 오락적인 의도만을 가
졌지만 마크 트웨인의 유머는 달랐다. 당대 최고의 재담꾼이었던 그가
이야기와 강의를 통해 보여준 유머에는 물론 오락적인 기능도 있었다.
그러나 그에게는 좀더 중요한 다른 목적이 있었다. 그는 우리에게 우리
자신에 대해 알려주고자 했다. 그는 우리 스스로 도덕 기준을 점검해 볼
수 있도록 인간성의 결함과 그것을 보완하는 미덕을 노출시켰다.

샘 클레멘스는 아버지가 사망한 후 3년이 지나 공식적인 교육을 포기
했다. 가족의 가난한 살림을 돕기 위해서였다. 그리고 풍요롭고 다채로
운 커리어를 시작했다. 그는 훗날 이렇게 기록했다.

"나는 부지런히 일하지 않았고 즐겁게 일하지도 않았습니다. 대신 안
달하고 투덜거리고 불평하고 염증을 내면서 일했고 누가 보지 않을 때는
항상 게으름을 피웠습니다."

그는 처음에 인근 인쇄소에서 도제로 일했다. 그 후 형 오리온이 자신
이 운영하는 신문사에서 일해 보라고 제안했다. 신문 이름은 「한니발 저

널」이었다. 식자공으로 취직했지만 얼마 안 있어 '램블러(어슬렁거리는 사람)'라는 필명으로 재미있는 이야기들을 기고하기 시작했다. 그는 정확하게 문제를 짚어내어 한니발의 저명한 사람들에게 날카로운 펜 끝을 겨누었다. 형의 신문사와 한니발 주민들은 이를 유감으로 여겼다. 몇 년 후 17살이 된 램블러는 평생 지속되는 방랑자 인생을 시작했다.

그는 처음에 세인트루이스로 갔고 그 다음에는 뉴욕, 필라델피아, 워싱턴 등지로 갔고 다시 서쪽인 세인트루이스로 갔다가 아이오와 주 커쿡으로 갔다. 형 오리온은 여기로 이사하여 인쇄소를 열었다. 형 밑에서는 생활비가 벌리지 않았고, 게다가 '한곳에 붙어 있기엔 인내심이 부족하고 거칠었던' 샘 클레멘스는 커쿡 소재 신문 「데일리 포스트」에서 제안한 일자리를 수락했다. 편 당 5달러를 받고 여행에 관한 재미있는 에세이를 쓰기로 했다. 처음으로 전문 작가로 취직한 셈이었다. 21살이 된 그는 뉴올리언스로 가는 증기선을 탔다. 뉴올리언스에서 남미로 간 다음 돈을 벌 생각이었다. 그러나 새로울 것도 없는 이치지만, 인생에서는 계획을 세우면 보란 듯이 다른 일이 일어난다. 샘 클레멘스는 모험으로 가득 찬 긴 인생 동안 전세계를 두루 여행했지만, 아직 남미에 갈 때는 아니었다. 대신 한니발의 모든 소년들이 꿈꾸던 미시시피 강의 증기선 기사가 되었다.

샘은 뉴올리언스로 가는 도중 노련한 증기선 기사 호레이스 빅스비를 만났다. 그는 거칠고 격하지만 정의로운 사람이었다. 샘은 그를 여러 번 설득하고 500달러로 매수한 끝에 '커넬 크로스맨' 호에 승선하여 일을 배울 수 있게 되었다. 샘 클레멘스는 이후 4년 동안 도제로서, 그 다음에는 자격증이 있는 전문 기사로서 환상적인 미시시피 강의 세계를 누비고 다녔다. 미시시피 강에는 화물과 승객을 싣고 세상에서 가장 매혹적인 수로를 운항하는 증기선들이 수천 대나 있었다. 그는 역동적으로 끊임없이 변화하는 위험한 강물 위에서 증기선을 조종하는 법을 배웠다. 강에는 잠긴 모래톱과 쓰러진 나무, 강한 조류 등 갖가지 위험이 도사리고 있었다. 증기선 인부들은 항상 안전하게 통과할 수 있는 물길을 찾느라 매듭을 묶은 밧줄을 두 길 깊이까지 물 속에 떨어뜨렸다. 그러고 나서 안심한 기사에게 물 속이 안전하다는 뜻의 구호를 외쳤다.

"마크 트웨인!"

1858년 샘이 사랑하는 남동생 헨리가 증기선 생활에 합류했다. 그들이 탄 배는 '펜실베이니아' 호였는데, 샘은 윌리엄 브라운이란 사람 밑에서 일을 배우기로 빅스비와 합의를 보았다. 브라운은 힘을 잘 쓰는 잔인한 사람이었고 샘은 그를 싫어했다. 낮에 샘을 감독하던 브라운이 밤이 되어 돌아가면, 샘은 수습 기사의 책임을 팽개치곤 했다.

"나는 강을 건너는 동안 내 책임을 다하는 대신, 할 일을 제쳐놓고 마음속으로 재미 삼아 브라운을 죽였다. 나는 몇 달 동안 매일 밤마다 그를 죽였다."

하루는 선장의 명령을 제대로 듣지 않은 브라운이 헨리가 실수를 했기 때문이라며 그에게 책임을 돌렸다. 헨리가 브라운에게 거짓말쟁이라고 말하자, 그는 석탄을 한 움큼 쥐고 헨리에게 던지려 했다. 샘은 동생 앞을 가로막고 의자를 브라운의 머리에 내리쳤다. 그리고 그가 정신을 잃을 때까지 사정없이 팼다. 그는 이 사건으로 당연히 해고될 거라 생각했지만, 그 대신 뉴올리언스에 도착했을 때 다른 배로 옮기라는 명령을 받았다. 세인트루이스로 돌아가는 길에는 헨리 혼자 펜실베이니아 호를 탔고 샘은 이틀 뒤 '알프레드 T. 레이시' 호를 타고 그 뒤를 따랐다.

샘은 남동생과 헤어지기 전에 몇 가지 일에 관한 충고를 해주었다. 만약 보트가 재난을 당하면 침착하게 부녀자와 아이들을 구명보트에 태워야 하며, 자신이 먼저 타려 해서는 안 된다고 일렀다.

"지금은 여름이고 강 너비는 1마일 정도밖에 안 되잖니. 너는 어려움 없이 강가까지 수영할 수 있을 거야."

펜실베이니아 호가 테네시 주 멤피스에 도착하자마자, 보일러 폭발 사고가 났다. 불이 붙은 배는 두 동강이 나버렸고 승객과 선원을 합쳐 약 200명이 죽었다. 헨리는 중상을 입었다. 떨어지는 쇳조각에 맞아 심하게 다쳤고 배에서 빠져나온 증기에 폐가 상하고 온몸에 화상을 입었다. 그는 강가로 수영해 가거나 목숨을 건지기 위해 즉시 치료를 받지 않고, 생존자를 구조하기 위해 뗏목 쪽으로 갔다. 그는 8시간 동안 여름 태양 아래 돌아다니느라 탈진되었다. 게다가 너무 심하게 다쳐서 구조에 큰 도움이 되지도 못했다. 그러나 형의 가르침대로 그는 자신의 안전보다 승객의 안전이 더 우선이라고 생각했다.

샘이 동생에게 왔을 때, 그는 심각한 상태였다. 헨리가 화상과 부상의 고통을 참기 어려운 지경이 되자, 샘은 의사에게 모르핀을 투여해 달라고 부탁했다. 정신이 없었던 의사는 너무 많은 양을 투여했다. 헨리는 혼수상태가 되었고 다음날 새벽이 되기 전에 죽었다. 샘은 자책에 빠졌다. 헨리에게 같이 증기선을 타자고 말한 사람이 자신이었기 때문이다. 동생이 펜실베이니아 호에 혼자 남아야 했던 것은 그가 브라운과 싸웠기 때문이다. 샘은 동생을 구하거나 아니면 적어도 그와 운명을 같이할 수 있었다. 게다가 헨리에게 자신을 구하지 말고 다른 사람을 도우라는 충고까지 했다. 그러니 당연히 헨리의 영웅심에 책임이 있었다. 그 결과 동생은 오랜 시간 동안 치료도 받지 못하고 뗏목 위에서 애를 썼다. 그는 치사량에 해당하는 모르핀을 헨리에게 투여해 달라는 부탁도 했다. 그는 평생 오랫동안 살면서 헨리의 죽음에 뼈아픈 책임을 느꼈다. 그의 '인생의 빛이었던 아무 죄 없는' 어린 동생이 아니라, 확실히 자신이 당해 마땅한 죽음이었다. 동생의 슬픈 운명과 자신이 비극을 모면했다는 사실 때문에 그의 어두운 세계관은 더욱 굳어졌다. 이런 세계에서는 선하다고 해서 행복하게 오래 살 수 있는 보장이 없었다. 악한 자들이 승승장구할 때도 많았다.

샘 클레멘스가 미시시피 강에서 보낸 시절은 1861년에 막을 내렸다. 이 무렵 남북전쟁이 시작되었고 그는 잠깐 동안 전투에 나갔다. 그 자신도 인정했지만 무기력하게 남군에서 싸우다가 형 오리온과 함께 네바다로 도망쳤다. 여기서 금광을 시굴하는 사업에 손을 대보았으나 실패했다. 그 대신 버지니아 시 신문에 쓴 유머 넘치는 글은 꽤 성공적이었다. 처음에는 필명으로 조시란 이름을 쓰다가 나중에 '마크 트웨인'으로 바꾸었다. 이것은 훗날 세계에서 가장 유명한 이름이 된다. 그의 글은 종종 문제를 일으키기도 했는데, 한번은 그의 날카로운 풍자에 희생된 사람과 결투를 벌인 일도 있었다.

그는 네바다를 떠나 캘리포니아로 갔는데, 여기서도 글 때문에 다시 곤경에 빠졌다. 이번에는 지역 당국이 상대였다. 그러나 그는 당대 가장 인기 있는 유머 작가 중 한 사람인 아티머스 워드를 만나는 행운을 잡았다. 워드는 그에게 열심히 쓰라고 격려했다. 마크 트웨인은 워드에게 이야기 한 편을 보여주었다. '칼발레라스 카운티의 이름난 뛰는 개구리'라는 이야기였다. 워드는 이것을 뉴욕 「새터데이 이브닝 프레스」에 발표하게 도와주었다. 이 이야기의 성공과 더불어 마크 트웨인이 샌프란시스코 청중 앞에서 했던 대중 강연도 성공을 거두었다. 강연의 내용은 최근 하와이 섬으로 여행했던 경험을 유쾌하게 묘사한 것이었다. 이 여행은 미주리 주 한니발의 인쇄소 도제, 증기선 기사, 광산 시굴업자, 그리고 자칭 낙오자인 샘 클레멘스가 마크 트웨인이란 밝은 별로 급부상하여 운명적인 전환을 맞게 되는 계기였다. 그는 허풍 떠는 자, 잘난 체하는 자, 정직하지 못한 자에게 유쾌하면서도 가차 없는 회초리를 내리쳤다. 언제나 그 자신을 포함하여 마크 트웨인의 위트 섞인 풍자의 희생양이 된 많은 사람들은 그 회초리를 용케 피한 사람들 못지않게 사심 없이 즐거워했다. 캘리포니아에서 가장 큰 신문인 「알타 캘리포니아」도 그에게 유럽여행과 성지순례 이야기를 써 달라고 청탁했다. 이 이야기는 나중에 『순수한 이방인들(*The Innocents Abroad*)』이라는 책으로 묶여 출판되었다. 이 책으로 그의 명성이 전세계에 널리 퍼지게 되었다. 마크 트웨인은 이제 미국은 물론 세계적으로 인기 있는 작가이자 대중 강연자가 되었다.

마크 트웨인은 동부로 갔다. 그곳에서 평생의 연인인 올리비아 '리비' 랭던을 만났다. 리비는 뉴욕 버팔로의 부유한 석탄 사업자의 딸이었는데, 두 사람은 결혼한 후 장인이 사 준 버팔로의 멋진 집에서 잠깐 살다가 코네티컷 주 하트포드로 이사해 그곳에서 20년을 살았다. 크고 이국적인 집을 사서 그들의 취향이 잘 드러나도록 꾸몄다. 마크 트웨인 부부는 자식 4명을 낳았는데 장남이자 외아들은 두 살이 되기 전에 죽었다. 비탄에 빠진 아버지는 다시 한번 인생의 비극을 장기인 유머로 이겨내야 했다.

하트포드에서 보낸 나날은 트웨인에게 가장 행복하고 생산적이며 성공한 시절이었다. 그는 이 시절에 대중적이면서도 걸출한 작품들을 발표했다. 즉 『왕자와 거지(*The Prince and the Pauper*)』『미시시피 강의 삶(*Life on the Mississippi*)』『톰 소여의 모험』 그리고 걸작 『허클베리 핀의 모험』을 썼다. 그는 세상에서 가장 유명한 사람이었고 가족과 대중에게 사랑을 받았다. 사실 대중이 작가의 견해에서 얻을 수 있는 것보다 작가가 대중과 소통함으로써 얻을 수 있는 것이 더 많다.

"나는 교양 있는 계층을 가르치려고 한 적이 없다. 그런 방면으로 재주가 없을 뿐 아니라 훈련도 받지 못했다. 그리고 그런 욕심을 가져본 적도 없다. 그 대신 항상 더 큰 것을 원했다. 바로 대중이다. 나는 의식적으로 그들을 가르치려 하지 않는다. 그러나 그들을 즐겁게 해주려고 최선을 다했다. 배움이라면 그들이 다른 곳에서도 얻을 수 있기 때문이다."

의도했든 하지 않았든, 그는 즐거움뿐 아니라 교훈도 주는 작가이자 강연자였다. 그는 개성적이고 앞길 창창하지만 불완전하기 짝이 없는 미국 사람들이 자신의 본성에서 장단점을 찾을 수 있도록 도와주었다. 그는 자신의 내면에서 그들과 비슷한 장단점을 발견했기 때문에 그러한 도움을 줄 수 있었다. 그는 우리가 저지르거나 방관한 불의를 정직하게 인정하고, 시정하려는 마음이 들도록 이끌었다. 그가 보여주고 싶었던 인생은 시행착오인 동시에 특권이고, 매우 재미있는 농담이었다.

"신은 원숭이를 보고 실망했기 때문에 인간을 창조했습니다."

그도 인정했듯이 인간의 본성을 어둡게 보는 관점 덕분에 다른 많은 사람들이 세상에 불평거리를 쏟아놓게 만들 수 있었을 것이다. 마크 트웨인은 세상을 향해 웃었다. 세상도 그를 향해 웃었다.

"저는 좀 품위가 떨어지는 문학에 '소명'이 있습니다. 그것은 유머입니다." 그는 개인적인 문제를 다룰 때도 종종 겸손을 과장하곤 했으며 유머

가 인생에서 가장 필요한 양념이라고 생각했다. 그리고 인간의 어리석음
과 불행을 비꼬고 '울퉁불퉁한 경계를 허물고 가시를 무디게 하고 잔인
함의 독성을 빼내기 위해' 유머를 활용했다.

그는 가족을 아꼈다. 특히 아내는 가장 친한 친구였고 가장 믿을 만한
조언자였다. 세 딸은 재능이 출중하고 아름다웠다. 그는 가족과 함께 있
을 때 가장 행복했다. 하지만 가족과 떨어져 있어야 할 때도 많았다. 그
는 돈을 꽤 많이 벌었지만 쓰기도 많이 썼다. 그의 천재성이 돈 관리 분
야에까지 뻗치지 못했기 때문이다. 결국 그는 환갑 무렵에 파산했다. 그
래서 강연을 다니며 돈을 벌어야 했기 때문에 7년 동안 세계를 여행했
다. 그는 다시 대중적인 사랑을 받았고 빚을 남김없이 다 갚을 수 있었
다. 그러나 이 심란한 방랑 기간에 큰 딸 수지가 뇌막염으로 죽었다. 이
일로 마크 트웨인은 크게 상심했다. 그는 딸애의 무덤에 아버지와 딸이
같이 좋아하고 즐겨 암송했던 시의 구절을 새긴 비석을 세웠다.

> 따뜻한 여름 태양
> 여기 포근하게 비추는구나
> 따뜻한 남쪽 바람
> 여기 부드럽게 불어오는구나
> 푸른 잔디 위에
> 가볍게 누우렴
> 잘 자요, 내 사랑
> 잘 자요, 잘 자요

이것은 상심한 아버지의 마음을 엿볼 수 있는 뭉클하고 감동적인 일화이며 마크 트웨인이 가진 사랑의 깊이를 잘 보여주는 시지만, 그가 계속 이런 태도를 취한 것은 아니다. 그는 사랑하는 딸의 죽음에서 깨어나 더 큰 의미를 발견했다.

"나는 내게 닥친 모든 무거운 고난을 감당했던 식으로 이 일을 받아들였습니다. 내 마음에는 반항심이 꿈틀거렸습니다."

어느새 일흔이 된 그는 더 이상 원치 않는 초대를 받아들이거나 거기서 빠져나가기 위해 머리를 쓰지 않겠다고 선언했다. 이제 그는 관망할 때였다.

"나는 70살입니다. 굴뚝 구석에 웅크리고 앉아 파이프 담배를 피거나 책을 읽고 휴식을 취합니다. 내 애정을 가득 담아 당신이 건강하기를 바라면서요. 당신도 여행에서 돌아가는 길에 70번째 방파제에 도달하면 체념한 심정으로 기다리고 있는 배에 올라탈 것입니다. 그리고 만족한 마음으로 해가 지는 수평선을 향해 나아갈 것입니다."

그러나 그의 마음은 만족하지 못했다. 굴뚝 구석에서 오랫동안 안식하기에는 너무 불안정했다. 그의 유머는 사랑하는 사람을 잃은 고통의 무게 때문에 어둡게 변해갔다. 그래도 여전히 웃음을 주려고 노력했다. 웃음은 그가 가장 좋아하는 반항의 외침이었다. 그는 인생과 인간에 대한 뼈아픈 진실을 지적하며 두려움을 불러일으키기보다, 그러한 진실을 덮고 있는 안개를 뚫고 지나 세계가 그와 함께 웃을 수 있길 바랐다. 그는 친구들과 가깝게 지내면서 가능할 때는 언제든지 좋아하는 게임인 당구를 하고 흰색 플란넬 양복을 입고 거리를 산책하거나 계속 글을 썼다.

그는 아내 리비가 죽은 후 처음으로 뉴욕 시에서 살게 되었다. 그 다음에는 코네티컷에 살면서 그를 좋아하는 젊은 여성들과 작은 친목계를 만들기도 했다. 그 역시 팬들에게 사랑을 돌려주었다. 그러던 중 다른 딸 진이 간질 발작으로 죽었다. 이 상실감은 결국 그를 무너뜨렸다. 몇 달 후 1910년 4월 21일 마크 트웨인도 세상을 떠났다. 그가 언젠가 이야기했듯이 핼리 혜성이 다시 밤하늘을 밝힌 날이었다. 그가 그처럼 정확한 시기에 세상을 떠난 것이 우리에게 건 마지막 장난이 아니었나 생각한다. 이 오묘한 우연의 일치 덕분에 우리는 위대한 사람 마크 트웨인에 대해 마지막까지 다정하고 즐거운 생각을 간직할 수 있었다. 그는 우리가 우리 자신에 대해 좀더 정직하고 희망적으로, 적어도 좀더 즐겁게 생각할 수 있게 해준 사람이다. 심지어 우리의 허세와 여러 가지 결함을 조롱할 때조차도 말이다.

존 우든 John Wooden, 1910~
미국의 농구 선수와 감독으로 활동. 전미 대학농구선수권대회 10회 우승,
UCLA 농구팀 88연승이라는 경이적 기록을 세웠다.

협 동

—

승리는 몸과 마음을 합치는 과정이다

빌 월튼은 1970년대 초 UCLA 챔피언 농구 팀의 센터였다. 그는 다양한
주제에 대해 확고한 견해를 지닌 젊은이였다. 그는 베트남 전쟁, 정치,
음악, 교육, 스포츠 등에 관심을 가졌고 무엇보다 개인의 자유를 중요하
게 생각했다. 빌은 어릴 때부터 독립적이었다. 그는 스스로 생각하고 말
했으며, 옷 입는 법이나 머리 길이도 혼자서 결정했다.

빌의 감독 존 우든도 자기 목소리가 있는 사람이었다. 물론 정확히 말
해 빌의 감독은 농구 스타인 빌보다는 좀더 완곡하게 의견을 표현하고
과장을 자제하는 쪽이었다. 존 우든 감독은 겸손하고 조용한 사람이었는
데, 복고 스타일을 좋아하고, 공정하며 마음이 넓고 아량을 베풀 줄 알았
다. 그러나 빌과 마찬가지로 자신이 믿는 것은 확고하게 주장하는 사람

이었다. 어쩌면 훨씬 더 확고하다고 말해야 할 것이다. 그는 대개 예시를 드는 방법으로 학생들을 지도했다. 아버지에게서 배운 소박한 격언이나 인상적이었던 싯구를 인용해 가며 차분하게 학생들을 가르쳤다. 때로는 참을성 있게 일정한 형식을 반복하기도 했다. 대부분의 선수들은 존의 가르침이 구식이라거나 별나다고 생각했을 것이다.

그는 선수들을 많이 챙겼다. 그들이 자신의 능력 한도에서 최고의 농구 선수가 될 수 있도록, 크고 작은 것들을 매우 엄하고 신중하게 가르쳤다. 그러나 이보다 중요한 것은 될 수 있는 한 훌륭한 인간이 되라고 가르쳤다는 점이다. 그는 불경한 말과 행동을 하거나 동료를 비난하거나 상대 팀에 무례하게 구는 선수는 경기에 내보내지 않았다. 선수들에게 단정한 차림을 하고 모든 사람을 예의바르게 대하고 득점했을 때 동료를 격려하고 경기장에서 과하게 감정을 표현하지 말라고 가르쳤다. 그는 자신과 타인에 대한 존중과 품위를 가르쳤다. 다섯 사람이 각자 정해진 역할을 수행하는 팀워크의 소중함을 가르쳤다. 동시에 협동의 미덕과 그것이 개개인에게 선사하는 만족감을 가르쳤다. 그는 스승이었다. 많은 감독들이 그렇게 자부할지는 몰라도 진정한 스승은 많지 않다.

우든 감독은 매 시즌마다 첫 훈련을 할 때는 30분가량 양말과 신발 정리하는 법을 누누이 강조했다. 고등학교 감독 시절, 그는 치수가 반 사이즈 정도 큰 주름 잡힌 양말과 신발을 신은 선수들이 흐름이 빠른 농구 경기를 하는 동안 발에 물집에 생겨 고통받는 것을 보아왔다. 그래서 선수들에게 익숙하게 신던 것보다 반 사이즈 작은 것을 선택하라고 충고했다. 그리고 양말 마는 법과 신발을 신기 전에 주름 펴는 법을 직접 보여주었다. 그는 선수들이 웃겨 죽겠다거나 또는 따분해 미치겠다는 듯한

표정을 교환하든 말든, 한쪽 발을 보이면서 이런 사소한 요령을 일일이
가르쳐주었다. 그는 선수들이 제대로 할 때까지 지켜보고 난 후, "좋아.
이제 반대쪽 발을 해보자"라고 말하곤 했다.

우든 감독은 학생들을 무시하는 법이 없었다. 그는 인종, 종교, 특권,
정치적 견해의 차이가 사람의 가치를 결정하지 못한다고 생각했다. 그는
선수들에게 동료의 인격과 각자 맡은 역할을 존중하라고 가르쳤다. 선발
선수든 보결 선수든 벤치만 지키는 선수든, 전체는 개개인의 합보다 크
다는 것이 우든 감독의 생각이었다. 그는 선수들 개개인을 항상 좋아할
수 없을지는 몰라도 선수 모두를 사랑한다고 말하곤 했다.

그는 자신감을 귀하게 여겼고 용감한 확신이 있는 선수들을 좋아했다.
그러나 용기란 행동의 결과를 책임질 수 있는 준비가 되어야 함을 의미
한다. 그래서 어느 날 빌 월튼이 시즌 중 열흘간의 휴가를 보낸 후 턱수
염을 기르고 나타났을 때, 우든 감독은 면도를 하라고 명령했다. 그러한
문제에 대해 우든 나름의 규칙이 있었다. 머리카락이나 얼굴의 털이 길
면 샤워 후 말리는 데 시간이 오래 걸리는 점을 걱정한 것이다. 그런 선
수는 머리나 수염이 젖은 채로 라커룸에서 밖으로 나갈 가능성이 높고,
그러다 보면 감기에 걸릴 수도 있다. 그는 머리 길이에 대한 규칙을 약간
풀어주었으나 그렇게 많이는 아니었다. 그나마 UCLA의 남자 교수나 교
직원들이 대부분 유행을 따라 머리를 어깨까지 기르고 다니는 풍조를 고
려한 조치였다. 그러나 턱수염 규칙만큼은 확고했다.

솔직하고 당당한 월튼은 자유의 침해를 받아들일 수 없다고 생각했다.
그는 감독이 선수들에게 개인적인 간섭을 할 권리가 없다고 주장했다.
존 우든은 이 명석한 센터를 좋아하고 존경했다. 두 사람은 개인적인 외

모나 행동에 대한 견해가 달랐던 것처럼, 정치적인 견해도 달랐다. 우든은 월튼이 반전 시위를 하다가 체포되었을 때, 보석금을 내어 교도소에서 꺼내준 적이 있다. 그 일은 우든 감독을 슬프게 했다. 그는 월튼에게 "신념이 확고한 것은 이해하지만, 체포되는 게 그리 좋은 생각 같지는 않다"고 말해주었다.

그러나 월튼은 좋아할 구석이 많은 녀석이었다. 월튼은 1972년과 1973년에 UCLA 우승의 주역이었고 세 번이나 올해의 선수로 뽑혔다. 훗날 우든 감독은 다음과 같이 회상했다.

"빌은 모든 팀을 통틀어 최상급 센터 중 한 사람이었다."

몇 년 전 위대한 카림 압둘 자바를 감독한 적이 있는 사람의 입에서 나온 말이었다. 우든은 월튼의 집중력, 노력, 총명함을 좋아했다. 월튼은 전미 대표였고 학구적이었다. 우든 감독은 그 점을 자랑스러워했고, 독립적인 사람이 되고 싶어하는 월튼의 결단력을 진심으로 존경했다. 그렇게 하려면 용기가 필요하고 강해야 하기 때문이다. 우든 감독은 자신의 책에서 그러한 요소를 존경할 만한 미덕으로 꼽았다. 그러나 진정으로 독립적인 사람이 되려면 좋든 나쁘든 행동의 결과를 받아들여야 한다.

그래서 감독은 월튼에게 수염 문제에 대한 생각을 확신하느냐고 물었다. 그러자 월튼은 그렇다고 대답했다.

"좋다, 빌. 나는 강한 신념을 가지고 그것을 고수하는 사람들을 존경한다. 이건 진심이다. 우리는 네가 그리울거다."

월튼은 이 말을 듣고 그 자리에서 수염을 밀었다. 그에겐 자기 외모를 결정할 권리가 있었지만, 감독 역시 UCLA 브루인스 팀에서 뛸 선수를 결정할 권리가 있었다. 월튼은 존 우든과 함께 경기하는 것이 좋았다. 다른 이유는 없었다. 존 우든은 최고의 농구 감독이었고 매우 훌륭한 스승이었다. 똑똑한 빌은 그 점을 잘 알고 있었다.

존 우든은 1910년 인디애나 주 마틴스빌 작은 마을에서 태어나 가족이 소유한 교외 농장에서 자랐다. 이곳에서 그는 평생 자신을 지탱할 가치를 배웠다. 그리고 그러한 가치를 감독 생활은 물론 삶의 모든 부분에 적용했다. 집에는 수도와 전기가 없었다. 대공황 시기였고 우든 가족은 돈이 별로 없었지만 화목한 분위기였다. 우든 4형제는 부모님의 본을 받아 열심히 일했다. 지혜롭고 사랑 넘치는 우든의 부모는 아이들이 공부하고 놀 수 있는 시간을 언제나 허락해 주었다.

존 우든은 부모님과의 추억을 소중하게 간직했다. 그는 아버지 조슈아 우든이 세상에서 가장 훌륭한 사람이라고 생각했다. 조슈아는 인생에서 가장 중요한 교훈을 말과 행동으로 가르쳤다. 아들 존은 그 중에서 세 가지 중요한 교훈을 자주 떠올렸다.

첫째, 거짓말하거나 속이지 않고 도둑질을 하지 않는다.

둘째, 과거에 연연하지 않는다. 과거는 바꿀 수 없기 때문이다. 대신 매일을 최고의 작품으로 만든다.

셋째, 다른 사람보다 나아지려고 애쓰지 않는다. 자신이 가진 100%를 발휘하려고 노력한다.

존 우든은 무엇보다도 이 세번째를 가장 마음 깊이 새겼다.

우든 가족은 농장이 1930년대에 파산해 도시로 갔다. 그러나 아버지의 충고와 귀감 덕분에 우든 형제들은 부당한 박탈감을 느끼거나 인생에 패배했다는 생각을 하지 않고 힘겨운 시기를 헤쳐나갈 수 있었다.

1920년대의 인디애나 주는 오늘날과 마찬가지로 농구에 열광했다. 존 우든은 처음에 형제들과 함께 헛간에서 토마토 바구니와 낡은 넝마 조각 뭉치로 농구를 했다. 조그만 마틴스빌에는 인디애나 주에서 상위권에 드는 고등학교 팀이 있었다. 존 우든은 이 학교 역사상 가장 기량이 돋보이는 가드였다. 그의 활약으로 팀은 1924년부터 1928년까지 주 대항 결승전에 세 번 진출했고 1927년에는 우승을 거머쥐었다. 그는 2~4학년 동안 주 대표 선수였다. 그의 용맹함과 프로의식, 경기장에서의 재치는 많은 대학 감독들의 관심을 끌었고 이후 빅텐(BIG10, 중부 지역 대학 스포츠 리그) 소속의 퍼듀 대학교 농구 선수로 영입되었다.

퍼듀 대학교 시절 몸싸움에 강했던 우든은 돌아다니는 공을 뺏기 위해 단단한 바닥에 몸을 마구 던지곤 했는데, 이에 대한 찬사로 '인디애나의 고무 인간'으로 불렸다. 그는 확실히 운동선수로서 재능이 있었다. 그러나 그가 대학 시절 눈에 띄었던 이유는 총명함, 준비성, 열정, 근면함 때문이었다. 우든을 주축으로 한 퍼듀 대학교는 빅텐 챔피언십에서 두 번 우승했고 그가 졸업반일 때는 전국 우승을 차지했다. 그는 세 번 전미 대표로 나갔고 1932년에는 올해의 선수로 지명되었다. 당시 12경기 출장에 154점이라는 기록을 세웠는데 점수가 많이 나지 않던 옛날에는 엄청난 기록이었다. 1942년 그는 농구 분야 명예의 전당의 영구 전미 대표 팀에 들어갔다. 1960년에는 선수로서 명예의 전당에 올랐고, 1972년에는 감독으로서 올랐다. 선수와 감독으로 동시에 명예의 전당에 오른 사람은 존 우든이 최초다. 게다가 그는 우등생이었다. 프로 스카우트 담당자들이 '인디애나의 고무 인간'과 프로 계약을 맺으라고 본사에 추천하는 것도 놀라운 일이 아니었다.

그러나 존 우든에게는 다른 계획이 있었다. 퍼듀 대학교 시절 그의 감독이었던 워드 램버트는 젊은 존 우든에게 지대한 영향을 미쳤다. 셀틱스가 계약을 제안했을 때 우든은 램버트 감독에게 조언을 구했다. 그들이 연락하기 전에 이미 켄터키 고등학교 영어 교사직을 수락한 상태였기 때문이다. 우든은 상당히 고액 연봉이 보장되는 프로 팀의 제안을 받고 다시 생각해야 할지 갈등하는 중이었다. 램버트는 그에게 퍼듀 대학교에서 가장 우선순위였던 것이 공부였는지 농구였는지 물었다. 우든은 공부였다고 대답했고, 램버트는 그럼 이미 답을 알고 있지 않느냐며 미소를 지었다.

우든은 영시를 좋아했는데, 특히 빅토리아 시대 시와 셰익스피어, 디킨즈를 좋아했다. 그리고 훌륭한 영어 교사가 될 만한 인격과 실력, 그리고 열정을 갖추어 마침내 영어 교사가 되었다.

켄터키에 일자리를 잡은 데는 약혼녀 넬리 라일리와 바로 결혼할 수 있다는 이유도 작용했다. 그는 첫눈에 사랑에 빠졌고, 둘은 고등학교 때부터 사귀었다. 넬리는 그가 사귄 유일한 여자이자 첫사랑이었다. 그는 상당히 수줍은 사람이었는데, 넬리가 그 점을 극복하게 도와주었다. 게다가 그녀는 우든이 농구 감독은 물론 한 사람의 성인으로서 발전하는 데도 도움을 주었다. 그들은 50년 넘게 서로 사랑하며 매우 친밀한 결혼 생활을 유지했다.

존 우든은 어렸을 때부터 성공의 의미에 대해 깊이 생각했다. 그의 인생에 긍정적인 영향을 미친 또 다른 사람으로 고등학교 수학 선생님이 있었다. 그는 우든에게 성공을 정의해 보라고 한 적이 있다. 그는 성공이 명예와 부를 얻는 것인지 아니면 물질 이상의 다른 무엇인지 질문했다. 존 우든은 그 후로도 오랫동안, 아니 평생토록 그 의미를 생각했다. 진지한 성찰 끝에 한 가지 간결한 교훈을 얻었다. 우든은 지금까지도 그가 생각하는 성공의 정의에 관심을 보이는 사람들에게 그것을 전파하고 있다. 그가 정의하는 성공은 '자신의 능력 한도에서 가장 훌륭한 사람이 되기 위해 최선을 다했다는 것을 인식할 때, 그에 수반되는 만족감으로 인한 마음의 평화'다. 존 우든은 성공의 의미에 대해 꾸준히 명상하면서, 14년에 걸쳐 자신만의 코칭 비결 및 인생의 교훈을 정립할 수 있었다. 그것이 유명한 우든의 '성공 피라미드'다.

우든은 최선을 다해 훌륭한 영어 교사와 감독이 되기로 결심했다. 그는 켄터키 주 데이튼에서 2년 동안 가르쳤고 여기서 모든 종목의 감독을 맡았다. 그 후 우든 부부는 인디애나 주 사우스 벤드로 이사하여 새 학교에서 일하게 되었고 농구, 야구, 테니스 감독을 맡았다. 이곳 생활은 9년 동안 계속되었다. 그는 11년간 고등학교 야구 감독을 하면서 214승 43패를 기록했다. 우든은 자녀의 점수가 낮으면 실패했다고 생각하는 학부모를 안타깝게 여기는 영어 선생이기도 했다. 그는 노력 없이 A를 받는 총명하지만 무관심한 학생보다, 죽어라 노력해서 C를 받는 평범한 학생을 더 귀하게 생각했다.

제2차 세계대전이 발발하자 우든은 해군에 입대했다. 전쟁이 끝난 후에는 인디애나 주립 대학교에서 운동부 책임자 및 수석 농구 감독으로 일했다. 감독 일을 시작한 그 해에 전국 토너먼트에 처음 나가게 되었다. 그의 팀에 있는 12번째 선수는 거의 경기를 해본 적이 없는 흑인 학생이었는데, 그 당시 흑인은 토너먼트에 나갈 수 없었다. 우든은 편협한 규정을 참을 수 없었다. 그는 팀을 출전시키지 않았다.

그는 인디애나 주립 대학교에서 2년 동안 44승 15패 성적을 거두었다. 이러한 성공 덕분에 더 큰 대학에서 감독 제의가 들어왔다. 미네소타 대학교와 UCLA였다. 존과 넬리는 중서부에 계속 남고 싶었다. 소박한 두 사람에게는 매혹적인 로스앤젤레스 생활이 그다지 끌리지 않았다. 그는 미네소타 대학교의 제안을 받아들일 뻔했으나 겨울 폭풍으로 인해 대학 관계자들과 만날 약속이 지연되었고 그러는 동안 UCLA가 조건을 제시했기 때문에, 존은 그 제안을 받아들였다. 미네소타 대학교에서 다음날 전화를 걸어 존이 기꺼이 수락할 만한 조건을 제시했지만, 그는 UCLA와 한 약속을 취소할 수 없다고 예의바르게 거절했다.

우든 가족은 처음에 캘리포니아를 좋아할 수 없었다. 존과 넬리는 물론 두 아이도 마찬가지였다. 캘리포니아는 너무 크고 번잡스러웠다. 소도시를 좋아하는 그들의 취향에는 너무 비정해 보였다. 그러나 곧 익숙해졌고 그럭저럭 일도 잘 풀려나갔다. UCLA의 훈련 시설과 경기 설비는 전혀 훌륭하지 않았다. 이층짜리 체육관은 곰팡이가 슬었고 작고 더러웠으며 낡았다. 게다가 다른 운동부와 같이 사용해야 했다. 겨우 몇 번 경기를 치렀을 때, 소방서에서 규정에 맞지 않는다고 체육관 사용을 금지했다. 그래서 브루인스는 빌린 체육관에서 홈 경기를 치러야 했다. 존과 팀장들은 매일 연습하기 전에 존이 직접 만든 초대형 빗자루와 대걸레로 코트를 쓸고 닦았다. UCLA는 존에게 감독 자리를 제안하면서 최고급 현대식 설비를 지어주겠다고 약속했지만, 폴리 파빌리온 경기장이 완성되기까지는 아주 오랜 시간이 걸렸다.

브루인스 팀이 널찍한 현대식 경기장을 갖게 되기 전까지, 존 우든은 오랜 시간에 걸쳐 대학 스포츠 역사에 길이 남을 유명한 신화를 창조했다. 존 우든이 UCLA 농구 팀을 감독한 27년 세월은 오늘날 스포츠팬들이 반드시 알아두어야 할 특별한 것이다. 존의 훈련은 길고 끈질기기로 악명 높았다. 선수들이 경기할 때와 똑같이 긴장하며 연습에 임하길 바랐다. 빌 월튼은 다른 선수들처럼 우든 감독을 매우 존경하고 좋아했다. 그는 모든 훈련은 항상 네 가지 규칙에 따라 체계적으로 이루어졌다고 회상했다. 그 규칙이란 다름 아닌 설명, 시범, 교정, 반복이었다. 존은 선수들에게 소리치거나 겁을 주는 법이 없었는데, 선수들이 실수를 하면 교정해 주었지만 무안을 주지는 않았다. 최선을 다해 열심히 노력하라고 끊임없이 격려했다. 카림 압둘 자바는 이렇게 회상했다.

"우든 감독님은 저희에게 자제하는 법을 가르쳐주셨어요. 그리고 항상 먼저 모범을 보이셨습니다."

그가 UCLA 감독이 된 첫 해, 브루인스는 22승 7패 성적을 거두었다. 다음 해에는 24승 7패를 기록하고, 처음으로 NCAA(전미대학운동연맹) 토너먼트에 나갔다. 6년이 지난 후, 팀은 더할 나위 없이 완벽한 리그 성적을 거두었다. 16승 무패 행진을 이어간 것이다. UCLA는 존이 있는 동안 8번이나 더 이런 영광을 맛보았다. 1962년 브루인스는 준결승까지 올라갔지만 아쉽게도 패배했다. 그러나 2년 후 우승했고 다음 해에도 우승을 했다. 1967년에는 류 알신더와 함께 다시 한 번 승리를 거머쥐었다. 다음 해도, 그 다음 해도, 또 그 다음 해에도 우승했다.

1971년은 유난히 뜨거웠다. 세 시즌 이상 연승 행진을 기록한 것이다. 결국 노트르담에 패했지만 놀랍게도 연속 88승을 한 후였다. 그 중에는 전국 챔피언 3번도 포함된다. 7회 연속 전국 우승을 거머쥔 것이다. 이러한 기록 근처라도 가본 팀은 없었다. 1975년 브루인스는 다시 전국 우승에 도전했다. 경기 시작 전 우든 감독은 팀원들에게 이 경기를 마지막으로 은퇴한다고 말했다. 당시 그의 나이 65세였다. 감독 생활을 한 지 40년이었고 UCLA에서만 27년이었다. 선수들이 그 소식에 어떤 반응을 보였는지는 알 수 없다. 그러나 언제나 그랬던 것처럼, 그날 밤에도 짜릿한 승리를 거두었다. 존 우든은 브루인스에 10번의 전국 우승을 안겨주었다. 어떤 감독도 이루지 못한 대기록이다. 그는 역사상 최고의 농구 감독이고, 이는 누구도 부인할 수 없는 사실이다.

그의 위대함은 인격에서 나왔다. 그는 질책하는 스타일이 아니었다. 그가 진정으로 특별한 이유는 스스로 본이 되는 가르침을 통해 선수들의 인격에 지속적인 영향을 미쳤기 때문이다. 빌 월튼은 감독이 그에게 했던 말을 기억하고 있다.

"어떤 노력을 하든지 최선을 다해야 해. 점수는 신경 쓰지 마. 이미지나 상대 팀을 걱정할 필요는 없어."

우든은 선수들에게 성공의 의미와 팀 구성원으로서의 역할을 가르쳤고, 그들이 더 나은 선수가 되도록 헌신적으로 지도했다. 그의 15단계 성공 피라미드를 보면 열정과 근면이 주춧돌이지만, 맨 아래에는 협동이 자리하고 있다. 그는 이기적이지 않은 선수를 원했다. 선수들이 경기를 좋아하는 만큼 팀을 사랑하길 바랐다. 존 우든이 요즘처럼 선수 한 명만의 팀으로 여겨지는 농구판의 현실을 본다면 많이 아쉬워할 것이다. 샤킬 오닐이 레이커스를 떠났을 때, 스포츠 기자들은 모두 이제 레이커스는 코비 브라이언트의 팀이라고 떠들어댔다. 마치 코비가 5개 포지션을 모두 맡고 있다는 듯, 승패는 모두 코비의 책임이었다. 존 우든이라면 그런 농구를 좋게 보지 않았을 것이다. 그렇게 한다고 반드시 우승하는 것은 아니며, 멋진 경기를 보장해 주지도 않는다. 존 우든은 선수들에게 "슛을 쏘기 전에 항상 패스할 생각을 해야 한다. 그것이 팀 게임이다. 한 팀으로서 경기할 때 멋진 경기가 나온다. 한 사람이 독주해서 환상적인 덩크슛을 하는 장면은 그다지 멋져 보이지 않는다. 많은 팬들이 그런 장면을 좋아할지도 모르지만, 나는 아니다"라고 말하곤 했다.

존 우든이 초창기에 우승으로 이끌었던 팀에는 '이래서 무슨 농구를 하겠나' 싶은 단신 선수들도 있었다. 그러나 우든은 이렇게 말했다.

"체격이 정답은 아닙니다. 선수들은 자기 역할을 충실히 해냅니다. 아마도 다른 팀에 더 우수한 선수들이 있을지도 모르죠. 하지만 팀으로서는 우리가 가장 강합니다. 나는 선수들에게 모든 사람에겐 역할이 있고 모든 역할이 다 중요하다고 설명해 주고 싶습니다. 자기 자리를 채우라고 말해주고 싶어요. 바퀴를 잃어버리면 엔진이 무슨 소용이겠습니까?"

우든 감독은 95세가 되었을 때도, 자신과 함께 경기했던 수백 명의 젊은이들을 대부분 기억할 수 있다고 말했다. 고등학교 시절 선수들도 물론이었다. 그는 그들이 지금 무엇을 하며 사는지도 대부분 다 알고 있다. 그들 또한 아직도 그를 기억하며 살아갈 것이 분명하다. 농구 기술을 가르쳐준 사람은 나이가 먹을수록 희미해질 수도 있다. 그러나 인간이 되는 법을 가르쳐준 사람은 절대 잊지 못하리라.

마하트마 간디
Mohandas Gandi

테레사 수녀
Mother Teresa

넬슨 만델라
Nelson Mandela

아웅산 수지
Aung San Suu Kyi

평 화

—

전쟁은 도둑을 만들고 평화는 그 도둑을 처벌한다

간디는 수줍음이 많고 어눌한 아이였다. 그는 인도 중산층 가정의 네 자녀 중 막내로 태어났다. 소년 시절은 말할 것도 없거니와, 훗날 영국식 교육을 받은 변호사가 됐을 때도 그에게서 위대함의 떡잎을 찾아보기는 어려웠다. 그는 변호사로서 사람들에게 좋은 인상을 심어줄 만한 능력을 갖추지 못한 채 실전에 뛰어들었다. 솔직히 말하면 좋은 인상이고 뭐고 간에 존재감 자체가 아예 없었다. 그의 첫 법정 경험은 완전 악몽이었다. 너무 수줍어한 나머지 논지를 펴기는커녕 입도 떼지 못한 것이다. 그러나 간디는 점점 자기 목소리를 찾아갔다. 어딘지 모르게 다른 사람과 다른 그의 목소리는 울림이나 유창함 때문이 아니라 거기에 담긴 조용한 확신 때문에 거부할 수 없는 힘이 있었다. 간디는 20세기의 가장 중요한 인물이 되었고, 지금까지 전세계에서 정의를 위해 싸우는 수많은 사람들을 격려하고 있다.

모한다스 카람찬드 간디의 일생을 이 짧은 장에서 자세히 다루기에는 너무나 방대할 뿐 아니라 당시 중요한 세계적 사건들과 깊이 연관되어 있기에 불가능한 일이다. 그의 인생에서 의미 있는 에피소드는 너무나 많다. 그 이야기들에는 훌륭한 인격에 필수적으로 수반되는 미덕이 드러나 있으며, 특히 절대 빠지면 안 될 덕목인 사랑이 담겨 있다.

여기서는 간디의 인격, 그 중에서도 내가 가장 흠모하는 한 가지 특징을 주로 이야기할 작정이다. 매우 인상적이고 존경하지 않을 수 없는 그 특징은 바로, 모든 인류에 대한 존중이다. 그것은 자기 자신에 대한 존중에서부터 시작된다.

모한다스 간디는 '마하트마(위대한 영혼이란 뜻)'가 되기 한참 전에, 그리고 인도의 독립을 위해 투쟁하는 온 국민의 아버지 '바푸'가 되기 전에는 그저 별 볼일 없는 젊은 변호사였다. 1893년 당시 성공할 가망이 별로 보이지 않던 간디는 인도를 떠나 영국령 남아프리카공화국으로 가는 중이었다. 런던에서 법률을 공부하던 시절, 그는 영국 신사들처럼 옷을 입었다. 중절모를 쓰고 맞춤 양복을 입었으며, 금줄 달린 시계를 조끼 주머니에 넣고 다녔다. 누가 봐도 지배국의 외래문화와 스타일을 받아들인, 꿈에 부푼 식민지 청년의 모습이 물씬 풍겼다. 봄베이에 개업한 사무실이 재미를 보지 못하던 중, 남아프리카에서 영업을 하고 있는 한 인도 회사에서 간디에게 1년 고용 계약을 제안했다. 간디는 덥석 그 제안을 받아들였다. 그는 13살에 결혼한 아내와 어린 아들을 남겨두고 인도를 떠났다.

그는 남아프리카 더반에 도착한 순간부터, 인도에서는 영국 왕실에 예속된 식민지 백성이긴 했지만 그래도 어느 정도 존중받고 살았다는 사실을 깨달았다. 물론 이것도 중상위층 이상 인도인들에게나 해당하는 이야기다. 영국인들이 독단적으로 문화 수준을 퇴보시켰지만 그래도 인도는 조국이었다. 한편 남아프리카에서 인도인은 점잖게 말하면 '유색 인종'이었고 막말로는 '쿨리' 또는 '세이미'라 불렸다. 남아프리카에 있는 인도인은 대부분 노동자와 하인이었다. 성공한 상인이나 기업가, 교사, 그리고 의사와 변호사도 약간 있긴 했다. 그러나 더반에 사는 영국인과 네덜란드 정착민들에게 간디의 존재는 런던에서 교육을 받고 영어를 사용하는 변호사가 아니었다. 그는 쿨리 변호사였다. 광산에서 일하거나 식사 시중을 들거나 마루를 청소하는 쿨리들과 전혀 다를 바 없었다.

간디가 처음 더반 법정에 섰을 때, 그는 영국식 양복을 입고 있었지만 중절모 대신 인도식 터번을 두른 차림이었다. 간디는 머리에 쓴 것을 벗으라는 명령을 받았다. 인도인은 법정에서 터번을 두르지 못하게 되어 있기 때문이었다. 명령을 거부한 간디는 모욕감과 분노를 참지 못하고 법정에서 뛰쳐나왔다. 그는 소송을 맡긴 압둘라 세스와 이 문제를 의논했다. 세스는 이슬람교를 믿는 인도 상인이었다. 간디는 더 큰 모욕을 당하느니 터번을 쓰지 않는 게 낫겠다고 생각했다. 그러나 세스는 간디가 이런 편견에 굴복한다면, 터번 착용을 관철시키려는 다른 인도인들의 사기를 꺾게 된다고 설득했고 간디는 그의 충고를 받아들였다. 그리고 인도인이 전통 복장을 선택할 권리가 있음을 주장하는 글을 써서 더반 신문에 보냈다. 간디는 다음과 같이 회상한다.

"신문에서 이 문제를 활발하게 논의하기 시작했습니다. 그들은 나를

'반갑지 않은 손님'이라고 표현했어요."

소심하고 내성적인 간디가 처음으로 세상에 자기 목소리를 낸 순간이었다. 그는 소명을 발견했다. 그의 소명은 평생을 바쳐 정의를 위해 싸우는 것이었다. 진정한 의미의 정의라면 마땅히 그래야 하듯이, 그 밑바탕에 인간의 기본권과 존엄함에 대한 존중이 깔려 있었다.

며칠 후 세스는 일등석 기차 편으로 간디를 프레토리아에 보냈다. 백인 한 명이 일등석 칸에 들어왔다가 영국식 양복을 입은 쿨리가 유럽인들과 유쾌하게 여행을 즐기는 모습을 보고는 인상을 찌푸리며 차장에게 항의했다. 차장은 즉시 간디에게 삼등석 칸으로 옮기라고 명령했으나 간디는 거절했다. 잠시 후 그는 기차 밖으로 내쳐졌고 짐은 압수당했다. 그리고 추운 겨울 밤 내내 역 대합실에서 오들오들 떨어야 했다.

다음날 기차를 탔을 때는 별다른 사건 없이 넘어갔다. 그러나 역마차를 탈 일이 있었는데, 이번에는 어제보다 더 심한 모욕을 당했다. 차장은 간디에게 마부 옆에 앉아서 가라고 명령했다. 차장과 백인 승객들은 마차 안에 앉아 있었다. 간디는 항의하지 않고 시키는 대로 했다. 또다시 내쳐지고 싶지 않았기 때문이다. 그러나 차장은 다시 마차의 발판 부분으로 옮기라고 명령했다. 간디가 앉아 있는 자리에서 담배를 피우고 싶었기 때문이다. 이번에는 간디도 거절했다. 격분한 차장은 그를 개 패듯이 두들겨 패기 시작했다. 다른 승객들이 끼어들지 않았다면 초주검이 되었을 것이다. 승객들이 간디를 마차 안에 앉게 하라고 주장하니 차장도 더는 어쩌지 못했다.

간디는 여행 중에 또 다른 모욕을 겪었다. 사실 남아프리카에서 지내는 내내 그런 일이 일어났다. 그는 남아프리카에 오자마자 얼마 되지 않아서, 19세기 유럽 사회에는 인종을 구분하는 자연스러운 계급이 있음을 알게 되었다. 피라미드의 꼭대기에는 백인이 있었고 맨 아래에는 식민지의 유색 인종이 있었다. 프레토리아로 가는 도중에 간디가 겪은 일들은 그의 몸 안에서 이상한 변화를 일으켰다. 그의 내면에 자리하고 있던 소심증과 무관심이 사라졌고 세상이 알아서 잘 돌아가겠거니 생각했던 순진함도 사라졌다. 존경받는 직업을 가지고 가족을 열심히 부양하면 된다고 여겼던 단순하고 개인적인 야망을 버렸다. 허영에 들떠 자부심을 느끼던 마음 대신, 자기 자신에 대한 진실한 존중이 자리잡았다. 그리고 자존의식과 마찬가지로 똑같이 중요한 모든 인류의 존엄성을 깨닫게 되었다. 친구든 원수든 차별을 두지 않았다. 훗날 간디는 자신이 겪었던 사소한 모욕에 감사한다고 말했다. 그런 일을 통해 놀라운 깨달음을 얻었기 때문이다. 그는 언제나 그것이 인생의 전환점이었다고 회고했다.

간디는 남아프리카에 있는 동포들의 실태를 서둘러 파악하기 시작했다. 그리고 인도인의 권리를 옹호하는 운동을 주도했다. 며칠 후 간디는 프레토리아의 인도인들을 집결시켜 연설했는데, 난생 처음 엄청난 박수를 받았다. 그는 함께 뭉쳐서 정의를 요구하자고 주장했다. 인도의 전통적인 편견도 버리자고 호소했다. 모인 사람들은 대부분 이슬람교도였다. 인도에서도 경제적 능력, 인종, 종교의 차이에 따라 불공평하게 사람들을 구분하는 체제가 유지되고 있었다. 이슬람교도와 힌두교도는 항상 그리고 공개적으로 서로를 적대시하지는 않았지만, 종교적으로는 물론 사회적으로도 거리를 두었다. 각성한 운동가로 다시 태어난 간디는 예전의 그가 아니었다. 간디는 그러한 분열을 더 이상 두고만 볼 수 없었다. 그는 평생을 바쳐 분리된 조국을 단결시키기 위해 투쟁했다.

간디는 프레토리아에서 고객의 사건을 처리하는 동안, 인도인의 이익을 보호하기 위한 정치 단체를 만들었다. 그리고 자진해서 회원들에게 무료 법률 서비스를 제공했다. 간디는 이 도시에 머무는 동안 인도인 사회에서 존경받는 리더가 되었다. 그러나 맡았던 소송이 끝나자 다시 더반으로 돌아가야 했다. 그리고 더반에 와서는 인도로 돌아갈 준비를 하기 시작했다. 간디가 떠나기 전날 밤 환송 파티가 열렸다. 이때 한 친구가 인도인의 선거권을 금지하는 법안이 통과되려 한다는 신문 기사를 보여주었다. 간디는 친구들에게 힘을 모아 저항하라고 말했지만 그들은 체념한 듯 보였다. 마침 다른 친구가 간디에게 말했다.

"자네가 정말 그렇게 생각한다면, 여기 남아서 우리를 도와주면 안 되겠나?"

간디는 망설임 끝에 한 달간 더 머물기로 했다. 당시 25살이던 그는 20년이 지나서야 인도로 돌아갈 수 있었다. 그때는 마하트마 간디가 된 후였다.

순식간에 간디는 남아프리카 인도인들의 정치 지도자가 되었다. 그는 인도인의 힘을 하나로 규합하기 위해 나탈 인도 회의를 조직했다. 그리고 법안에 반대하는 탄원서를 써서 의회와 영국인 고위 관료에게 보냈고 수천 명의 서명을 받았다. 이러한 노력에도 불구하고 법안 통과를 저지하지 못했고 인도인들은 선거권을 잃었다. 그러나 대신 남아프리카에 국제적인 관심이 쏠리기 시작했다. 간디는 멈추지 않고 의회, 법원, 정부기관 앞에서 인도인의 요구사항을 주장했다. 그는 이 운동에 대부분의 시간을 바쳤지만, 이와 관련하여 금전적인 대가를 원하지 않았다. 따라서 그는 적은 돈이라도 벌기 위해 남는 시간에 변호사 노릇을 계속해야만

했다.

간디는 1986년에 인도로 건너가 몇 달간 머물면서 가족을 남아프리카로 데려가기 위한 준비를 했다. 그는 인도에 있는 동안 남아프리카에서 인도계 소수 민족에 대한 처우가 어떠한지 대중과 언론에 알렸다. 간디가 가족과 함께 더반에 돌아왔을 때, 무시무시한 백인 폭도들이 그를 기다리고 있었다. 백인들은 인도에서 간디가 벌인 활동을 전해 듣고 격분해 있었다. 간디가 배에서 내리자마자 폭도들이 덮쳐서 그를 때리고 돌로 쳤다. 경찰서장의 용감한 아내가 간디를 붙잡아 경찰이 올 때까지 보호해 주지 않았더라면, 간디는 도리 없이 맞아 죽었을 것이다.

영국 정부는 이날의 공격 소식을 듣고, 주모자를 체포하여 기소하라고 지역 당국에 명령했다. 그러나 간디는 고발하지 않았는데, 자신의 피해에 대해서는 법적인 배상을 청구하지 않기로 맹세했다. 그의 헌신은 공동체를 위한 것이었다. 그는 그들을 위해서라면 무엇이든지 희생하기로 다짐을 했다.

"우리는 세상이 변하길 바랍니다. 우리가 바로 변화의 주체입니다."

그는 인도인이 당한 육체적 학대에 대해서 어떤 종류의 복수도 찬성하지 않았으며 오직 비폭력 저항을 통해 부당한 처우와 불의에 항거했다. 간디에게 비폭력은 단순히 수동적인 저항 전술이 아니었다. 그것은 이상적인 전술이었다. 더 정확하게 말하자면 간디가 믿는 진실, 신의 의지인 진실이라는 이상을 실현하기 위한 수단이었다. 간디는 적을 미워하지 않았다. 그는 그들을 변화시키려고 했으며 그들에게서 선함을 찾았다. 간디는 비폭력 철학과 인류에 대한 형제애를 몸소 실천했다. 그러한 모범을 통해 압제자의 양심을 일깨우려고 노력했다.

남아프리카에서 네덜란드계 정착민들이 영국의 권위에 도전한 보어 전쟁이 발발했다. 전쟁 동안 간디는 부상병을 구조할 인도인 천여 명을 모았다. 간디의 지휘 아래, 인도 구급 수송대의 자원봉사자들은 전쟁의 포화 속에서 두각을 나타냈다. 그들은 부상자를 구조하고 간호했다. 영국인이든 보어인이든 똑같이 보살폈기 때문에, 양쪽 모두가 그들을 존경하지 않을 수 없었다. 인도인들은 몇 년 후 유럽 정착민과 줄루 원주민 사이에 벌어진 전쟁에서도 똑같이 행동했다. 백인 의사들이 거들떠보지도 않는 줄루족 부상자들을 간호했다.

더욱 인상적인 부분은 계층과 종교를 막론하고 모든 인도인이 구급 수송대에서 함께 협력했다는 점이다. 그들은 뜻이 같은 형제들로서 공동의 위험에 대처하기 위해 전통적인 편견을 버렸다. 간디는 동지들의 이런 모습을 보고 무척 흡족해 했다. 무엇보다 그는 희생하는 미덕을 보여주었으며 목숨의 위협도 아랑곳하지 않았다. 이는 흔치 않은 고귀한 행위일뿐 아니라 동포에 대한 존중과 사랑을 보여주는 엄숙한 귀감이었다. 그러나 남아프리카의 백인 지도자들은 감동을 느낄 줄 몰랐다. 오히려 그들은 똑같이 보복해야겠다고 이를 갈 뿐이었다.

1907년 남아프리카의 트란스발 지역을 통치하고 있던 네덜란드계 정착민들은 흑인법을 통과시켰다. 이 법에 의하면, 인도인들은 정부에 신상정보와 지문을 등록해야 했다. 물론 간디는 법을 거부했고 부당한 법에 복종하는 대신 평화로운 태도로 감옥행을 택했다.

트란스발 정부의 지도자였던 잔 스무츠 장군은 간디가 등록만 한다면 흑인법을 폐지하겠다고 약속했다. 간디는 이 제안에 응했고 감옥에서 풀려났다. 그러나 스무츠는 약속을 지키지 않은 채 그대로 집행되었다. 간

디는 다시 저항을 시작했고 감옥으로 돌아갔다. 인도인 수천 명이 간디
의 본을 따랐고 이후 몇 년 동안 저항이 계속되어 급기야 인도 사회 전체
로 파급되었다. 인도인 노동자들은 파업을 했고 감옥에 갔다. 여성들도
감옥에 갔다. 많은 인도인들이 가족을 부양할 수 없었으며 매를 맞아 목
숨을 잃는 사람들이 속출했다. 그러나 기세는 수그러들지 않았다. 그들
은 폭력을 휘두르는 사람들에게 다른 쪽 뺨을 대주었다. 마하트마는 바
로 그런 태도를 원했다. 하지만 동시에 그것 때문에 몹시 괴로워하기도
했다. 어쨌든 인도인들은 그들의 권리를 존중하지 않는 법에 복종하길
거부했다. 그러던 중 남아프리카 대법원에서 기독교인 간의 결혼만 법적
으로 유효하다는 판례가 나왔다. 따라서 수천 명의 힌두교도와 이슬람교
도 부부의 결혼은 불법인 셈이었다. 이를 계기로 인도인의 저항은 더욱
강도가 세졌다. 남아프리카 경제는 비틀거렸고 스무츠 장군은 간디와 타
협하지 않을 수 없었다. 마침내 스무츠는 억압적인 법을 철회하기로 동
의했다.

그들이 거둔 승리는 결코 작지 않았다. 물론 이후로도 100여 년 동안
남아프리카의 인도인과 흑인 대다수는 법적으로 동등한 국민의 권리를
완전히 누리지 못했다. 간디의 신봉자인 넬슨 만델라가 오랜 투쟁을 벌
인 끝에 비로소 진정한 자유가 실현되었다. 그러나 전국적인 저항을 촉
발시켰던 법이 폐지된 것은 엄청난 성과였다. 간디는 이제 조국으로 돌
아갈 때가 되었다고 생각했다.

간디의 적들 대다수가 그랬듯이, 스무츠 장군도 항복할 줄 모르는 저
항에 대한 증오와 위대한 영혼 마하트마에 대한 존경을 동시에 느꼈다.
그래서 그는 간디를 대할 때면 이상하게 너그럽고 정중한 태도를 취했

다. 간디가 감옥에 있는 동안 이런 일도 있었다. 당시 간디는 생업인 변호사 활동을 그만두고 세속적인 소유를 끊었다. 그는 샌들 만드는 간단한 기술을 배워서 스무츠 장군을 위해 샌들 한 켤레를 만들었고 인도로 떠나기 직전에 그에게 선물했다. 훗날 스무츠는 간디가 떠나던 날을 회상했다.

"나는 그가 영원히 돌아오지 않기를 빌었습니다."

그리고 간디가 그에게 베풀었던 마지막 호의도 기억했다.

"나는 그 후 오랫동안 여름마다 그 샌들을 신었습니다. 하지만 내가 그렇게 위대한 사람이 만든 신발을 신을 가치가 있는지 알 수 없었습니다."

간디는 살아서나 죽어서나, 많은 사람들의 존경을 받는 성인이 되었다.

사 랑

—

가난한 이에게 영혼을 던지다

정말 가난한 사람을 빼고는 대부분의 사람이 누리는 물질적인 편안함이 거의 배제된 곳을 상상해 보라. 그러나 당신 마음속에 떠오른 이미지가 아무리 비참할지라도 1949년의 모티 질(Moti Jihl)만큼 처참하고 저주받은 듯한 곳은 아닐 것이다. 모티 질은 인도 캘커타의 슬럼가로 인생의 비참함이 가장 극단적인 수준으로 전락한 곳이었다. 그러나 흰색 무명에 푸른색이 섞인 사리를 입은 작은 알바니아 출신 수녀는 그녀가 보금자리를 튼 이곳에 신의 사랑이 없다고 생각하지 않았다. 오히려 그녀는 여기서 고통받고 있는 불행한 영혼들이 가족과 나라와 대부분의 인간들에게 버림받았지만, 자신과 똑같이 신의 사랑을 받고 있다고 생각했다. 그녀와 그들은 신이 택한 그릇이었다.

어느 날 수녀는 죽어가는 여자를 우연히 보게 되었다. 가족이 더러운 거리에 버린 그 여자의 팔다리는 벌써 쥐가 많이 뜯어먹은 상태였다. 그녀는 고통과 절망 속에서 가련한 삶의 마지막 나날을 견디는 중이었다. 수녀는 몸을 굽혀 불행한 여인을 일으켰고 즉시 가까운 병원으로 옮겼다. 그리고 그리스도의 표정과 같은 미소를 지었다.

테레사 수녀에게 더러운 모티 질에서 고통 받는 수많은 낙오자들은 우리 머리로 상상하듯이 저주 받은 자의 얼굴이 아니라 '고통받는 자로 변장한' 예수의 얼굴이었다. 십자가에 매달려 "목이 마르다"고 울부짖었던 예수는 이렇게 '가난한 자 중에서도 가장 가난한 자' 가운데 나타났다. 그리고 가장 약한 신의 자녀들에게 연민과 사랑을 보이라고 우리에게 호소했다. 신의 가장 헌신적인 종인 테레사 수녀는 예수의 말에 귀를 기울이고 그대로 따랐다.

지금까지 테레사 수녀의 경건한 신앙과 심오한 박애주의를 전파하려 했던 추종자들은 수도 없이 많았다. 그런데 본받을 만한 사람들의 이야기를 소개하는 책을 쓰기로 결심했다면서, 이렇게 고결한 우리 시대 성인의 삶과 업적을 간단하게나마 살펴보지 않는다면 훌륭한 인격을 완전하게 설명했다고 주장할 수 없을 것이다. 그녀가 신과 신의 모든 자녀에게 베풀었던 숭고한 사랑과 자비는 많은 이들에게 감동을 주었다. 우리 중에서 그녀만큼 양심과 완벽한 조화를 이루며 살 수 있는 사람은 매우 드물 것이며, 우리의 의무인 사랑을 실천하는 방법과 훌륭한 인생을 사는 방법을 이처럼 잘 보여준 예도 찾아보기 어렵다.

그녀는 1910년 당시 오스만 제국의 알바니아인 주거지였던 곳에서 태어났다. 현재는 마케도니아 지방이다. 그녀는 부유한 집안의 세 아이 중 막내였다. 대부분의 알바니아인이 무슬림이었지만 아그네스 곤자 보야주는 가톨릭 신앙을 가지고 자랐다. 그녀의 아버지 니콜라와 어머니 드라나는 독실한 가톨릭 교도였는데, 그들은 부유하지 못한 사람들에게 친절을 베풀었다. 그들은 애정이 많았지만 엄격한 부모였다. 아버지는 건축회사와 수입회사를 운영했다. 아그네스는 어린 시절 언제나 가난한 사람들과 재산을 나누라고 한 아버지의 가르침을 기억했다. 그는 분명히 자녀들에게 선행의 모범을 보였다. 그는 필요한 사람들에게 음식과 의복과 쉴 곳을 마련해 주었다. 아버지는 애국심이 강한 알바니아인이기도 했다. 발칸 반도의 민족들이 터키 지배에 항거했을 때, 그는 알바니아인의 독립을 선언하는 데 적극적인 역할을 했다. 목숨이 위태로운 일이었다. 1919년 그는 다른 알바니아 지도자들과 식사를 하던 도중 쓰러졌다. 알바니아 영토에 흑심을 품고 있던 세르비아인 일파가 그를 독살한 것이라는 소문이 돌았다. 그가 세상을 떠났을 때 겨우 45세였고 그의 막내딸은 9살이었다.

아그네스의 어머니는 그녀에게 훨씬 많은 영향을 미쳤다. 니콜라의 죽음 이후 상황은 훨씬 안 좋아졌지만 드라나는 삯바느질을 하면서 아이들을 부양하기 위해 애썼고 가난한 살림살이를 꾸리면서도 존경스러울 정도로 자선에 헌신했다. 그녀는 형편이 더 좋지 못한 이웃을 돌보곤 했다. 자식들이 교회 활동에 열심히 참가하고 신앙의 가르침 속에서 자라도록 세심하게 신경을 썼다.

세월이 흘러 어머니와 딸은 평생 다시 만나지 못할 이별을 하게 되었다. 오랜 시간이 지난 후 드라나는 아그네스에게 가톨릭 선교의 삶을 받아들인 이유를 기억하라고 편지를 썼다.

"사랑하는 딸아, 네가 가난한 사람들을 도우러 그곳에 갔다는 점을 잊지 말아라."

어머니의 신앙심과 품위는 아그네스에게 많은 영향을 미친 것 같다. 그녀는 부모가 정해준 도덕적인 모범에 따라 살려고 한 진지한 소녀였다. 엄하거나 유머가 없는 사람은 아니었다. 가족의 따뜻한 사랑을 즐길 줄 모르는 사람도 아니었다. 그녀는 가족들의 삶에서 항상 미소를 짓는 행복한 사람으로 남아 있었다. 그런데도 동기들은 어린 시절의 그녀가 아이답게 장난을 치거나 놀기를 좋아하기보다는 진지한 문제를 예민하게 생각하는 듯 보였다고 기억했다. 그녀는 12살 때 처음으로 신에게 봉사하는 삶의 소명을 감지했다.

당시 교구에 크로아티아인이자 예수회 사제인 프란조 얌브렌코빅 신부가 새로 왔다. 그는 인도의 절망적인 빈민들에게 봉사하는 삶을 살면서 희생에 대한 대가로 큰 기쁨을 얻는 가톨릭 선교사들의 이야기를 해주었다. 아그네스는 돌아온 선교사들 몇 사람을 만난 후에 그들의 조건 없는 사랑에 크게 감명 받았다. 얌브렌코빅 신부는 기독교인의 자비 정신을 일깨우기 위해 젊은 평신도들의 모임인 '축복받은 동정녀 마리아 교우회'를 만들었는데, 아그네스는 여기서 가장 적극적으로 활동했다. 그리고 그녀는 얼마 후에 좀더 완전하게 신앙에 헌신하는 선교사의 길을 가야 한다는 당위성을 느끼기 시작했다. 그녀는 자신에게 그런 소명이 있는지를 어떻게 확신할 수 있냐고 얌브렌코빅 신부에게 물었다. 신부는 그런 삶을 생각했을 때 기쁨이 넘친다면 순수한 소명이 틀림없다고 대답했다. 그 후 아그네스는 매년 열리는 순례 여행에서 자신의 소명을 놓고 기도하며 깊이 고민하기 시작하는 한편, 가족과의 이별과 그에 수반되는 희생을 생각했다. 그리고 신의 응답을 듣기 위해 귀를 기울였다. 그녀는 마음에 넘치는 기쁨을 느꼈고 신이 자신에게 말씀하며 가까이 부르신다는 확신을 얻었다. 그녀는 '가슴이 터질 듯한 기분을 느끼며 신에게 삶을 바치기로' 결심했다.

그녀가 가족에게 작별을 고하고 로레토 수녀회에 들어갔을 때 열여덟 살이었다. 로레토 수녀회는 인도에 있는 아일랜드계 선교 단체였다. 그녀는 이후로 어머니와 언니 아가를 두 번 다시 만나지 못했다.

아일랜드에서 몇 주일 동안 예비 기간을 보낸 그녀는 캘커타로 떠나는 배에 올랐다. 캘커타에는 로레토 수녀회에서 설립한 수녀 학교가 있었다. 그녀는 1929년 1월 도착해서 그해 5월 수련 수녀로 정식 등록했다. 그리고 이름을 마리아 테레사로 바꾸었다. 테레사 수녀는 처음 2년을 다즐링에서 보냈는데, 히말라야 산맥 기슭의 선선한 환경에서 수련 수녀들은 자신들 앞에 놓여 있는 고난의 삶을 위한 훈련을 받았다. 그녀는 1931년 두번째 서원을 한 다음 캘커타 병원으로 파견되었다. 여기서 그녀는 처음으로 극빈자들에게 봉사하는 경험을 하게 된다. 그녀는 가망이 없는 병에 걸린 눈먼 아이를 맡게 되었다. 테레사 수녀는 훗날 그 아이가 '지친 일상에 얼마나 큰 기쁨이 되었는지 모른다'고 회상했다.

몇 달 후 그녀는 캘커타에 있는 로레토 수녀원에 들어갔다. 로레토 수녀원은 비교적 넉넉한 형편의 인도 여학생을 위해 큰 고등학교를 운영했고, 가난한 가정의 아이들을 위해서는 소규모의 세인트 메리스 학교를 운영했다. 이후 19년 동안 아그네스, 아니 테레사 수녀는 세인트 메리스 학교에서 지리와 역사를 가르쳤다. 1937년 그녀는 마지막 서원을 했고 곧바로 세인트 메리스 학교와 여자 고등학교의 교장으로 임명되었다.

그녀는 캘커타의 수녀원 생활을 사랑했다. 로레토 엔탈리 수녀원은 캘커타의 악명 높은 슬럼가에 위치했지만, 안락하고 매력적인 복합 주거지였다. 동료 수녀들과 보내는 시간이나 학생들과의 관계는 가족과 떨어져 지내는 수녀의 외로움을 잊게 만들 정도로 따뜻하고 행복했다. 테레사 수녀는 타고난 교육자였다. 그녀는 엔탈리 생활과 자신의 일에 매우 만족했으며 자신이 '로레토에서 가장 행복한 수녀였다'고 회상했다.

1947년 테레사 수녀는 병에 걸렸다. 결핵의 초기 증세를 보이는 듯했다. 그녀는 건강을 회복하기 위해 기차를 타고 다즐링으로 갔는데, 이 여행에는 '영적인 연습을 하기 위한' 목적도 있었다. 가는 길에 그녀는 수녀원을 떠나 가난한 사람들을 돌보는 삶에 완전히 자신을 바치라는 음성을 똑똑히 들었다. 그녀는 그 경험이 '소명 속의 소명'을 발견한 것이었다고 설명했다. 그 목소리가 누구의 것인지는 의심의 여지가 없었다.

"신의 목소리가 분명하다고 확신했어요."

캘커타 대주교와 로레토의 수녀들은 그처럼 유능한 교육자를 잃는 것이 교회의 입장에서나 그녀의 입장에서나 도움이 안 된다고 생각했다. 그러나 그녀는 확고했다. 그녀는 음성을 들었고 그대로 따라야 했다. 그보다 단순한 일은 없었다.

대주교는 그녀에게 수녀원 밖에서 일하려면 먼저 로레토 수녀원장의 허락을 구해야 한다고 말했다. 테레사 수녀는 로레토 수녀원을 사랑했지만 신이 원하는 바는 안전한 울타리를 벗어나 새로운 자선 단체에서 봉사하는 것임을 잘 알았다. 대주교는 그녀가 수녀원 밖에서 일하더라도 로레토의 울타리 안에 남아 있기를 바랐다. 그래서 로레토 수녀로서 가난한 사람들을 돌볼 수 있도록 로마의 허락을 받으라고 지시했다.

1949년 그녀가 처음 음성을 들은 지 2년 후 로마는 대주교에게 허락을 내렸다. 셀레스트 반 엑셈 신부는 테레사 수녀에게 그 소식을 전해주라는 전갈을 받았다.

반 엑셈 신부는 미사 후 테레사 수녀를 만난 자리에서 로마로부터 기별이 왔다고 알려주고자 했으나 그녀는 소식을 듣기 전에 잠시 기도를 하고 싶다고 청했다. 그녀가 기도를 마치고 돌아왔을 때, 그는 이제 자유롭게 로레토 수녀원을 떠나 새로운 자선 선교를 시작해도 된다고 말하려 했다. 그녀는 몇 가지 양식에 서명을 하고 미소 짓는 친구를 바라보며 "그럼 이제 슬럼가로 가도 되나요?"라고 물었다.

새로운 인생이 시작되었지만 처음 몇 달간은 외로움과 근심 걱정에 시달렸다. 그녀는 반평생을 로레토 수녀들과 함께 살았기 때문에, 그곳에서 했던 일은 물론 사람들과 나누었던 행복한 교제가 그리웠다. 그러나 자신의 결정에 의심을 품지는 않았다. 결정이든 의심이든 그것은 자기 몫이 아니라고 믿었다. 그녀는 인도의 가난한 사람들이 입는 간소한 사리를 입기로 하고서는 조잡한 흰색 무명에 푸른색 테두리가 쳐진 천으로 만든 사리 두 벌을 마련했다. 그러고 나서 몇 개월 동안 간호사 교육을 받기 위해 캘커타 외곽의 병원으로 떠났다.

그녀는 1949년 12월 8일 다시 돌아왔는데, 수중에는 단돈 1달러도 없었기 때문에 모티 질 거리를 무작정 걸었다. 그리고 찢어지게 가난한 사람들의 아이를 모아 야외 학교를 차리고 직접 가르쳤으며 학교 근처에 거처를 얻었다. 이곳은 오랫동안 그녀의 집이자 견습 수녀들의 집으로 사용되었다. 그녀의 학생이었던 소녀들이 가난한 사람을 돕기 위해 자기 삶을 바치겠다며 찾아왔다. 그들은 테레사 수녀와 함께 캘커타 거리를 돌아다니며 약국에서 약을 얻어 필요한 사람들에게 나눠주거나 더러운 곳을 청소하고 무지한 자들을 가르치고 잊혀진 자들을 사랑해 주었다. 1950년 교회는 그들을 공식적인 선교 단체인 '사랑의 선교회'로 인정했다. 선교회의 인구가 점점 늘어났고 하는 일도 많아졌다. 테레사 수녀는 거리에서 죽어가는 여인을 우연히 만난 후 그녀를 병원에 데려갔다. 그리고 고통받는 그 불행한 여인을 들여보내 줄 때까지 병원 앞을 떠나지 않았다. 그녀는 죽어가는 자를 돌보는 것이 가장 순수한 사랑의 표현이라고 생각했다. 당시 캘커타 거리는 그런 사람들로 넘쳐났다. 수많은 인도인들은 그들이 너무나 미천하기 때문에 존경이나 연민을 가지고 대할 필요가 없다고 생각했다. 그러나 사랑의 선교회는 그렇게 생각하지 않았다. '도랑에 빠진 동물을 건져내듯이' 사랑으로 그들을 죽음에서 건져냈다. 사랑의 선교회와 테레사 수녀는 건져낸 사람들을 데리고 시에서 제공한 건물에서 살기 시작했다. 그곳은 힌두교에서 받드는 죽음의 여신인 칼리 신전 근처였다. 수녀들은 그들의 보금자리에 '니르말 흐리다이'라는 이름을 붙였는데, 벵갈어로 '순수한 마음'이란 뜻이다.

수녀들의 자애로운 봉사 덕분에 죽음에 이르는 사람이 많이 줄었다. 그들은 평생 그런 존귀한 대접을 받아본 적이 없었다. 다른 인간의 따뜻한 손길은 언제나 그들을 거부했다. 그들에겐 열이 펄펄 끓는 이마에 물수건을 얹어줄 엄마가 없었고 죽을 때 손을 잡아줄 친구가 없었다. 그러나 흰색 무명에 푸른색이 섞인 사리를 입은 여성이 그들에게 미소를 짓고 부드럽게 위로의 말을 건네면서 안식을 주었다.

처음에 많은 인도인들은 이 선교 단체가 신성을 더럽힌다고 생각했다. 그들의 본거지가 힌두 사원과 가까이 있었기 때문이다. 더럽고 초췌한

자들 때문에 자기들의 여신이 욕을 본다고 여긴 사람들은 수녀들에게 돌을 던지며 생명을 위협했다. 그러나 수녀들이 죽어가는 칼리교 사제를 돌보는 모습을 보고 난 다음에는 분노를 누그러뜨렸다. 그 사제는 돌봐줄 사람이 아무도 없었다.

테레사 수녀의 집을 방문해 본 적이 있는 사람은 겨우 한두 시간만 머물렀더라도 그 경험을 잊을 수 없을 것이다. 그것은 고통스러운 질병에 시달리거나 극한의 빈곤 속에 인생을 낭비하면서 세상으로부터 격리된 자들의 모습을 보고 공포를 느꼈던 기억이 아니다. 손님들은 이곳을 따뜻하게 비추고 있던 빛과 부드러움, 수녀들이 환자들의 상처를 치료하고 몸에서 나오는 때와 배설물을 씻어줄 때 그들의 주위에 충만하던 만족스러운 기운을 기억할 것이다. 그리고 한때 사회의 끔찍한 쓰레기 취급을 받던 사람들이 이 세상의 고통에서 영원히 떠나던 순간에 밝게 빛나는 표정을 짓던 모습을 기억할 것이다. 그러한 것을 목격한 사람들이 전설이라고 치부하기엔 너무나 자주 아름다운 신비를 증언하는 것을 들은 적이 있다. 사랑으로 모든 상처나 질병을 치료할 수 없을지도 모른다. 그러나 그것은 마음을 치료한다. 그 점은 분명하다.

시간이 흐름에 따라 사랑의 선교회에 신의 소명을 받은 수천 명의 견습 수녀들이 모여들었다. 그리고 그들은 사람이 살지 않는 남극을 제외한 모든 대륙 곳곳의 가난한 자들에게 손길을 뻗쳤다. 수녀들의 일을 후원하는 수많은 사람들은 진심 어린 존경을 보였다. 그들은 테레사 수녀와 다른 수녀들이 경험한 것, 즉 삶의 만족을 맛보기 위해 돈과 시간을 기부했다. 우리가 야망을 따라가느라 바쁘게 살 때 삶의 만족이 보상으로 주어지는 경우는 별로 없다. 그러나 사랑의 선교회 사람들이 이 세상에서 받은 보상은 그러한 만족이었다. 그들은 그것이 어떤 세속적인 소유보다도 훨씬 큰 보물이라고 생각했다.

수녀들은 가난한 사람들을 돌보면서 나병 환자들도 거두었다. 잔인한 사람들은 인도 사회에서 가장 천시되는 이 낙오자들의 고통이 신의 진노를 나타내는 증거라고 생각했다. 그래서 그들을 광견병 걸린 짐승처럼 취급했다. 그들이 사람들의 눈을 피해 살 수 있는 장소가 필요했다. 그래서 테레사 수녀는 인도 정부로부터 땅을 불하받았고 80개 시설 계획의 첫 단계로 병원을 짓기 위한 자금을 모금했다. 수녀들은 이 프로젝트를 평화의 도시라는 뜻의 '샨티 나가르'라고 불렀다. 나병 환자들은 여기서 존엄한 삶을 살 수 있게 되었으며 난생 처음 자신들의 슬픈 삶에서 축복을 발견할 수 있었다.

1955년 수녀들은 또 다른 잊혀진 계층인 비참하고 희망 없는 고아들을 위해 첫 보육원을 열었다. 많은 아이들이 태어날 때부터 장애나 심각한 질병으로 고통을 받았다. 가난한 엄마들은 쓰레기더미나 뒷골목, 현관문 앞에 아이를 버렸다. 사랑의 선교회는 그들 모두를 환영했다. 테레사 수녀는 낙태를 반대하면서 원치 않는 아기라도 낳아야 한다고 호소하고 버려진 아기들에게 집을 주고 엄마가 거부한 사랑을 주었다.

보육원에는 사랑과 자비의 치료 능력을 직접 확인하고 싶어하는 호기심 어린 후원자들이 자주 방문했다. 죽어가는 자를 위한 집을 둘러보고 감동받았던 사람들처럼, 보육원에 온 손님들도 수녀들이 아이들에게 쏟는 사랑과 열정에 깊은 감명을 받았다. 여기서 발견한 행복을 지속하기 위해 자신의 인생에서 사랑과 자비를 실천하기 시작하는 사람도 많았다.

어느새 테레사 수녀는 세계적인 명사가 되었다. 많은 사람들이 그녀를 살아 있는 성인으로 추앙하고 존경한다. 그러나 유명세는 그녀의 겸손이나 헌신에 아무런 영향을 미치지 못했다. 그녀는 자기 삶의 만족감과 행복이 유명세 덕분이 아니라 희생과 사랑에 대한 보상 때문이라고 생각했다. 그녀의 선교 사업 확장에 유명세가 도움이 되었을 뿐이며, 그녀는 다른 사람들도 그로 인한 행복을 깨닫기를 바랐다.

1965년 교황의 선언을 계기로 하여, 테레사 수녀의 자선 활동은 전세계로 확장되었다. 그녀의 자선 활동이 처음으로 인도 밖으로 나간 곳은 베네수엘라였다. 다른 여러 나라들에서도 곧 그 뒤를 따랐다. 테레사 수녀의 선교회는 점점 커져서 수천 명의 수녀를 수용하게 되었는데, 자원 봉사자 수만 명이 나병 환자들의 집, 보육원, 에이즈 환자를 위한 호스피스, 수프를 만드는 부엌, 학교, 죽어가는 자를 위한 집 등에서 봉사했다. 그녀는 수시로 세계 곳곳을 드나들며 들으려 하는 모든 사람에게 자비와 사랑의 복음을 전했다. 그리고 다른 많은 신념을 이루기 위한 지원을 촉구했다. 그녀는 돈을 달라고 하지 않았다.

"저는 여러분이 하나님을 위해 아름다운 일을 할 수 있는 기회를 주려고 여기 왔습니다."

그녀는 전세계 훌륭한 박애 단체들로부터 수없이 많은 상을 받았다. 1979년에는 노벨 평화상을 받았다. 노벨상 위원회는 다음과 같이 말했다.

"테레사 수녀가 전하는 메시지는 모든 인류에 내재하는 어떤 부분을 움직일 수 있습니다. 그것은 선의 씨앗을 심으려는 목적 말고는 아무 것도 없습니다. 만약 그렇지 않다면 세계에는 희망이 사라지고 평화를 위한 노력은 의미가 없을 것입니다."

그녀는 수상 연설에서 청중에게 "당신이 볼 수 있고 만질 수 있고 함께 살아가고 있는 이웃을 사랑하지 못한다면 어떻게 보이지도 않는 신을 사랑할 수 있습니까? 사랑은 분명 가슴 아픈 것입니다"라고 말했다. 그녀는 위원회측에서 그녀를 위해 준비한 축하연을 취소해 달라고 부탁했다. "그 돈이면 1년에 아이들 400명을 먹일 수 있습니다."

1982년 레바논에서 그녀는 숨 막히는 열기에 시달리며 전쟁을 하고 있던 팔레스타인과 이스라엘을 향해, 포화 속에 갇힌 아이들을 구조할 수 있도록 잠시 전쟁을 멈춰 달라고 설득했다. 5년 후에는 역사상 최악의 핵 재앙인 체르노빌 원전 사태로 고통받는 사람들을 돌보기 위해 체르노빌 시에 선교회를 지어도 좋다는 허락을 소비에트 당국으로부터 받아냈다. 방사능은 여전히 도시를 오염시키고 있었지만 테레사 수녀와 그들의 노력은 중단되지 않았다.

노령과 만성적인 심장병 때문에 그녀는 육체적으로 쇠약해졌지만 자기 몸보다 다른 사람을 더 챙겼다. 그녀는 1989년 사랑의 선교회 대표직에서 물러나려고 했지만 수녀들은 그녀를 보내지 않았다. 그래서 그녀는 몇 번이나 심장 발작을 일으키면서도 계속 선교회를 이끌다가 1997년 영원한 안식의 나라로 떠났다. 종교와 신념을 막론하고 전세계 사람들이 그녀를 애도했다. 장례식은 1만 5000명이 모인 가운데 캘커타 실내 경기장에서 치러졌다. 참석한 사람들 절반 이상이 가난한 사람들이었다. 그들은 그녀가 진심으로 사랑하고 그녀를 가장 많이 사랑했던 사람들이다. 교황 요한 바오로 2세는 테레사 수녀를 깊이 존경하고 그녀를 성인으로 인정했으며, 장례식을 집전하기 위해 바티칸의 서기관을 보냈다.

그녀를 비판하는 사람들도 있었다. 어떤 사람들은 순수하지 못한 인격을 가진 후원자들과 관계를 유지한 것에서 흠을 잡았고, 어떤 사람들은 그녀의 낙태 반대 운동에 동의하지 않았다. 그녀가 선교회의 재정을 제대로 관리하지 못했다고 비난한 사람들도 있었다. 또한 수녀들이 돌보는 가난한 사람들은 비전문적이고 낙후된 곳에서 치료를 받는데, 그녀 자신은 현대적인 의료 시설에서 지병 치료를 받은 행위를 두고 위선자라고 말하는 사람들도 있었다. 그러나 비싼 병원들이 사랑의 선교회의 궁핍한 환자들을 무료로 받아줬다면 테레사 수녀와 다른 수녀들은 누구보다도 그들이 그런 곳에서 치료받기 원했을 것이다. 그녀는 가능하다면 평생 제대로 사랑 한번 받아보지 못한 사람들에게 최대한 많은 사랑을 주려고 노력했다. 수녀들이 그들에게 준 것이라곤 편안하게 죽음을 맞을 수 있는 사랑 가득한 공간과 깨끗한 침대, 그리고 아무리 미천한 자녀라도 신의 사랑을 받을 자격이 있다는 몇 마디 위로가 전부였지만, 그것은 세상 나머지 사람들이 그들에게 베푼 사랑보다 훨씬 컸다.

우리가 지구상에서 유일하게 이성을 가진 생물체이긴 하지만, 그 장점을 항상 잘 활용하지는 못한다. 우리는 때때로 지적인 허영심과 대중의 무리에서 튀고 싶다는 괴상한 욕망 때문에 분명한 사실을 걸고넘어진다. 그러나 신에게 봉사하기 위해 세상에서 가장 많은 멸시와 천대를 받으며 버려진 사람들 속에서 평생을 희생한 사람의 도덕심과 선의를 거부한다면 그것은 결코 선하다고 볼 수 없는 괴벽에 다름 아니다.

어떤 이는 신을 믿지 않아도 잘 살 수 있다는 확신을 가지고 그녀를 조롱할지도 모른다. 신앙을 부르짖는 사람들도 때때로 인간을 타락시키기 때문이다. 그래서 음침한 공포에 사로잡힌 그들은 신의 이름으로 선행을 하는 사람들을 비난한다. 그러나 신앙이 오류를 범할 수 있다는 가능성을 인식할 정도로 지혜로운 무신론자 역시 테레사 수녀처럼 이타적인 사랑과 무한한 봉사의 삶을 산 사람을 존경한다면 더 행복하고 더 잘 살 수 있을 것이다.

테레사 수녀에 대한 비판을 접할 때마다 마음속에서 맞서 싸우고픈 욕망이 일어난다. 그것은 자연스러운 반응이다. 그러나 그것은 테레사 수녀를 위해 아무 도움이 되지 않는다. 그녀의 자비와 사랑은 하늘의 보상을 받았을 뿐 아니라 넘치는 만족감, 즉 근심 없는 양심의 만족감을 돌려주었다. 그녀는 삶의 대부분을 상처받고 고통에 시달리는 자들 틈에서 즐겁게 살았다. 그녀는 많은 사람을 사랑했고 더 많은 사람의 사랑을 받았다. 그녀의 행복은 완전했다.

넬슨 만델라 Nelson Mandela, 1918~
남아프리카공화국의 정치가이자 최초의 흑인 대통령.
1990년까지 약 27년간 감옥생활을 하면서 남아프리카 흑인의 희망이 되었다.

우 정

—

피부색은 달라도 우정의 색은 같다

새벽 한 시가 넘어 전화벨이 울렸다. 이런 시간에 걸려오는 전화는 좋은 소식일 리가 없다. 제임스 그레고리는 침대에서 일어나 전화를 받았다. 수화기 너머에서 무뚝뚝한 경찰관이 퉁명스럽게 말했다.

"당신 아들이 죽었습니다."

어떠한 설명도 위로도 없었다. 단지 경찰서로 나오라는 간략한 안내뿐이었다.

23살인 브렌트 그레고리는 케이프타운에서 친구들과 밤을 보낸 후 소형 도요타를 몰고 집으로 돌아오는 중이었다. 그가 탄 차는 언덕 꼭대기에 이르렀을 때 불을 끈 채 달리고 있던 트럭 뒤를 들이받았다. 그는 착한 아들이었고 부모의 자랑거리였다. 사고 후 제임스 그레고리는 깊은 슬픔에 빠졌다. 세상만사가 무의미했다. 그는 자신에게 닥친 엄청난 비극을 받아들일 수 없었다. 너무 고통스러웠고 끝없는 후회와 자책이 밀려 왔다. 그는 '만약 이랬다면 어땠을까, 저랬다면 어땠을까' 하는 부질없는 생각에 빠져들었다. 아들을 잃은 후의 인생은 전과 달랐다. 무슨 일을 하더라도 삶의 목적과 열정을 다시 찾을 수 없을 것 같았다. 그는 신에 대한 믿음을 버렸고 친구와 동료들의 위로도 뿌리쳤다. 그에게 위로는 무의미했다. 시간이 지나면 괜찮아질거라는 충고는 듣기도 싫었고 아무리 따뜻한 말을 들어도 고통이 덜해지지 않았다. 자식을 잃은 슬픔은 그만큼 비통했다. 잊을 수도 없다. 절대로 불가능하다. 그는 아들의 장례식을 치른 후 목사와 친구, 동료들을 무례하게 집에서 쫓아냈지만 다음날 자기가 그런 짓을 했다는 사실조차 기억하지 못했다. 그는 상심에서 헤어나지 못했다.

어떤 사람이 깔끔하고 짤막한 위로의 편지를 보내왔다. 그레고리는 그가 자신의 고통을 이해하고 있음을 느낄 수 있었다. 장례식을 치른 지 엿새 후, 그레고리는 슬픔을 잊기 위해 일에 몰두하기로 결심했다. 그가 일터로 나갔을 때, 위로 편지를 보낸 사람에게서 만나자는 연락이 왔다. 그레고리가 그의 집에 가자, 그는 그레고리를 빤히 쳐다보며 한동안 아무 말 없이 서 있었다. 마치 그레고리의 표정에서 고통을 읽고 있는 듯 보였다. 그러고 나서 예전에 자주 그랬던 것처럼 정원을 함께 걷자는 무언의 부드러운 암시를 보냈다. 그는 그레고리의 팔을 잡고 밖으로 이끌고서는 함께 묵묵히 길을 걸었다. 그들이 종종 쉬곤 했던 나무 그늘에 이르렀을 때, 그날 아침 그레고리를 만난 후 처음으로 그가 입을 열었다.

"그건 사고였네. 정말 안타까운 일일세. 우리가 브렌트와 함께 보냈던 좋은 시간을 기억하세. 그는 정말 멋진 녀석이었지. 나는 브렌트가 성경 읽는 사진을 갖고 있다네. 브렌트는 나와 성경 구절을 가지고 토론을 했었지. 지금 생각해 보면 참 특별한 성품을 지닌 아이였네.”

그리고 그는 그들이 함께 겪었던 고통을 이야기하기 시작했다.

“시간은 육체의 상처를 치료해 주지. 그건 사실이야. 하지만 시간도 보이지 않는 상처를 치료하지는 못해. 사람들이 친절한 말을 해줄 때는 물론 진심으로 그러는 걸거야. 하지만 그 사실을 잘 모르지. 그들이 진정으로 진심을 담으려고 했다는 점은 기억해야 하네.”

그레고리는 그의 말에서 위안을 받았다. 그 역시 그레고리처럼 가슴이 찢어지는 아픔을 겪은 적이 있었다. 20년 전 그의 아들 템비 역시 23살의 젊은 나이로 자동차 사고를 당해 세상을 떠났다. 그 소식을 전해준 사람은 다름 아닌 그레고리였다. 그레고리는 혼자 있겠다는 친구의 뜻을 존중해 주었다. 그레고리는 친구가 홀로 슬퍼할 수 있도록 내버려두었다. 그는 밤새도록 서서 먹지도 자지도 않고, 울지도 말하지도 않았다. 그저 창문 밖으로 밤하늘을 바라보기만 했다.

그레고리는 다음날 다시 찾아왔다. 그리고 계속 혼자 있고 싶으냐고 물었다. “아닐세, 같이 있어 주게나”라는 대답이 돌아왔다. 그레고리는 소용없을지라도 진심으로 그를 위로하려고 노력했다. 그리고 자신은 그런 엄청난 고통을 이해할 수 없다고 솔직히 시인했다. 그레고리는 친구를 위해 뭔가 할 수 있기를 진심으로 바랐다. 하지만 그럴 수 있는 상황이 아니었다.

며칠 후 그레고리는 더 나쁜 소식을 갖고 왔다. 친구는 아들의 장례식에 참석할 수 없었다. 정부에서 그의 요청을 거부했기 때문이다. 친구에게 또다시 잔인한 불의를 참으라고 말하자니, 차마 입이 떨어지지 않았다. 하지만 그것이 그레고리의 임무였다. 제임스 그레고리는 교도관이었고, 그의 친구 넬슨 만델라는 죄수였다.

넬슨 만델라는 태어날 때부터 피부색, 배경, 종교 때문에 다른 사람을 미워하는 사람은 없다고 생각했다.

"사람들은 미워하는 법을 배웁니다. 만약 미워하는 법을 배울 수 있다면 사랑하는 법도 배울 수 있습니다. 사랑은 미움보다 인간에게 훨씬 자연스러운 속성이기 때문입니다."

넬슨 만델라는 제임스 그레고리에게 예전에 미워하던 것을 새롭게 사랑하는 법을 가르쳐주었다. 그 결과 아들의 죽음 후 절망에 빠져 있던 그레고리는 자신을 위로하려고 애쓰는 사람을 진심으로 사랑했다. 그레고리는 오랫동안 감옥에 있었던 만델라를 사랑했다. 그리고 지금도 그를 사랑한다. 분명 넬슨 만델라는 그레고리의 인생에 가장 중요한 영향력을 끼친 사람일 것이다. 분명 그들은 아버지와 아들 못지않게 중요하고 의미 있는 관계였다.

두 사람의 우정이 매우 눈에 띄고 놀랍게 느껴지는 이유는 아마도 그들이 태어난 나라의 잔인한 역사 때문일 것이다. 그들의 모국 남아프리카 공화국은 오랫동안 아파르트헤이트 정책을 펴면서, 소수 백인 지배 계급이 다수의 흑인들을 인간 이하로 취급해 왔다. 그러나 넬슨 만델라에게 이 같은 우정은 특별하거나 놀라운 일이 아니다. 그는 자신을 존경하는 사람을 존경하고, 자신에게 친절한 사람에게 친절을 베푸는 사람이다. 무엇보다 사랑을 받을 뿐 아니라 베풀 줄도 안다. 오늘날 남아프리카의 역사가 좋은 방향으로 변모하고 인종 차별의 만행을 그치게 된 것은 상당

부분 만델라의 고결한 인품에 빚진 바 크다. 특히 그에겐 자신과 같은 흑인을 괴롭힌 자들을 용서할 수 있는 미덕이 있었다.

롤리흘라흘라 만델라는 1918년 7월 18일 트란스케이 흑인 자치구에 있는 움타타 근처의 작은 마을에서 태어났다. 롤리흘라흘라는 '말썽꾸러기'란 뜻이다. 그의 아버지 헨리 만델라는 템부 족장의 상임 고문이었으며 그의 증조할아버지는 템부족 왕이었다. 넬슨이란 이름은 초등학교에 들어간 첫 날 선생님이 지어주신 것인데, 아마도 해군 제독 넬슨 경을 기념하는 의미였던 것 같다.

넬슨 가족은 전통적인 초가집에서 살았다. 그는 소 떼를 몰고 사냥과 고기잡이를 하며 시골에서 행복한 어린 시절을 보냈다. 넬슨 가족 중 학교에 간 것은 그가 처음이었다. 넬슨은 아홉 살 때 아버지를 잃었다. 그리고 템부 족장의 피후견인으로 족장의 궁에서 성장했다. 그는 족장 밑에서 부족의 문제를 처리하는 중요한 사람으로 자랐다. 넬슨의 아버지가 생전에 들려준 이야기와 궁에서 들은 이야기에 따르면, 그의 조상은 오랫동안 유럽 침입자들로부터 부족을 지킨 역사를 가지고 있는 코사족 전사라고 했다. 그런 이야기는 백인들에게 종속된 부족을 해방시키고 말겠다는 만델라의 열정을 자극했다.

그는 대학교 시절 학생 운동에 가담하다가 퇴학당했고, 그 후 얼마 되지 않아 템부 족장의 궁을 나왔다. 그리고 후견인이 미리 계획해 둔 미래와 더불어 그를 기다리고 있는 중매결혼에서 벗어나기 위해 요하네스버그로 갔다.

그는 학사 학위에 필요한 학점을 이수했다. 그리고 훗날 평생 친구이자 동지가 되는 월터 시술루의 충고대로 요하네스버그 법률 회사의 수

습사원으로 들어가 법정 경험을 쌓는다. 넬슨은 월터 시술루, 올리버 탐보와 함께 아프리카 민족회의(ANC)에 들어갔다. 아프리카 민족회의는 남아프리카의 다민족 민주주의를 지지하기 위한 취지로 1912년 설립되었다. 그러나 거의 취지를 살리지 못했고, 만델라와 동료들이 보기에는 비효율적인 운영을 묵인하고 있었다. 만델라와 동료들은 아프리카 민족회의를 변화시키기로 결심하고, 1944년 아프리카 민족회의 청년 연맹을 결성했다. 그들은 이 조직의 활동을 적극적인 대중 운동으로 확산시키고자 했다.

요하네스버그의 젊은 변호사인 만델라는 남아프리카 흑인들의 운명으로 받아들여지는 불공평한 처우를 직접 목격했다. 그들에게 허용되는 극소수의 권리조차도 백인들을 불편하게 한다면 무시당하기 일쑤였다. 백인들이란 영국인의 후손이거나 아프리카너다. 아프리카너는 영국의 지배에서 남아프리카를 독립시키기 위해 싸웠던 초기 네덜란드계 정착민의 후손을 말한다. 그러나 분리된 나라에서 흑인들이 당하는 고초는 1948년 무렵 훨씬 극심해졌다. 아프리카너들이 주축을 이룬 국민당이 집권하면서 분리 정책인 아파르트헤이트를 강요했기 때문이다. 이 정책에 따르면 흑인은 지정된 동네에서만 살아야 하고, 처참할 만큼 가난한 흑인 부족의 토착 지역으로 옮겨야 했다. 흑인들은 수준이 열악한 학교에 다녔고, 모든 인종에게 개방되었던 대학교는 흑인을 거부했다. 흑인들은 항상 많든 적든 어느 정도 열등한 인간으로 취급되었는데, 특히 국민당의 리더들은 어김없이 그런 생각을 가지고 있었다. 남아프리카의 흑인, 즉 카피르 혹은 니거라는 경멸적인 속어로 불리는 사람들은 편견에 사로잡힌 아프리카너들이 보기에 삶의 권리를 가진 사람들이 아니었다. 당시 아프리카너들이 흑인을 죽이는 것은 큰 죄가 아니었다. 반면 흑인들이 백인에게 대들기라도 했다가는 목숨을 뺏기는 경우가 비일비 재했다.

만델라는 이러한 불의에 적극적으로 대항했다. 그리고 순식간에 월터 시술루, 올리버 탐보와 함께 아프리카 민족회의의 유망한 지도자로 부상 했다. 그들의 저항 수단은 철저한 비폭력이었다. 이 접근 방식은 점점 효 과를 발휘하고 인정을 받게 되었다. 1952년 만델라는 아파르트헤이트에 저항하는 대중 운동을 이끌다가 처음으로 체포된다. 그는 사회주의 억제 법안을 위반한 혐의로 기소되었고 유죄 판결을 받았다. 집행유예를 선고 받았고 공개 집회에 참석하는 것이 일체 금지되었다. 또한 한 달 동안 요 하네스버그를 떠날 수도 없었다. 그는 정부와의 싸움을 시작하면서 점점 명성을 얻고 있었다. 한편 남아프리카의 지배 계급은 아파르트헤이트에 심각한 위협을 가할 가능성이 다분한 흑인 지도자들의 싹을 자르는 데 일가견이 있었다. 1950년대 내내 그는 수시로 체포되었고 공적 활동이 금지되거나 감옥에 갇혔다.

1960년 샤프빌 흑인 거주 지역에서 아파르트헤이트에 저항하는 사람 들이 대규모 집회를 열었다. 이는 남아프리카에서 흑인의 통행을 제한하 는 법률 제정에 반대하기 위한 집회였다. 남아프리카 경찰은 군중에게 무차별 사격을 가했다. 남자, 여자, 아이들이 69명이나 죽었다. 이 학살 후, 정부는 비상사태를 선포하고 아프리카 민족회의를 금지시켰다. 그래 서 그들은 엄격한 비폭력 정책을 포기하고 무장 저항 단체를 조직했다. MK(국가의 창)라 불리는 이 단체의 리더는 넬슨 만델라였다. MK는 경제 적인 사보타주 운동과 정부 기관에 대한 무력 공격을 계획했다. 그러나 정치적인 암살이나 무고한 생명을 죽이는 것은 허용되지 않았다.

올리버 탐보는 남아프리카를 떠나 망명하여, 아프리카 민족회의를 위해 활동했다. 만델라는 무장 저항 세력을 지휘하면서 은둔 생활에 들어갔다. 그를 체포하려는 당국을 따돌리고 거둔 성공 덕분에 '검은 핌퍼넬'이라는 별명을 얻었다. 별봄맞이꽃을 뜻하는 이름을 가진 스칼렛 핌퍼넬은 프랑스 혁명 당시 단두대로 끌려가는 귀족들을 구출해 영국으로 보냈던 정체불명의 인물이다. 스칼렛 핌퍼넬은 조로 등 이중생활을 하는 모든 영웅들의 모델이라 할 수 있다. '검은 핌퍼넬'은 흑인 만델라를 스칼렛 핌퍼넬에 비유한 것이다.

1961년 만델라는 남아프리카를 탈출하여 아프리카 전역과 유럽을 돌아다녔다. MK에 대한 지원을 요청하고 MK 게릴라 군을 훈련하기 위해서였다. 그는 이듬해 다시 돌아왔고 바로 체포되어 재판을 받은 후 로벤 섬에 투옥되었다. 이 섬은 케이프타운 해안에서 배를 타고 들어가야 하는 황량하고 작은 땅덩어리로서 희망이 없는 곳이었다.

1963년 그는 반역 및 사보타주 혐의로 재판을 받기 위해 요하네스버그로 이송되었다. 요하네스버그의 번화한 교외 지역인 리보니아에서 체포된 다른 리더들도 함께였다. 리보니아 재판은 흑백을 막론하고 모든 남아프리카인을 흥분시켰다. 백인들은 피고들이 사회주의자며 테러리스트이고, 애써 일구어놓은 나라에서 백인들을 쫓아내려고 살인과 폭력을 일삼는 집단이라 생각했다. 따라서 당연히 죄의 대가로 교수형에 처해야 한다고 주장했다. 한편 흑인들은 남아프리카에 정의를 실현할 수 있는 유일한 단체의 지도자들을 정부가 일거에 소탕하려 한다고 생각했다. 어쨌든 피고들을 포함하여 모든 남아프리카인들은 이 재판에 그들의 목숨이 달려 있음을 잘 알았다. 그들은 사형죄로 기소되었고, 따라서 교수형에 처해질 가능성이 매우 높았다.

놀랍게도 만델라와 다른 피고들은 혐의를 부인하지 않았다. 그 대신 불만을 제기할 수 있는 평화적인 수단을 정부가 전혀 남겨두지 않았기 때문에 어쩔 수 없이 사보타주 운동을 벌였다고 설명했다. 직접 자신을 변호했던 만델라는 전원 백인으로 이루어진 사법 체계로는 흑인을 공정하게 심판할 수 없다고 주장했다. 그가 피고석에서 변론을 끝맺으며 했던 매혹적인 말은 현대 정치 연설사에 손꼽힐 정도로 탁월했다.

"저는 백인의 지배에 저항하며 싸웠습니다. 그리고 흑인의 지배에도 반대하며 싸웠습니다. 저는 모든 사람이 조화를 이루고 동등한 기회를 누리며 사는 민주적이고 자유로운 사회의 이상을 소중하게 생각합니다. 저는 그 이상을 위해 살기를 원하고 그 이상을 성취하고자 합니다. 그러나 불가피하다면 그것을 위해 죽을 준비가 되어 있습니다."

그는 이상을 위해 죽지 않아도 되었다. 그와 다른 피고들은 종신형을 선고 받아 로벤 섬으로 호송되었다. 넬슨 만델라는 이로부터 27년이 지난 후에야 석방된다. 그리고 자신이 꿈꾸던 이상을 실현한다.

제임스 그레고리가 로벤 섬에 오게 된 경로는 사뭇 달랐다. 그도 남아프리카 출신으로서 나탈의 가족 농장에서 자랐다. 그의 성장기에 가장 친했던 친구는 줄루족 소년 바파나란 아이였다. 바파나는 그레고리에게 사냥과 고기잡이를 가르쳐주었고 인종을 떠나 순수한 우정을 베풀었다. 그레고리는 평생 만난 어떤 사람보다도 바파나와 가깝게 지냈다. 줄루족 소년은 그레고리가 독사에게 물렸을 때 목숨을 구해준 적도 있었다. 그러나 그레고리는 얼마 지나지 않아 멀리 있는 학교로 보내졌고 다시는 줄루족 친구를 만나지 못했다.

학교에서 그레고리는 스코틀랜드 성(姓) 때문에 아프리카너 학생들의 미움을 샀다. 그들은 그를 괴롭히고 때렸다. 종종 심사가 불편한 학생들은 코를 정통으로 치기도 했다. 그는 크고 작은 싸움에 휘말려 줄줄이 학교에서 쫓겨났고 우여곡절 끝에 겨우 고등학교를 마쳤다. 그는 이제 공부는 할 만큼 했다고 생각했고 케이프타운에서 교통 경찰관으로 일하게 되었다. 학교에서 그는 새로운 세계를 목격했는데, 아프리카너가 우세한 그 세계에서는 흑인에 대한 증오가 공공연했다. 법을 집행하는 세계에도 똑같은 편견이 만연해 있었다.

얼마 후 그레고리는 친구 바파나와 덤불의 넓은 자유를 만끽하며 놀러 다니던 소년 시절의 자연스러운 관용을 잊어버렸다. 백인 아프리카너들이 다수의 흑인을 억압하기 위해 사용하는 곡해와 거짓말, 잔인한 근성을 정당하고 적절한 것으로 받아들였다. 다른 아프리카너와 마찬가지로, 그 또한 리보니아의 피고들을 교수형에 처해야 한다고 생각했다. 그들이 백인들의 자유와 생명을 위협하기 때문이었다. 그는 증오하는 법을 배웠다. 오래 전 바파나에게 배웠던 사랑의 교훈은 마음속 깊은 곳에 짓눌려 있었다.

1966년 그는 교도관 근무를 수락했다. 그리고 이듬해 아내와 자녀 3명을 데리고 케이프타운으로부터 멀리 희미한 수평선 끝에 위치한 작은 섬으로 가는 배를 탔다. 그레고리가 로벤 섬에서 주로 할 일은 죄수의 우편물을 검열하는 것이었다. 들어오는 것과 나가는 것을 모두 검사해야 했다. 그는 흑인들의 언어, 즉 줄루어와 코사어를 할 줄 알기 때문에 이 업무를 맡게 되었는데, 걱정 반 호기심 반으로 새로 맡은 임무와 교도소 생활에 기대를 품었다. 그는 유명한 정치범들이 그곳에 투옥되어 있는 것을 알았다. 그리고 로벤의 많은 교도관과 간수들처럼 자신이 스스로 통제할 수 없는 잔인한 사람이라고 생각하지 않았지만 흑인 죄수들, 특히 만델라는 지독한 테러리스트가 분명하다고 생각했다. 그레고리는 그들을 경멸했고 그것이 당연하다고 생각했다.

죄수들의 생활은 가혹했다. 그들은 여름에는 뜨거운 태양 아래, 겨울에는 살을 에는 삭풍이 부는 가운데 장시간 노동했다. 석회석을 채석하거나 큰 바위를 작은 조각으로 쪼개는 일을 하는 등 정치범은 일반 죄수와 분리되었다. 그들은 서로 이야기를 나누거나 바깥 세계와 규칙적으로 연락할 수 없었다. 물론 어느 정도 눈을 피해 의사소통이 이루어지기는 했다. 식사는 끔찍했고 한 평도 안 되는 좁은 방에 갇혀 살아야 했다. 언어 폭력과 신체적 학대는 일상다반사였고 그 수법은 매우 잔혹했다. 간수들이 죄수들의 식사에 오줌을 눈다는 것은 누구나 아는 사실이었다. 지독하기로 소문난 한 간수는 죄수 하나를 머리만 남겨놓고 땅에 묻은 후 그 위에 오줌을 눈 적도 있었다.

만델라가 이곳에 처음 도착했을 때, 배에서 내려 감옥으로 가는 동안 족쇄를 차고 걸으라는 명령을 받았다. 그러나 그는 거부했다. 간수는 로벤에서 그의 목숨쯤은 아무 것도 아니라고 위협했다. 백인들은 그 하나쯤 쥐도 새도 모르게 죽여버릴 수 있다고 으름장을 놓았다. 만델라는 자신이 주먹을 들게 되면 꽤 시끄러워질 거라고 응수했다. 그는 만만한 사람이 아니었다. 쉽게 겁을 주거나 모욕할 수 없는 강한 사람이었다. 만델라는 자신감이 넘쳤고 당당하게 자신의 존엄을 주장했다. 그의 존엄은 다른 사람 모두에게 부여된 존엄과 똑같았다. 그는 어떠한 종류의 굴욕

도 순순히 참지 않았고 로벤 섬의 죄수들이 인정하는 가장 유명한 리더
였다. 사실 그는 전세계에서 가장 유명한 정치범이었다. 그러나 간수들
이 안 좋은 일이 알려질까 두려운 마음에 만델라를 어쩌지 못했던 것만
은 아니다. 그의 인격에는 분명 그들보다 훌륭한 점이 있었다. 그들도 그
점을 느낄 수 있었다.

제임스 그레고리 또한 그 사실을 간파했다. 그를 처음 본 순간부터 그
랬다. 두 사람은 어느새 친한 친구가 되었다. 만델라는 보통 사람들보다
키가 컸고 등이 곧았으며 항상 자신감 있게 행동했다. 다른 죄수들이 그
에게 표하는 경의는 그의 위엄을 강화해 주었다. 그는 흑인이었지만 함
부로 무시할 수 없는 사람이었다.

그레고리가 감독할 죄수들과 첫 대면하기 전에, 교도관과 간수들은 관
례에 따라 최대한 안전하게 행동하라는 지시를 전달했다. 그는 죄수들에
게 이야기하거나 어떤 조치를 취할 때는 항상 거리를 두고 권위를 유지
해야 하며, 교도소 규칙 위반 행위는 절대 용인해서는 안 되었다. 그들에
게 친절이나 예의나 존경 등 베풀 가치가 없는 것들을 베푸는 것도 금지
되었다. 지침 전달이 끝나고 그레고리가 임무를 시작할 시간이 되자, 그
를 감방으로 데리고 갈 간수는 무심히 이렇게 말했다.

"좋아, 그레고리. 이제 깜둥이를 만나러 가자."

만델라는 새로 온 간수를 등진 채로 몇몇 동지들과 이야기를 나누는
중이었다. "이 사람은 넬슨 만델라다." 그레고리의 동료가 만델라를 가
리키며 말했다. 만델라는 고개를 돌려 그레고리의 눈을 보고 미소를 지
으며 예의바르게 말했다.

"안녕하시오. 로벤 섬에 온 것을 환영하오."

그레고리도 "안녕하시오"라고 답례를 했다. 그때 그레고리는 자신도 모르게 이상한 행동을 하고 말았다. 그가 미워하는 법을 배우기 전에, 나탈에서 유년기를 보내던 시절에 사용하던 줄루족의 인사를 친근하게 건넨 것이다.

만델라는 자신에게 존경을 보여준 사람들을 똑같이 존경했다. 편견을 강요하는 문화 속에서 심적 혼란을 겪어야 했지만, 그레고리는 본시 나쁜 사람이 아니었다. 사람을 정확히 분별할 줄 알았던 만델라는 그레고리의 품성을 한눈에 알아보았다. 아마 느닷없이 생각지도 못했던 줄루족의 인사를 받은 다음부터였을 것이다.

처음에는 조심스러웠지만, 그들이 서로를 존경하게 된 것은 운명적이었다. 만델라의 눈에 띄는 품위, 용기, 단호한 강직함은 그레고리의 기억 속에 남아 있는 어린 시절의 우정을 떠올리게 했다. 그 후 23년 동안 그들은 점점 더 가까워졌다. 그레고리는 만델라가 주장하는 정의를 이해하게 되었고 진심으로 동조했다. 그들은 상대방을 깊이 신뢰했다. 서로에 대한 따뜻한 연민을 가지고, 섬 생활이나 가족의 혈통, 피부색이 인격을 결정한다고 믿는 멍청한 사람들에 대해 이야기를 나누었다. 만델라는 자기 고민을 남에게 털어놓지 않는 대단히 독립적인 사람이었다. 그러나 그레고리는 친구를 점점 깊이 이해할 수 있었고, 더불어 모든 사람을 이해할 수 있게 되었다.

두 사람은 함께 산책을 하고 대화를 하고 차를 마셨으며 명절도 같이 보냈다. 그레고리는 만델라가 가족이나 지지자들과 연락할 수 있도록 거의 검열을 하지 않았다. 그리고 만델라의 메시지를 바깥 세상에 전달했다. 훗날 육지의 감옥에 있을 때, 그레고리는 만델라를 차 트렁크에 싣고

감옥 밖으로 데려가기까지 했다. 그는 잠시나마 만델라에게 넓은 세상의
자유를 선물하고 싶었다. 그는 만델라의 아내가 면회를 오면 감독을 해
야 했는데, 무척 곤란한 일이었다. 어쨌든 최대한 사적인 분위기를 만들
어주려고 애썼다. 두 사람이 훗날 억장이 무너지는 슬픈 일을 당했을 때,
그들은 서로의 유일한 위안이었다.

아파르트헤이트가 무너지기 시작할 무렵, 그레고리는 만델라를 남아프
리카 대통령과 만나는 자리에 데려갔다. 결국 이 만남으로 만델라의 사면
이 결정되고 남아프리카의 진정한 다민족 민주주의가 도래하게 된다. 마
침내 만델라가 석방되던 1990년 어느 날, 그레고리는 만델라의 곁에 있
었다. 그들은 헤어지기 전에 포옹을 했는데, 만델라는 그레고리의 주머니
에 쪽지를 슬쩍 넣었다.

"우리가 지난 20년 동안 함께 보낸 멋진 시간들이 오늘 끝나는구려. 하
지만 내 머릿속에서 우린 늘 함께 있을 거라오."

그레고리는 친구가 교도소 문을 나가면서 그를 기다리고 있는 군중들
에게 주먹을 꽉 쥔 팔을 들어 ANC식 경례를 하는 장면을 보고 흐느껴 울
었다. 그레고리도 얼마 지나지 않아 교도관 근무를 그만두었다. 만델라가
없는 교도소 생활은 너무나 견디기 어려웠다. 그러나 그는 3년 뒤 다시
웃을 수 있었다. 넬슨 만델라가 남아프리카 최초로 민주적인 선출 방식을
거쳐 대통령이 되던 날, 만델라가 그레고리를 특별 손님으로 초대했기 때
문이다.

그레고리는 한때 적으로 오인했던 사람을 사랑하게 되었다. 그리고 만
델라는 자신을 억압한 정부의 대리인인 그레고리를 용서하는 법을 배웠
다. 그레고리가 피부색과 상관없이 존경과 우정을 받아 마땅한 품위 있

는 사람이라는 것을 알아보았다. 우리 모두 알다시피 사랑은 증오보다 자연스러운 인간의 심성이다. 넬슨 만델라는 자신이 사랑하는 나라에도 똑같은 지혜와 관용과 용서하는 마음을 베풀었다. 그의 희생과 헌신, 흔들리지 않는 기품 덕분에 남아프리카는 그토록 염원하던 사랑이 충만한 나라가 되었다.

 **아웅산 수지** Aung San Suu Kyi, 1945-
미얀마의 정치가. 군사통치에 반대하는 집회에 참여하면서
민주화 운동의 지도자로 부상, 민주화 운동의 공적을 인정 받아 노벨 평화상을 받았다.

친 절

—

사진은 체포되는 그녀의 모습에서 유령 같은 아름다움, 차분한 평온함, 세련된 우아함을 제대로 나타내지 못한다. 그녀의 우아함은 근심하는 군중을 안정시켰고, 때때로 그녀를 찾아가 자신들의 뜻대로 굴복시키려는 헛된 시도를 했던 분노한 강자들을 당황스럽게 만들었다. 카메라 렌즈는 그렇게 감동적인 얼굴을 가까이서 보았을 때 관찰할 수 있는 상반된 특질을 제대로 포착하지 못한다. 그것은 섬세함과 강건함, 평온함과 목적의식, 고요함과 열정, 연민과 분노였다. 누구든지 그녀를 한번 만나면 그 경험을 잊을 수 없다. 그녀는 환갑이 되었을 때도 랑군 호숫가에 자리한 집에 홀로 있었다. 이 집은 그녀 인생의 후반 16년을 보낸 곳이다.

미얀마에는 잔인함과 폭력이 난무했고, 소수의 부패한 사람들이 자신

의 탐욕과 권력욕을 채우기 위해 전체 국민의 숨통을 막고 있었다. 그러나 그곳에 사는 사람들은 친한 친구이든 낯선 이에게든 정중한 호의와 진실한 친절을 베풀었다. 서양에서 온 사람들은 그러한 친절이 독재로 인해 이 나라의 문화에 강요된 가혹하고 잔인한 환경과 어울리지 않는 기이한 것이라고 생각할지 모른다. 그러나 이처럼 예의바른 태도가 인간성에 봉사하는 데 사용될 때는 독재자의 힘도 맥을 못 춘다. 미얀마에서는 그들의 문화에 녹아 있는 예의를 제거하려고 하는 지배 계급, 즉 오직 힘만이 중요시되는 세계를 만들려는 자들, 그리고 무서움을 주는 존재와 무서워하는 존재만으로 이루어진 세계를 만들려는 자들에 대한 반항 수단으로서 품위가 이용되었다.

미얀마 사람들이 예의를 표하는 흔한 수단은 신분이 특별한 사람이나 연장자에게 붙이는 공손한 호칭이다. 남자에게는 '아저씨(Oo)', 여자에게는 '아주머니(Daw)'라는 호칭을 사용한다. 따라서 대부분의 미얀마 사람들은 아웅산 수지의 이름에도 이 칭호를 붙인다. 물론 미얀마를 지배하는 자들과 그녀를 투옥한 자들은 예외다. 그녀가 사라져주기만을 바란 그들은 그토록 오랫동안 끈질기게 저항한 애국지사를 대할 때 그런 일반적인 예의조차 갖추지 않았다. 그녀를 사랑하고 그녀의 보호를 받는 심정이었을 미얀마 사람들이 그녀에게 일반적인 예우를 표시했던 호칭조차도 그들에게는 심기가 거슬렸을 것이다. 그들에게 그녀는 그냥 한 여자였다.

그녀는 서양에서 온 사람들에게 그냥 '수(Suu)'라고 부르라 했지만, 정작 그녀는 상대에게 그런 무례한 어법을 사용하지 않았다. 그녀는 수련을 게을리 하지 않는 불교 신자였다. 그녀는 자신을 미워하는 사람들을 미워하지 않았다. 미워하지 않는 이유는 두렵지 않기 때문이라고 말했다. 그녀는 정치가들을 만나 조건부로 가택 연금을 풀어주겠다는 제안을 들을 때나 모든 정치범을 석방하라고 그들에게 요구할 때, 그들의 이름에 항상 '아저씨'란 호칭을 붙였다. 그리고 예의바르게 그들에게 차를 따라주었다.

그녀는 아웅산 장군의 딸이다. 아웅산 장군은 '미얀마 독립의 아버지'였다. 그는 대영제국에서 미얀마를 구하기 위해 싸웠고 그 후에는 일본의 압제로부터 자유를 얻기 위해 싸웠다. 그는 미얀마의 위대한 영웅이다. 1947년 어린 수지가 두 살이 되었을 때, 미얀마는 최초로 자유선거와 공식적인 독립 발표를 앞두고 있었다. 그러나 아웅산 장군은 정적에게 암살당했다. 미얀마 사람들은 장군의 딸이 아버지를 추억하듯이 그를 추억한다. 장군의 얼굴, 품행, 용기를 꼭 닮은 수지 여사는 미얀마 사람들의 가슴에 그의 추억을 불러일으키는 사람이었다.

수지 여사의 어머니는 오랜 세월 미얀마 정부에서 적극적인 역할을 했다. 1960년 수지 여사의 어머니는 인도 대사가 되었고 여기서 그녀는 고등학교를 다녔다. 그녀는 인도에 사는 동안 간디의 삶과 인생을 공부했고 깊이 감명 받았다. 당시 그녀가 언젠가 마하트마의 유명한 제자 중 한 사람이 되리라고 예감하지는 못했을 것이다. 수지 여사는 1964년 뉴델리를 떠나 옥스퍼드로 갔다.

여기서 그녀는 아시아 문화를 연구하는 영국 학자 마이클 아리스를 만났고 사랑에 빠져 결혼에 골인했다. 그녀는 청혼을 받아들이면서 한 가지 다짐을 했다.

"조국에서 나를 필요로 할 때 내가 그들 곁에서 의무를 다할 수 있도록 당신이 도와줘야 해요."

남편과 아내는 27년간의 결혼 생활 동안 개인적으로 크나큰 희생을 치르면서 그 약속을 지켜야 했다.

결혼 생활 중 전반 16년은 안락하고 보람 있는 행복한 삶이었다. 1973년 첫 아들 알렉산더가 태어났고 4년 후 둘째 아들 킴이 태어났다. 마이클은 옥스퍼드 교수였고 수지 여사는 집에서 아이들을 키우며 아버지의 전기를 썼다. 아이들이 조금 크자 그들은 함께 아시아를 여행했다. 마이클과 수지 여사는 아시아 문화를 좀더 심도 있게 연구하면서도 어머니를 뵈러 자주 미얀마에 갔다. 1988년 수지 여사는 어머니가 쓰러지셨다는 소식을 듣고 한 걸음에 랑군으로 달려갔다. 그리고 다시는 미얀마를 떠나지 않았다.

아웅산 장군이 암살되었을 때, 미얀마의 군대 지도자들은 아웅산 장군이 꿈꾸었던 미얀마 민주주의의 이상을 무너뜨리기 위해 군부를 조직했다. 네윈 장군을 주축으로 한 군부는 수지 여사가 돌아온 1988년까지 미얀마를 지배하고 있었다. 수지 여사는 '랑군의 봄'이라 불리는 민주 항쟁이 시작될 무렵에 고향에 돌아왔다. 미얀마의 학생들은 군사 독재에 저항하기 위해 전국적인 대규모 시위를 시작했다.

군부는 그들이 최선이라고 생각하는 수단, 즉 잔인한 무력으로 대응했다. 3000명에서 1만 명 사이에 이르는 평화 시위자들을 학살했다. 그리고 희생자들이 폭력을 사용했으며 엄청난 사망자 수는 그들의 책임이라고 주장했다. 미얀마는 물론 세상 어디에서도 그 말을 믿는 사람은 없었다. 네윈이 이끄는 군부의 테러 정권으로 인해 국제적인 분노가 촉발되면서, 그는 정권에서 물러나고 정부를 해산할 수밖에 없었다. 그리고 외관상 공직 생활에서 은퇴한 듯 보였다. 새로운 정부가 구성되었지만 이전 정권의 무지막지한 압제자들은 대부분 그대로였다. 네윈은 호화 저택에 숨어 은퇴 생활을 즐기는 척하면서 여전히 그들을 조종하고 있었다. 몇 달 후 새 정부는 다른 군부로 대체되었다. 몇몇 장군들이 자유를 원하는 국민들의 요구를 수용하는 문제에 대하여 반기를 들었고, 이를 계기로 마지막 쿠데타가 일어났다. 네윈이 역시 결정적인 역할을 한 것으로 알려져 있다.

폭력 사태의 마지막 날 수지 여사는 정부에 보냈던 편지를 공개했다. 자유선거를 준비하기 위한 독자적인 단체 구성을 요구하는 내용이었다. 다음날 그녀는 엄청나게 많은 군중 앞에서 연설을 했고 일명 '제 2의 독립 투쟁'을 이끌게 되었다. 그녀는 환호하는 수천 명의 군중에게 말했다.

"저는 아버지의 딸로서 현재 상황에 무심할 수가 없었습니다."

미얀마 사람들은 그녀의 아버지가 보여주었던 구원의 빛을 그녀 안에서 발견했다. 그 때부터 그녀는 국민들 앞에 서기 시작했다. 그들이 마음으로 정당하다고 인정하는 다른 지도자는 없었다. 그녀는 미얀마 전역을 여행하면서 점점 더 많은 군중을 끌어 모았다. 대중의 요구와 국제적인 관심 때문에 군부는 총선을 실시하겠다고 발표했다. 그러나 선거 운동을 금지했고 그녀가 마이클과 결혼한 외국인이기 때문에 출마 자격이 없다고 주장했다.

그녀는 그들을 무시했고 정당을 만들어 선거에 출마했다. 수지 여사의 엄청난 인기로 군부의 독재 유지가 위협을 받는 듯하자, 긴장이 고조되었다. 그녀는 거대한 행렬 앞에 서서 행진을 했는데, 동요된 기색이 역력한 군대가 나타나 행진을 가로막았다. 군중이 군인들을 밀치고 지나가려

하자, 그들은 권총을 뽑았고 사령관은 발사 명령을 하려고 했다. 조금도 두려워하는 기색이 없었던 수지 여사는 동지들에게 멀리 떨어지라고 말했다. 그리고 자신에게 권총을 겨누고 있는 군인들 앞을 지나 곧장 사령관 앞으로 갔다. 그녀는 그 앞에 서서 꼼짝도 하지 않고 한 마디 말도 하지 않았다. 그리고 그의 눈을 똑바로 바라보았다. 그도 한참 그녀를 바라보다가 병사들에게 발포하지 말라고 명령했다.

그녀의 영웅적인 행동에 대한 이야기는 나라 전체에 퍼져나갔다. 정부는 좀더 익숙한 전술을 사용하기로 결정했다. 그들은 그녀와 수많은 추종자를 체포했다. 수지 여사는 가택 연금에 처해졌고 동료들 일부는 고문을 당했다. 압제자들이 폭력으로 무엇을 얻을 수 있다고 생각하는지 몰라도, 그들은 곧 실망할 것이었다. 그들은 분명 위협하면 선거에서 이길 수 있으리라 생각했을 것이다. 그렇게 생각하지 않았다면 아마 선거를 취소하거나 애당초 선거 실시에 동의하지 않았을 것이다. 1990년 5월 27일 수백만 명이 투표소로 가서 아웅산 수지의 정당에 표를 던졌다. 민주적인 선출 방식을 따른 자유선거 역사상 가장 위대한 국민의 대표가 나왔다. 수지 여사의 정당은 전체 표의 82%를 얻었다. 의회의 392석에 해당하는 놀라운 결과였다. 몹시 당황한 군부는 겨우 10석만을 허용했다. 수지 여사는 마침내 미얀마 국민들이 뽑은 대표가 되었지만 공직 생활을 할 수 없었다. 정부에서 선거 결과를 받아들이기만 했을 뿐 가택 연금을 풀지 않았기 때문이다. 선거에서 이긴 다른 사람들은 체포되어 악명 높은 인세인 감옥으로 보내졌다. 구타, 살인, 임의적인 체포가 자행되었다.

그러나 미얀마의 실정이 국제적으로 알려지면서 전세계 사람들은 미얀마의 간디로 알려진 이 여성을 지지하기 시작했다. 유엔 사무총장과 다른 나라의 지도자들이 그녀의 자유를 촉구했으며 민주국가가 아닌 곳에서도 그녀를 지지했다. 미얀마를 통치하는 불한당들조차도 그녀를 죽이거나 다치게 하면 상황이 곤란해질 것이라고 우려했다.

그들은 그녀를 미얀마에서 내쫓는 게 가장 좋은 방법이라고 결론을 내렸다. 그러나 그녀를 강제로 내쫓을 수도 없는 노릇이었다. 그러면 그녀는 세계무대에서 더 큰 힘을 얻고 미얀마 사람들의 영웅으로 남아 계속 세력을 모을 수 있을 터였다. 그녀 스스로 떠나게 만들어야 했다. 그래서 가택 연금을 풀지 않고 가족들의 방문도 금지했다. 그들은 1991년 노벨 위원회에서 그녀를 노벨 평화상 수상자로 선정했을 때 큰 충격을 받았다. 그녀는 상을 받으러 미얀마를 떠나지 않았다. 그녀의 아들 알렉산더와 킴이 그녀를 대신해서 상을 받았다. 당시 그녀는 언론에 몰래 발표한 성명서를 통해 그녀를 억압하는 정권에 대하여 한결같이 활력 넘치는 저항 의지를 밝혔다.

"부패를 부르는 것은 권력이 아니라 공포입니다. 권력을 휘두르는 사람들은 그것을 잃을까 두려워 부패하게 됩니다. 그리고 권력의 매질을 당하는 사람들은 그 회초리가 두려워 타락합니다."

그녀는 정부의 위협에 미동도 하지 않았다. 그녀는 호숫가 낡고 작은 집에 쥐 죽은 듯이 있었다. 때때로 그녀는 자신에 대한 처우 개선을 주장하고 동지들의 고통을 토로하기 위해, 정부가 어느 정도 타협안을 약속할 때까지 단식 투쟁을 벌이기도 했다. 1994년 그녀는 유엔 대표와 미국 의원, 외신 기자들을 만나도록 허락되었다. 그해 후반에는 군부 지도자인 킨 니운트와 대화를 시작했다. 그는 의식이 트인 개혁가라고 볼 만한 구석이 거의 없었지만 그녀가 절대 미얀마를 떠나지 않을 것이며 늘 하던 식대로 그녀를 처리할 수 없다는 점을 이해했던 것 같다.

정부는 선거 결과를 받아들이길 거부했고 새로운 선거 일정을 잡으려 하지도 않았다. 그래 봤자 수지 여사가 다시 큰 표 차로 이길 것이기 때문이었다. 그들은 새로운 선거를 실시하기 전에 새 헌법이 필요하다고 주장했다. 그들은 새 헌법을 만드는 척했지만 마무리할 생각은 조금도 없었다. 그녀에 대한 두려움을 숨기기 위한 변명에 불과했다. 그들은 수지 여사가 집 밖 근방으로 외출하거나 가끔 지지자를 만나는 것을 허락했다. 1995년 크리스마스에는 남편 마이클과 아들의 방문도 허락했다. 그것이 마지막 가족 모임이었다.

1996년 선거 문제의 진전이 없자, 수지 여사와 정당은 국제 사회가 미얀마에 경제 제재를 가해 줄 것을 요청했다. 새로운 집회들이 열렸고 정부는 늘 하던 대로 다시 무력을 행사하기 시작했다. 집회 참가자들은 매를 맞았고 지지자들은 감옥에 끌려갔다. 수지 여사 또한 다시 가택 연금되고 고립되었다. 이듬해 다시 외출이 허락되었는데 국제적인 이미지를 회복해 보려는 우스운 생각에서였다. 그러나 정부는 랑군을 떠나려고 하거나 지지자들과 집회에 참가하는 것은 안 된다고 경고했다. 그녀는 들은 체도 하지 않았다. 예의바른 무시였으나 확고했고 다시 체포되었다.

같은 해 마이클은 암 말기 판정을 받았다. 미얀마 정부는 그와 아들들에게 비자를 주지 않았다. 수지 여사는 죽어가는 남편을 볼 수 없게 되었다. 그녀가 남편을 보고 싶으면 미얀마를 떠나야 했다. 그러면 다시 돌아올 수 없을 것은 불 보듯 뻔했다. 그녀는 머무는 쪽을 택했다. 남편과 아내 모두 결혼할 때 했던 서약을 지켰다. 그녀는 조국을 위해 헌신하기로

했고 남편은 그런 그녀를 조용히 도왔다. 마이클은 1999년 죽었는데, 수지 여사는 여전히 집에 갇혀 홀로 슬퍼했다.

마이클이 죽은 후에도 수지 여사의 삶은 평소처럼 흘러갔다. 세계는 계속 그녀의 석방을 요구했고 정부 관료들은 때때로 그녀의 집에 찾아가 국민들의 자유를 위해 나서지 않는다면 상황을 개선시킬 수 있다고 제안했다. 그들이 가택 연금을 풀어줄 때마다 그녀는 동지들을 만나 온 나라를 돌아다니며 지지자를 모았다. 그리고 모든 정치범의 석방과 새로운 선거 실시를 촉구하는 연설을 했다. 지지자들을 만나러 도시 밖으로 나가다가 안보국의 제지를 받고 9일 동안 차에 갇힌 적도 있다. 그녀는 끝까지 발길을 돌리려 하지 않았다. 그녀의 공손함과 섬세한 아름다움을 의지나 힘의 부족으로 착각해서는 안 된다.

정부는 항상 똑같은 과정을 반복했다. 수지 여사의 추종자들을 구타하고 감옥에 보내고 그녀를 집에 가두고 바깥세상과 소통하지 못하도록 막았다.

수지 여사는 2002년에 석방되었다. 유엔 대표들이 미얀마의 비극을 정치적으로 해결하기 위해 그녀의 정당과 정부를 중재하려고 노력한 결과였다. 그녀는 언제나 그랬듯이 자신을 괴롭힌 사람들을 정중하게 대하고, 나라의 미래를 의논하면서 그들의 관심사를 예의바르게 들어주었다. 그녀는 「타임」지 기자에게 말했다.

"차이를 해결하기 위해 다른 방법을 사용할 수 없을 때 대립이 발생합니다. 차이를 해결하기 위한 통로가 열려 있으면 대립할 필요가 없어요."

그녀는 언제 어디로 여행할 것인지 당국에 보고했다. 그리고 정부에게 얼마나 잔인한 대우를 받았느냐는 질문에 이렇게 대답했다.

"저는 잔인한 대우를 받은 적이 없습니다."

그러나 나라를 망치기로 작정한 불량배들, 즉 이 작은 여성과 그녀의 준엄한 결단력을 몹시 두려워했던 정부는 언젠가 닥치고 말 권력 이양의 위험 가능성이 있는 계획을 용인하려 들지 않았다. 수지 여사가 미얀마 북쪽에서 유세를 하고 있을 때 정부에서 고용한 폭도들이 곤봉을 들고 그녀의 자동차 행렬을 에워쌌다. 그리고 그녀의 지지자들 수십 명을 죽도로 때리기 시작했다. 이 일로 그녀도 부상을 당했다. 이어서 정부 지도자들이 그녀를 죽이고 지지자들에게 살인죄를 뒤집어씌우려 했다는 소문이 퍼졌다. 그러나 킨 니운트가 마지막 순간에 개입하여 암살을 막았다는 말도 떠돌았다. 이 일로 그녀는 인세인 감옥에 잠시 갇혀 있어야 했다. 여기는 수감자들이 짐승처럼 다뤄지는 끔찍한 곳이었다. 얼마 후 강경파가 주동한 반란이 일어나면서 정부는 소요 상태가 되었다. 킨 니운트는 축출되었고 체포되어 감옥에 들어갔다. 그 이후로 그에 대한 소식은 들리지 않았다. 그리고 수지 여사는 다시 가택 연금되었다.

최근 보도에 따르면 독재 정권은 미얀마의 국민 영웅을 다시 석방할 것을 고려 중이라고 한다. 아마 그들은 곧 그녀의 현관문을 두드릴 것이다. 그러면 또다시 그녀는 그럴 가치가 있는지 의심스러운 그들에게 완벽한 친절을 베풀 것이 분명하다. 그러나 그녀는 그들이나 그들이 가진 권력을 존경하는 의미로 친절을 베푸는 것이 아니다. 그녀가 그들이 알고 있는 유일한 형태의 인간이 아님을 보여주고 싶기 때문이다. 그녀는 두려움을 주거나 두려워하는 사람이 아니다. 자신의 인생과 조국의 앞날에 추함을 멀리 걷어내고 아름다움에 다가가기 위해 꿋꿋이 노력하는 사람일 뿐이다.

'인격이 운명이다', 그 마법의 주문

인류가 삶을 운명에 의탁해 온 습관은 알타미라 동굴 벽화만큼이나 연원이 오랜 것일지도 모른다. 그런 추측이 전혀 근거 없지 않은 이유는 그만큼 운명론이 인간사에 깊숙이 침투해 있는 사고방식이기 때문이다. 일찍이 사람들은 거북이 등껍질의 금으로 앞날을 점치거나 천체의 운행을 관측하는 등 각양각색의 방법으로 운명의 나침반을 손에 쥐고 싶어했다. 그러한 노력의 결과는 때때로 들어맞기도 하고 빗나가기도 했을 것이다. 어느 쪽이 됐든, 사람들은 결과에 따라 해석을 달리 했고 운명으로 받아들였다. 우리가 무심코 입에 담곤 하는 '팔자'는 운명의 자기비하적 버전이다. 그것은 초자연적인 힘에 순응하려는 인간의 겸손이라 할 수도 있겠으나, 많은 경우 빈약한 의지를 변명하거나 세상사를 체념하는 데 사용되기도 한다.

이 책은 그런 습관에 도전이라도 하듯, 운명 같은 건 없다고 말한다.

대신 '운명적'이라 할 만한 것은 한 가지 있다고 한다. 바로 인격이다. 극단적으로 물신화된 시대를 살고 있는 현대인에게 '인격'의 강조는 시어머니가 물려주신 패물처럼 유행에 뒤떨어져보인다. 그러나 물질로 상징되는 수치적이고 외형적인 가치는 관련 조건에 따라 쉽게 변할 수 있지만, 마음에 아로새겨진 인격은 생물학적인 수명을 넘어서 역사만큼 장수하기도 한다. 이 책에는 온 시대를 통틀어 다양한 배경, 성격, 재능, 핸디캡을 가진 사람들이 등장한다. 그들의 삶을 한 마디로 정의하는 표제어도 신뢰, 존엄, 희망, 지혜, 신념, 인내 등 다채롭기 짝이 없다. 그러나 그럴 듯한 울림을 만들어내는 이 단어들이 말하고자 하는 바는 결국 한 가지로 수렴된다. 그것은 이기심의 절제다. 이기심을 죽인 자리에는 인격의 나무가 싹을 틔운다.

　저자는 미국 해군 출신이자 상원의원을 지낸 존 맥케인이다. 그는 고위급 인사였던 할아버지와 아버지의 뒤를 이어 3대째 해군 장교로서 걸출한 경력 쌓았고, 이후 정치가로서의 삶도 승승장구한 편이다. 그러나 이것이 전부였다면 그가 주장하는 '인격이 운명'이라는 명제가 설득력이 없었을 것이다. 얼핏 보면 '집안 배경이 운명'이라는 구호의 덕을 본 것 같은 사람에게서 소박한 인격의 가치를 떠올리기는 쉽지 않다. 그러나 맥케인은 주어진 여건에 안주하여 인생을 편안하게 살아가는 데 목적을 두지 않았다. 그의 인생에는 찰스 다윈이나 윈스턴 처칠과 흡사한 부분이 있다. 두 사람 모두 뼈대 있는 가문에서 태어났고 맘만 먹으면 쉬운 길로 갈 수도 있는 조건이었지만, 항상 남과 다른 생각을 했기 때문에 인생길이 평탄하지만은 않았다. 그들은 인생의 행운에 비례하여 훈련도 혹독하게 치렀다. 처칠은 부모로부터 사회의 쓰레기가 될 거란 선고를 들은 전적이 있고, 다윈은 괴상한 호기심을 가진 나태한 영혼 취급을 받았다. 이 글의 저자인 맥케인은 잔인한 전쟁의 포로로서, 생의 가장 밑바닥에 가라앉은 찌꺼기를 핥아야 했다.

책에 실린 22명의 주인공 중에는 잘 알려진 위인도 많지만, 낯선 이름도 있을 것이다. 나 자신 또한 단편적으로만 알고 있던 유명인의 삶에서 뜻밖의 역경과 결함을 발견하고 놀라기도 했으며, 이름은 처음 듣더라도 그들의 인상적인 삶의 궤적을 따라가는 동안 다시는 그 이름을 잊지 않으리라 마음먹은 사람도 있다. 후자의 경우에는 오히려 빛나는 인간성의 깊이가 빈약한 유명세와 대비되어 더 큰 감동을 불러일으키는 효과가 있었다. 예를 들면 다시는 걷지 못할 거란 사망선고나 다름없는 진단을 받았지만 올림픽 육상 부문 3관왕이 된 윌마 루돌프, 평생 남의 빨래를 세탁하여 번 돈을 대학교에 기부하고 세상을 깨끗하게 만드는 데 기여한 아름다운 세탁부 오시올라 맥카티, 비벌리 힐스에서 손에 물 한 방울 안 묻히고 성장해서 훗날 악명 높은 멕시코 티후아나 감옥의 재소자들을 돌보는 만인의 어머니로 살아간 안토니아 수녀, 전세계가 등을 돌린 르완다에서 양심의 소리를 외면하지 않고 한 사람의 목숨이라도 더 구하기 위해 열정을 불살랐던 로메오 달레르 등이 내가 평생 잊을 수 없게 된 이름들이다. 또한 처칠, 워싱턴, 간디, 만델라, 다윈 등의 익숙한 이름들에서도 운명적이라고밖에는 설명할 수 없는 독특한 인격의 활약상을 목격할 수 있을 것이다.

KI신서868

인격으로 운명을 바꾼 사람들의 이야기

인격이 운명이다

지은이_ 존 맥케인 · 마크 솔터
옮긴이_ 윤미나

1판 1쇄 인쇄 2006. 10. 10
1판 1쇄 발행 2006. 10. 18

펴낸이_ 김영곤
펴낸곳_ (주)북이십일 21세기북스
책임편집_ 강선영
기획편집_ 김성수 류혜정 김선미 이정란
영업마케팅_ 정성진 이종률 최창규 한경일 김용환1 김용환2 정민영
교정교열_ 김형석
본문디자인_ 김성엽

등록번호 제10-1965호
등록일자 2000. 5. 6

주소_ 경기도 파주시 교하읍 문발리 파주출판문화정보산업단지 518-3(413-756)
전화_ 031-955-2732(기획 · 편집), 031-955-2100(대표)
팩스_ 031-955-2122
이메일_ book21@book21.co.kr
홈페이지_ http://www.book21.co.kr

값 12,000원
ISBN 89-509-0935-9 03320